ISBN: 3-935220-05-7

D1693560

	Der Privatflugzeugführer
Band 2	Grundlagen der Flugwetterkunde
Verfasser:	Wolfgang Kühr

Der Privatflugzeugführer

Band 2 Grundlagen der Flugwetterkunde

ISBN: 3-935220-05-7

Verfasser: Wolfgang Kühr

Fachliche Aktualisierung: Eckart Buttelmann

Herausgeber, Verlag und Copyright:
LUFTFAHRTVERLAG
Friedrich Schiffmann GmbH & Co. Kommanditgesellschaft,
Geschäftsführer: Heinrich Wittemann
Sitz der Gesellschaft: Bergisch Gladbach

Verlags- und Vertriebsleitung:
Birgit Frank
E-Mail: b.frank@schiffmann.de, Internet: www.schiffmann.de

Rechte: Alle Rechte vorbehalten, insbesondere auch diejenigen aus der spezifischen Gestaltung. Der auszugsweise oder teilweise Nachdruck oder eine Vervielfältigung sind untersagt und werden als Verstoß gegen das Urheberrechtsgesetz verfolgt. Alle Angaben erfolgen nach bestmöglicher Information, jedoch ohne Gewähr für die Richtigkeit.

Gesamtherstellung:
Schiffmann-Gruppe
51427 Bergisch Gladbach
Germany

Auflage: Überarbeitete Auflage Juni 2005

Vorwort

Die Ihnen nun vorliegende Neuauflage von Band 2 „Grundlagen der Flugwetterkunde" wurde vollständig überarbeitet und an den Stellen optimiert, wo es uns oder den Benutzern der ersten Auflagen empfehlenswert erschien.

Unsere Fachbuchreihe soll dazu beitragen, dass Sie sich in Ihrer fliegerischen Praxis mit einem Höchstmaß an Sicherheit durch den Luftraum bewegen. In diesem Sinne haben wir besonderen Wert auf eine praxisbezogene und leicht verständliche Darstellung der Lerninhalte gelegt, die oft über das reine Prüfungswissen hinausgehen.

Gleichwohl basiert das vermittelte Fachwissen auf den Ausbildungsrichtlinien des Bundesministeriums für Verkehr, Bau- und Wohnungswesen und ist entsprechend angelehnt an die Prüfungsfragen des amtlichen PPL-Fragenkatalogs. Selbstverständlich wurden aber auch die von der JAA harmonisierten neuen europäischen Richtlinien für die Ausbildung und Prüfung des Luftfahrtpersonals nach JAR-FCL berücksichtigt.

Ganz neue Akzente wurden auch auf die Besonderheiten bestimmter Wettererscheinungen für die Ballonfahrt gesetzt.

Allen Jungfliegern wünschen wir bei ihrer Ausbildung und Prüfung viel Erfolg und einen stets sicheren und unfallfreien Flug.

Den Altpiloten und Fluglehrern hoffen wir, nicht nur ein fundiertes Nachschlagewerk zur Auffrischung erstmals erlernten Fachstoffs an Hand zu geben, sondern dass dieses Werk gleichfalls eine nützliche Unterstützung bei der Vorbereitung und Durchführung des theoretischen Unterrichts darstellt.

Herausgeber
LUFTFAHRTVERLAG
Friedrich Schiffmann GmbH & Co. Kommanditgesellschaft

Kapitel		Seite
1	**Die Atmosphäre**	**7**
1.1	Die Zusammensetzung der Luft	7
2	**Aufbau der Atmosphäre**	**9**
2.1	Die Troposphäre	9
2.2	Die Stratosphäre	11
2.3	Die Mesosphäre	11
2.4	Die Thermosphäre (auch Ionosphäre)	12
2.5	Die Exosphäre (äußere Sphäre)	13
2.6	Stockwerke, Temperaturverlauf und Sperrschichten	13
2.7	Die Normatmosphäre (ICAO-Standardatmosphäre)	13
3	**Lebensbedingungen in der Atmosphäre**	**15**
3.1	Der Sauerstoff in der Atmosphäre	15
3.2	Die Reaktionsschwelle	15
3.3	Die Störungsschwelle	15
3.4	Die kritische Schwelle	15
3.5	Die Todesschwelle	16
3.6	Die biologische Schwelle	16
3.7	Zusammenfassung (nach LBA)	16
4	**Luftdruck und Luftdichte**	**17**
4.1	Messung des Luftdrucks	17
4.2	Einheiten des Luftdrucks	17
4.3	Änderung des Luftdrucks mit zunehmender Höhe	18
4.4	Druckbegriffe in der Luftfahrt	18
	a) QFE	18
	b) QNH	18
	c) QFF	18
4.5	Höhenbegriffe in der Luftfahrt	19
	a) Height	19
	b) Elevation	19
	c) Altitude	19
	d) True altitude	19
	e) Pressure altitude	19
	f) QNE	19
	g) Density altitude	19
	h) Transition altitude	19
	i) Transition level	19
4.6	Luftdichte	20
4.6.1	Auswirkungen unterschiedlicher Luftdichte auf die Ballonfahrt	20
5	**Der Wärmehaushalt der Atmosphäre**	**21**
5.1	Die Sonnenstrahlung	21
	a) Die Reflexion	21
	b) Die diffuse Streuung	21
	c) Die Absorption	22
5.2	Die Erdstrahlung und die Erwärmung der Luft	22
	a) Die direkte Wärmeleitung	23
	b) Die thermische Konvektion (Thermik)	23
	c) Die Verdunstung mit nachfolgender Kondensation	23
	d) Erwärmung der Luft durch Turbulenz	24
	e) Erwärmung der Luft durch Absorption des Wasserdampfes in der Luft	24

Kapitel		Seite
5.3	Die horizontale Temperaturverteilung	26
	a) Temperatur in Abhängigkeit von der geographischen Breite und der Jahreszeit	26
	b) Unterschiedliche Temperaturen durch verschiedene Bodenbeschaffenheit	27
	c) Temperatur in Abhängigkeit von der Bewölkung	27
	d) Abhängigkeit der Temperatur von der Bodengestalt	27
6	**Temperatur, Stabilität und Luftfeuchtigkeit**	**29**
6.1	Definition der Temperatur	29
6.2	Temperaturmessungen (Lufttemperatur)	30
6.3	Temperaturänderung mit zunehmender Höhe (vertikaler Temperaturgradient)	30
	1. Der Schichtungsgradient	30
	2. Die Hebungsgradienten	31
6.4	Stabilitätskriterien aufsteigender Luft	32
	a) Stabilität	32
	b) Labilität	32
	c) Indifferenz	32
	d) Die bedingte Labilität oder Feuchtlabilität	33
	e) Überadiabatische Gradienten	33
	f) Absinkende Luft	33
6.5	Temperatur und Luftfeuchtigkeit	34
6.6	Das wichtige Zusammenspiel zwischen Temperatur und Taupunkt	36
7	**Wolkenbildung**	**39**
7.1	Wasserkreislauf Erde – Atmosphäre	39
7.2	Grundlagen zur Wolkenbildung	40
7.3	Wolkenbildung durch Hebung	40
7.4	Wolkenbildung durch Kaltlufteinbruch unter Warmluft (Kaltfront)	42
7.5	Wolkenbildung durch aufgleitende Warmluft über Kaltluft (Warmfront)	42
7.6	Wolkenbildung durch Hebung an Hindernissen (Gebirge)	43
7.7	Entstehung von Wogenwolken im Zusammenhang mit Föhn	44
7.8	Wolkenbildung durch turbulente Durchmischung der Luft	44
7.9	Wolkenbildung durch Ausstrahlung (Strahlungswolken)	45
7.10	Wolkenbildung durch hochfliegende Flugzeuge (Kondensstreifen)	45
8	**Wolkenarten (Einteilung der Wolken)**	**47**
8.1	Gattungen der Quellwolken	48
8.2	Gattungen der Schichtwolken	49
8.3	Klassifizierung der Wolken nach Stockwerken und Bestandteilen	52
8.4	Messung der Wolkenuntergrenzen	53

Inhaltsverzeichnis

Kapitel		Seite
9	**Nebelbildung, Sicht und Dunst**	**55**
9.1	Strahlungsnebel	55
9.2	Advektionsnebel	56
9.3	Mischungsnebel	57
9.4	Verdunstungsnebel	57
9.5	Grundlegende Betrachtungen über Nebel, Sicht und Dunst	57
9.6	Sichtbegriffe im Flugbetrieb	58
10	**Niederschlagsarten in der freien Atmosphäre und am Erdboden**	**59**
10.1	Niederschläge am Erdboden	59
10.2	Niederschläge in der freien Atmosphäre	59
10.3	Niederschlagsarten	61
	a) Dauerniederschläge (Landregen)	61
	b) Schauerniederschläge	62
	c) Orographische Niederschläge (durch Hebung an Hindernissen)	62
11	**Der Wind, Hoch- und Tiefdruckgebiete**	**65**
11.1	Ursachen für die Entstehung des Windes	65
11.2	Die allgemeine Zirkulation	65
11.3	Faktoren, die den Wind beeinflussen	67
	a) Die Druckgradientkraft	67
	b) Die Corioliskraft	68
	c) Die Reibungskraft	69
11.4	Tagesgang des Bodenwindes	69
11.5	Bestimmung des Höhenwindes (Merkregeln)	69
11.6	Der Wind in Hoch- und Tiefdruckgebieten und das Barische Windgesetz	70
11.7	Lokale Windsysteme	70
11.7.1	Thermische Lokalwinde	70
	a) Der Land- und Seewind	70
	b) Der Berg- und Talwind	71
	c) Der Hangwind	71
11.7.2	Orographische Lokalwinde	71
	a) Der Mistral	71
	b) Die Bora	71
	c) Der Föhn	72
	d) Der Scirocco	73
11.7.2.1	Auswirkungen orographischer Lokalwinde auf die Ballonfahrt	74
12	**Luftmassen und Fronten**	**75**
12.1	Luftmassen	75
12.1.1	Entstehung von Luftmassen	75
12.1.2	Eigenschaften von Kalt- und Warmluftmassen	75
12.1.3	Klassifizierung der Luftmassen für Europa	76
12.1.4	Übersicht der Luftmassen in Europa	78
12.1.5	Auswirkungen verschiedener Luftmassen	78
12.2	Fronten	79
12.2.1	Definition und allgemeine Beschreibung	79
12.2.2	Die Warmfront	79
12.2.3	Die Kaltfront	80

Kapitel		Seite
13	**Wettererscheinungen in Tiefdruck- und Hochdruckgebieten (Zyklonen/Antizyklonen)**	**83**
13.1	Tiefdruckgebiete (Zyklonen)	83
	a) Die Frontalzone (Polarfront)	83
	b) Die Entstehung eines Tiefdruckgebietes (Zyklone) an der Polarfront	83
	c) Die Idealzyklone – Das Wettergeschehen in einem Tiefdruckgebiet	84
13.2	Okklusion und Auflösung einer Zyklone	88
13.3	Zyklonenfamilien	89
13.4	Das Zentraltief (Islandtief)	89
13.5	Thermisches Tief	90
13.6	Hochdruckgebiete (Antizyklonen)	90
	a) Thermische Hochdruckgebiete	90
	b) Dynamische Hochdruckgebiete	90
13.6.1	Absinkinversion	91
13.6.2	Bodeninversion	92
13.6.3	Einfluss von Inversionen auf die Ballonfahrt	92
14	**Großwetterlagen in Mitteleuropa**	**93**
14.1	Westwetterlage	93
14.2	Nordwestwetterlage	93
14.3	Nordwetterlage	93
14.4	Ostwetterlage	93
14.5	Südwestwetterlage	94
14.6	Vb-Wetterlage	94
14.7	Trog und Kaltlufttropfen	94
15	**Gefährliche Wettererscheinungen für die Fliegerei**	**97**
15.1	Gewitter (Thunderstorms)	97
15.1.1	Ursachen und Entwicklung von Gewittern	98
	a) Das Cumulusstadium	98
	b) Das Reifestadium	99
	c) Das Auflösestadium	100
15.1.2	Gewitterarten	100
	1. Luftmassengewitter	101
	a) Wärmegewitter	101
	b) Orographische Gewitter	102
	2. Frontgewitter	103
	a) Kaltfrontgewitter	103
	b) Warmfrontgewitter	103
	c) Okklusionsfrontgewitter	105
15.1.3	Gefahren für die Fliegerei	105
15.2	Die Flugzeugvereisung	107
15.2.1	Grundlagen der Vereisung	107
15.2.2	Arten und Gefahren der Vereisung	109
	a) Klareis	109
	b) Raueis	111
	c) Reif	111
15.2.3	Vereisungsintensität	112
15.2.4	Verhütung von Vereisung und Verhalten bei Eisansatz	112
15.3	Turbulenz	112
15.3.1	Orographische (Reibungs-) Turbulenz	113
15.3.2	Thermische (konvektive) Turbulenz	113
15.3.3	Scherungsturbulenz	113

Kapitel		Seite
16	**Klimatologie**	**115**
16.1	Definitionen	115
16.2	Klima in Mitteleuropa	115
16.3	Vorschriften und Unterlagen für Klimawerte im Luftverkehr	115
17	**Wetterkarten**	**117**
17.1	Bodenwetterkarten	117
17.1.1	Aktuelle Bodenwetterkarten	117
17.1.2	Bodenvorhersagekarten	118
17.2	Höhenwetterkarten	119
17.2.1	Aktuelle Höhenwetterkarten	119
17.2.2	Höhenvorhersagekarten	121
17.3	Spezialkarten für die Luftfahrt	121
17.3.1	Wind/Temperaturvorhersagekarten	121
17.3.2	Low-Level-Significant Weather Chart (Mitteleuropa) = LLSWC	122
17.3.3	Konvektionskarte	126
18	**Flugwettermeldungen**	**127**
18.1	METAR/TAF	127
19	**Flugwetterberichte**	**137**
19.1	GAFOR (General Aviation Forecast)	137
19.2	GAMET	141
19.3	Drei-Tages-Prognose	145
19.4	Segelflugwetterberichte	146
19.5	Ballonwetterberichte	147
20	**Flugwetterwarnungen**	**149**
20.1	AIRMET	149
20.2	SIGMET	150
21	**Wetterfunksendungen**	**151**
21.1	VOLMET	151
21.2	ATIS – Ausstrahlungen (Automatic Terminal Information Service) über VORs	151
22	**Flugwetterberatung**	**153**
	a) Individuelle Beratung	153
	b) INFOMET	153
	c) GAFOR	154
	d) Fax-Server	154
	e) pc_met	154
	f) Telefonansage	154
	g) WetterShop im Internet	154
	h) FlugMet	154
	i) WAP	154
23	**Stichwortverzeichnis**	**155**

1 Die Atmosphäre

Als Atmosphäre bezeichnen wir die **Gashülle,** die unseren Planeten umgibt. Vergleichen wir die Erde mit einem Fußball, so wäre diese Gashülle (die Atmosphäre) ungefähr so dick wie die Lederhülle des Balles. Die Lufthülle dreht sich mit der Erde mit, jedoch besteht auch eine ständige Bewegung der Atmosphäre gegenüber der Erdoberfläche, die wir als **Wind** bezeichnen. Es ist eine kontinuierliche Bewegung, die der Fachmann **planetarisches Windsystem** oder **globale Luftzirkulation** nennt. Diese Erscheinung wird in erster Linie hervorgerufen durch die großen Temperaturunterschiede zwischen der Luft über den Tropen und den Polarregionen sowie den dazugehörigen Druckunterschieden. Das Zirkulationssystem wird zusätzlich durch ungleiche Erwärmung von Land- und Wasserflächen durch die Sonne sowie durch andere Faktoren beeinflusst, die wir im Kapitel 11 „Der Wind, Hoch- und Tiefdruckgebiete" ausführlich behandeln werden.

Man kann unsere Atmosphäre auch als ein riesiges Luftmeer betrachten, auf dessen Grund wir leben. Dieser Luftozean erstreckt sich von der Erdoberfläche viele Kilometer nach oben und verdünnt sich gleichmäßig bis zur äußeren, oberen Grenze, mathematisch betrachtet bis ins Unendliche. Die exakte Obergrenze der Atmosphäre kann nicht genau bestimmt werden. Man nimmt jedoch an, dass sie irgendwo zwischen einigen hundert und tausend Kilometern über der Erdoberfläche liegt, obwohl auch noch in viel größeren Höhen Gasmoleküle unserer Atmosphäre anzutreffen sind. In diesen Höhen gehen die Gasanteile unserer Atmosphäre langsam in die Gase des interplanetarischen Bereichs über.

1.1 Die Zusammensetzung der Luft

Unsere Luft ist ein Gemisch von verschiedenen Gasen. Eine ständige Luftdurchmischung infolge von Luftströmungen und der damit verbundenen Turbulenz verhindert eine Ablagerung der schweren Gase in der Nähe der Erdoberfläche. Wir können davon ausgehen, dass bis in Höhen von etwa 80 km eine gleichmäßige Zusammensetzung der Luft besteht. Erst in noch größeren Höhen überwiegen die leichteren Gase die schweren Gase.

In der **Normatmosphäre,** auch **ICAO-Standardatmosphäre** genannt, gilt folgende **Luftzusammensetzung** bis zu einer Höhe von 80 km:

> 78 % **Stickstoff (N_2),**
> 21 % **Sauerstoff (O_2),**
> 0,9 % **Argon (Ar),**
> 0,03 % **Kohlendioxyd (CO_2).**
>
> Den Rest, nämlich 0,07 %, machen hauptsächlich folgende Edelgase und Spurenelemente aus:
>
> **Neon (Ne), Helium (He), Krypton (Kr), Wasserstoff (H), Xenon (X), Radon (Rn) und Ozon (O_3).**

Diese Volumenprozente ergeben zusammen genau 100 %. Sie gelten jedoch nur für absolut trockene Luft. Von Bodennähe bis etwa in 36 000 ft (11 km) Höhe (Tropopause) enthält die Luft immer eine gewisse Menge Wasserdampf, die zeitlich wie auch örtlich schwankt. In den Tropen können bei sehr hohen Temperaturen bis zu 4 Volumenprozent Wasserdampf in der Luft enthalten sein, sodass sich die Werte für die Gase Stickstoff und Sauerstoff geringfügig ändern (ca. 75 % Stickstoff und 20 % Sauerstoff).

Das Molekulargewicht trockener Luft beträgt ca. 29, während das des Wasserdampfes 18 beträgt. Daraus resultiert, dass **trockene Luft schwerer ist als Wasserdampf** und dass **feuchte Luft leichter sein muss als trockene Luft,** da diese Wasserdampf enthält. Wäre das nicht so, so könnte über einer Wasserfläche keine Verdunstung stattfinden, denn es würde innerhalb kürzester Zeit direkt über der Wasseroberfläche eine Feuchtigkeitssättigung der Luft eintreten, weil die feuchte Luft über dem Wasser schwerer wäre als die darüber lagernde trockene Luft.

2 Aufbau der Atmosphäre

Die Atmosphäre, die die Erde als dünner Luftmantel umhüllt und die der Erdrotation folgt, kann man nach verschiedenen Gesichtspunkten untergliedern. Nehmen wir z. B. die Zusammensetzung der Luft (vgl. Abschnitt 1.1), so kann man die unteren 80 km wegen der gleichmäßigen Zusammensetzung infolge ständiger Durchmischung der Luft als **Homosphäre** (griech.: homo = gleich) bezeichnen. Über 80 km Höhe treffen wir dann, wie schon erwähnt, einen Zustand an, der als „Diffusionsgleichgewicht" bezeichnet wird, das heißt, die schweren Gase oder Elemente orientieren sich dem Schwerefeld der Erde folgend nach unten, während die leichteren nach oben tendieren. Deshalb wird diese Schicht **Heterosphäre** (griech.: hetero = verschieden) genannt, die dann in die **Metasphäre** (meta = zwischen) und **Protosphäre** (proton = Wasserstoffkern) übergeht. Für die Zwecke der Meteorologie nimmt man jedoch eine andere Unterteilung vor, die wir uns genau einprägen sollten.

Innerhalb der **Atmosphäre** treten mit zunehmender Höhe bestimmte **Temperaturwechsel** auf, die die Atmosphäre in **fünf Hauptschichten** aufteilen. Gleichzeitig steuern sie die vertikalen (senkrechten) Luftbewegungen. Diese Änderungen des Temperaturverlaufs sorgen auch dafür, dass die Luftmassen der einzelnen Schichten recht scharf voneinander getrennt werden und sich kaum vermischen können (siehe Bild 2.1). Doch nun zu den verschiedenen „**Stockwerken**" unserer Atmosphäre.

2.1 Die Troposphäre

Dieser Teil der Atmosphäre reicht im Schnitt im mitteleuropäischen Raum bis zu einer Höhe von 36 000 ft (11 km) und ist die dünnste, aber gleichzeitig aktivste Schicht. Es ist schon lange bekannt, dass in ihr **das gesamte Wettergeschehen** abspielt. Darüber – in der Stratosphäre – gibt es keine Wolken und keinen Dunst mehr. Unsere modernen Düsenverkehrsflugzeuge fliegen dort am Tage bei strahlendem Sonnenschein und klarem Himmel mit fast unbegrenzter Flugsicht.

Dem ständigen Wechsel des Wettergeschehens verdankt das unterste Stockwerk seinen Namen **Troposphäre**. Diese Bezeichnung stammt von dem griechischen Wort „tropein", das so viel bedeutet wie: sich ändern oder sich wenden.

Die Troposphäre ist eine Zone ständiger Umwälzungen der Luft. Wie schon erwähnt, reicht sie in unseren Breiten bis zu einer Höhe von 36 000 ft (11 km) hinauf.

Der **Luftdruck** nimmt in der Troposphäre mit zunehmender Höhe, vom Normalwert **1 013,25 hPa in Meereshöhe** ausgehend, zunächst recht schnell und dann langsamer bis auf **225 hPa in 36 000 ft (11 km)** Höhe ab. Schon in 18 000 ft (5 500 m) Höhe hat sich der Luftdruck um die Hälfte verringert (siehe auch Abschnitt 4.6 „Luftdichte").

Ähnlich verhält es sich mit der **Luftdichte.** Die Troposphäre enthält demnach mehr als 75 % (also 3/4) der gesamten Atmosphären-Luftmasse.

Die **Temperatur** sinkt mit zunehmender Höhe von 15 °C am Boden bis auf –56,5 °C an der Obergrenze der Troposphäre ab. Die Luft ist also nahe der Erdoberfläche durch den direkten Erdkontakt relativ warm. Im Mittel aller Breiten und Jahreszeiten ist eine Jahresdurchschnittstemperatur von **15 °C** ermittelt worden. Mit zunehmender Höhe ergibt sich aus den eben genannten Werten (15 °C am Boden, –56,5 °C an der Obergrenze der Troposphäre) ein **Temperaturabfall von 0,65 °C pro 100 m Höhe (= 2 °C pro 1 000 ft),** bis schließlich **in 36 000 ft (11 km) Höhe** eine Temperatur von –56,5 °C erreicht wird.

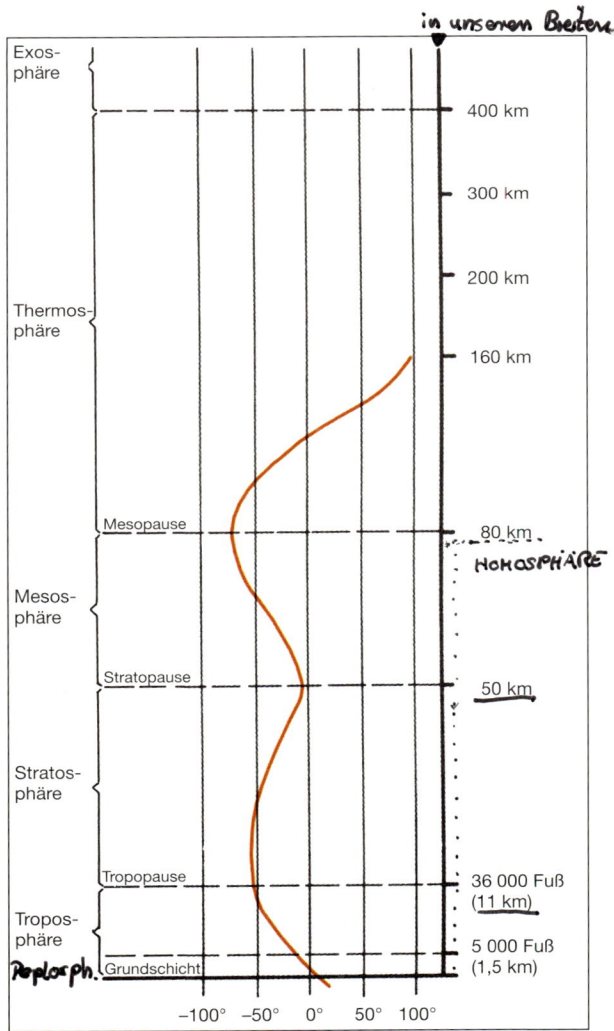

Bild 2.1 Vertikaler Temperaturverlauf in der Atmosphäre

Bei diesen tiefen Höhentemperaturen kann die Luft nur noch kaum messbare Spuren von Wasserdampf (Luftfeuchtigkeit) aufnehmen, der aus Verdunstungsvorgängen vom Erdboden oder von Wasserflächen in die Luft der Atmosphäre gelangt. Folglich nimmt auch die **Luftfeuchtigkeit** mit zunehmender Höhe ab, denn **je kälter** die Luft ist, **umso weniger Feuchtigkeit** kann sie aufnehmen. Bereits in 2 500 m Höhe (ca. 6 500 ft) finden wir nur noch die Hälfte des Bodenwertes vor.

Trotzdem ist der Wasserdampf hauptverantwortlich für das, was wir Wetter nennen. Wolken, Sicht und Wettererscheinung sind von der Luftfeuchtigkeit abhängig. Die jeweils vorhandene Wasserdampfmenge hängt von der jeweiligen Wetterlage ab. Die Luftbewegungen innerhalb der Troposphäre weisen beträchtliche Vertikalkomponenten (senkrechte Luftströmungen) auf. Man spricht deshalb auch von einer Zone der Luftumwälzungen. Die eben genannten Werte für Luftdruck, Temperatur und Höhe gelten nur für die so genannte ICAO-Normatmosphäre (ISA), wie unter Abschnitt 2.7 näher beschrieben. In der Atmosphäre herrschen tatsächlich jedoch Bedingungen, die insbesondere in Bezug auf diese Mittelwerte der Normatmosphäre starken Schwankungen unterliegen.

Vom Boden bis zu einer Höhe von ungefähr 1 500 m (ca. 5 000 ft) spricht man von einer **Grundschicht**, auch **Peplosphäre** genannt. In ihr werden die Strömungsverhältnisse und die Temperatur vom Erdboden her sehr stark beeinflusst. Nicht selten wird dieser feuchtkühle Mantel von einer **Temperaturumkehrschicht (Inversion)** abgeschlossen, die als Obergrenze der Dunst- oder Wolkenschicht erkennbar ist.

Die **Tropopause,** in mittleren Breiten 36 000 ft (11 000 m) hoch gelegen, bildet eine **Grenzfläche,** die das Wettergeschehen innerhalb der Troposphäre von der nächsthöheren Sphäre fern hält (siehe Bild 2.2).

Hier endet der Temperaturabfall und geht in der Standardatmosphäre in eine so genannte **Isothermie** (Temperaturgleichheit trotz zunehmender Höhe) über (siehe auch Bild 2.1). In der Realität findet man auch häufig eine Inversion (Temperaturzunahme mit der Höhe).

Die Tropopause liegt nur in unseren mittleren Breiten in einer Höhe von ca. 36 000 ft (11 km). Über den beiden Polen ist sie bei einer Temperatur von –40 °C zwischen 20 000 bis 26 000 ft (6–8 km) und über dem Äquator bei einer Temperatur von –80 °C in Höhen zwischen 53 000 bis 59 000 ft (16–18 km) zu finden (siehe Bild 2.3). Neben den geographischen Unterschieden ist die Höhe der Tropopause auch jahreszeitlichen und sogar wetterlagenabhängigen Schwankungen unterworfen.

Bild 2.2   Die Troposphäre mit ihrer Grenzfläche, der Tropopause

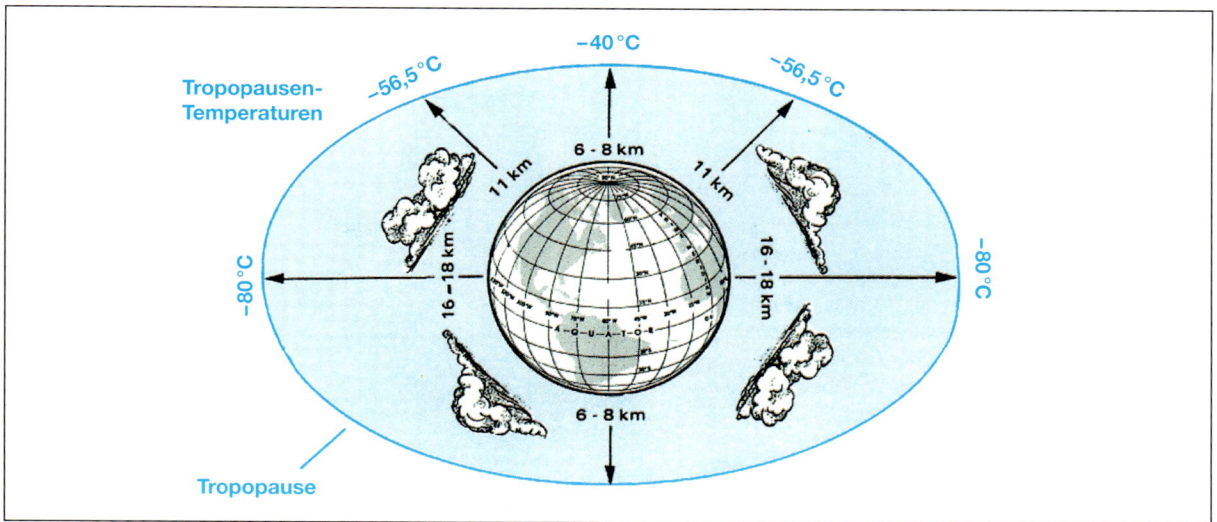

Bild 2.3   Schematische Darstellung der Troposphäre mit Tropopausenhöhen und Tropopausentemperaturen

2 Aufbau der Atmosphäre

2.2 Die Stratosphäre

Die oberhalb der Tropopause einsetzende **Isothermie** (also mit der Höhe **gleich bleibende Temperatur,** die wir uns mit **−56,5 °C** merken wollen) kennzeichnet den Beginn des nun folgenden Stockwerkes, das **Stratosphäre** (geschichtete Sphäre) genannt wird. In ihr folgt eine weitere **Druckabnahme bis auf 1 hPa.** Dieser Druckwert wird an der Obergrenze in etwa **50 km Höhe** erreicht.

Wegen des jetzt völlig fehlenden Wasserdampfes und des hier herrschenden Strahlungsgleichgewichts (keine Wolken, kein Dunst) bleibt die Temperatur in der gesamten Stratosphäre etwa gleich und nimmt nur in den oberen Schichten wieder etwas zu. Deshalb findet man hier – im Gegensatz zur Troposphäre – nur horizontale Luftbewegungen ohne größere Turbulenzerscheinungen vor. Aus diesem Grunde und wegen des völlig fehlenden Wasserdampfes in der Luft kann in der Stratosphäre kein Wettergeschehen stattfinden. Die in den oberen Schichten auftretende Temperaturzunahme bis zu Temperaturen um 0 °C ist auf das Vorhandensein von Ozon (O_3) zurückzuführen.

In der Schicht zwischen 20 und 50 km enthält die Luft einen kleinen, aber sehr wichtigen Anteil von Ozon. Dieses Gas ist im Stande, das ultraviolette Licht der Sonnenstrahlung sehr wirkungsvoll zu absorbieren. Die kurzwellige, schädliche Strahlung der Sonne wird teilweise durch Ozonbildung verbraucht und kann so nicht auf die Erdoberfläche gelangen. Die bei der Umwandlung von etwa jedem millionsten zweiatomigen Sauerstoffmolekül (O_2) in ein dreiatomiges Sauerstoffmolekül (O_3 = Ozon) hier verbleibende Energie der Sonnenstrahlung heizt die Luft in dieser Schicht bis zu den erwähnten Werten auf (siehe Bild 2.1). Die obere Grenze der Ozonkonzentration liegt in etwa 50 km Höhe. Darüber wird es wieder kälter. Aus diesem Grunde nennt man die dünne Schicht zwischen 45 und 50 km Höhe, in der die Temperatur sich umkehrt (also wieder abnimmt), **Stratopause.**

Wegen ihrer Bedeutung für das Leben auf der Erde (Absorption der kurzwelligen, ultravioletten Strahlung) bezeichnet man die von 20 bis 50 km reichende Ozonschicht auch als **Ozonosphäre.**

2.3 Die Mesosphäre

In der nun folgenden **Mesosphäre** (griech.: mesos = Mittel) setzt sich der in den oberen Schichten der Stratosphäre (Ozonosphäre) beobachtete Temperaturanstieg nicht mehr fort. Nach einem Maximum von ca. 0 °C in der Stratopause (50 km Höhe) fällt die Temperatur in der Mesosphäre bis zur Obergrenze in 80 km auf −80 °C ab. Der **Luftdruck** verringert sich von **1 hPa in 50 km Höhe** (Stratopause) bis auf **1/100 hPa** an der Obergrenze der Mesosphäre **in 80 km Höhe.**

In der Mesosphäre treten zeitweise sehr hohe Windgeschwindigkeiten auf. So hat man zum Beispiel über Japan im Jahre 1961 Windgeschwindigkeiten in 55 km Höhe gemessen, die nahe an der Schallgeschwindigkeit (330 m/sec) lagen.

Die Obergrenze der Mesosphäre wird **Mesopause** genannt. Sie liegt in einer Höhe von 80 km. Somit hat die Mesosphäre fast die gleiche Mächtigkeit wie die Stratosphäre.

2.4 Die Thermosphäre (auch Ionosphäre)

Jetzt beginnt in 80 km Höhe das am weitesten ausgedehnte Stockwerk unserer Atmosphäre, das **Thermosphäre** oder auch **Ionosphäre** genannt wird. Hier nimmt der Luftdruck weiter bis **auf 1/1 000 hPa in 100 km Höhe ab** und nähert sich dann immer langsamer dem Nullwert, der jedoch nicht genau bestimmbar ist. Die Luftdichte ist hier zwar sehr gering, aber doch größer als erwartet, denn in diesen Höhen wurden die ersten Erdsatelliten vorzeitig abgebremst.

Ihren Namen – nämlich **Thermosphäre** – hat diese Schicht der Tatsache zu verdanken, dass die sehr dünne Luft in Höhen über 80 km sehr schnell aufgeheizt wird und ihre Temperatur dabei sehr starken Schwankungen unterliegt. Man kann aber in diesen Höhen nicht mehr von Temperaturen im landläufigen Sinne sprechen. Hier kommt die physikalische Definition der Temperatur zum Tragen, wonach die Temperatur die Energie der mittleren Molekülbewegung darstellt. In der unvorstellbar dünnen Luft (geringen Luftdichte) entsprechen die hohen Temperaturen aber nur einem äußerst kleinen Wärmebetrag und ein Mensch müsste ohne einen schützenden Raumanzug trotz der hohen Temperaturen (in 220 km rund 1 000 °C) erfrieren.

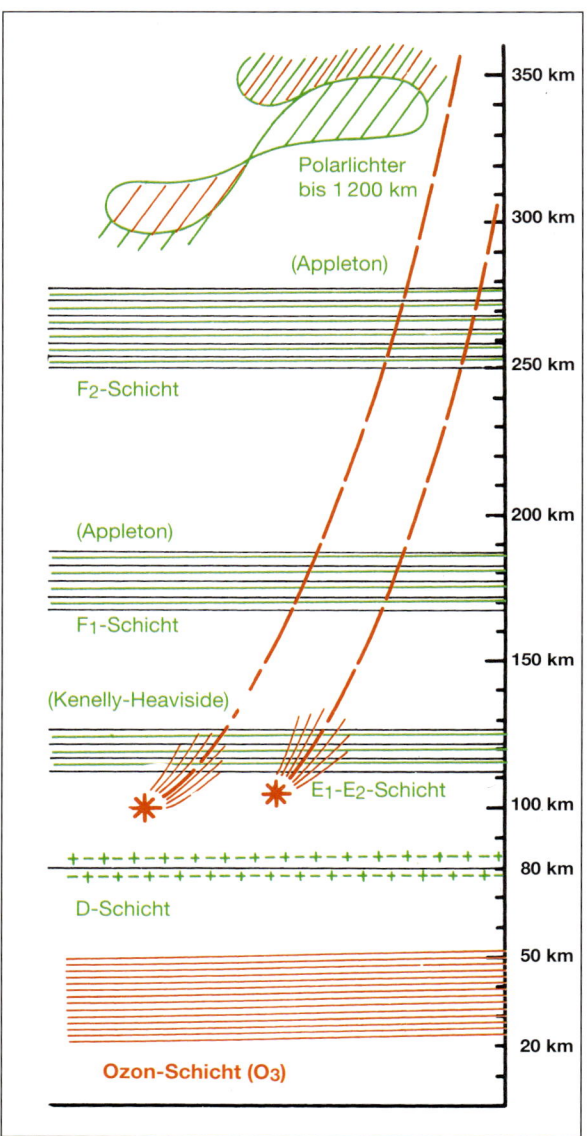

Bild 2.4   Die Ionenschichten in der Ionosphäre

Die Geophysiker nennen diese mächtige Schicht, die von 80 km bis 400 km reicht, **Ionosphäre,** weil in ihr die kurzwellige Sonnenstrahlung eine Ionisation an den Stickstoff- und Sauerstoffatomen bewirkt, wodurch die Luft elektrisch leitend wird. Von einer einheitlich ionisierten Schicht kann man jedoch nicht sprechen. Vielmehr treten mehrere Schichten mit verschiedenen Eigenschaften und hoher elektrischer Leitfähigkeit auf, die als

> D_1-, E_1- und E_2- sowie F_1- und F_2- Schicht

bezeichnet werden. Diese Schichten haben für den Funkverkehr eine sehr große Bedeutung, weil sie die Kurzwellen (KW) zum Teil dämpfen (D-Schicht), aber auch reflektieren (F-Schichten) und so den Kurzwellenfunkverkehr rund um den Erdball ermöglichen.

Die **D-Schicht** liegt zwischen 80 und 100 km Höhe und bewirkt eine Dämpfung der Kurzwellen. Danach folgt die E_1- und E_2-Schicht, die zwischen 100 und 130 km anzutreffen ist; sie wird nach ihren Entdeckern auch „**Kenelly-Heaviside-Schicht**" genannt. Zwischen 250 und 400 km Höhe liegt die F_2-Schicht, von der sich im Sommer und am Tage die F_1-Schicht in ungefähr 170 km Höhe abspaltet. Diese F-Schichten reflektieren die Kurzwellen zur Erde zurück und werden – ebenfalls nach ihrem Entdecker – auch als die „**Appleton-Schichten**" bezeichnet.

Auf das Wettergeschehen wirken sich diese Vorgänge in der Ionosphäre kaum aus und sind insofern ohne größere Bedeutung für den Meteorologen. Im Funkwesen (Ausbreitung von KW/MW) spielen sie aber eine große, ja sogar wesentliche Rolle. Wir werden uns im Band 4 B „Funknavigation" noch einmal näher damit zu befassen haben.

Die **Polar- oder Nordlichter,** die auch in diesem Stockwerk der Atmosphäre auftreten und manchmal bis 1 200 km hinaufreichen, geben anhand der so genannten **Spektralanalyse** Auskunft darüber, dass in diesen großen Höhen noch Stickstoff (N_2) und Sauerstoff (O_2) in der extrem dünnen Luft vorkommen.

2 Aufbau der Atmosphäre

2.5 Die Exosphäre (äußere Sphäre)

Oberhalb 400 km beginnt schließlich die **Exosphäre,** deren Name so viel wie **äußere Sphäre** bedeutet. Ihre Oberschicht lässt sich nicht genau definieren, weil die Luft extrem dünn geworden ist und diese äußere Schicht ganz erheblichen Gezeitenschwingungen der Atmosphäre ausgesetzt ist. Eigentlich hat sie überhaupt keine Obergrenze, da die äußeren Teile unserer Atmosphäre hier langsam und kaum bemerkbar in die Gase des interplanetaren Raumes übergehen.

2.6 Stockwerke, Temperaturverlauf und Sperrschichten

Wir haben die Atmosphäre entsprechend der Änderungen im Temperaturverlauf in die verschiedenen Sphären (Stockwerke) eingeteilt (siehe auch Temperaturkurve in Bild 2.5), weil sie in den genannten Höhen entweder durch eine **Isothermie** (Temperaturgleichheit mit zunehmender Höhe) oder eine **Inversion** (Temperaturumkehrschicht) die Luftmassen der einzelnen Sphären sehr wirkungsvoll voneinander trennen. Man kann solche Änderungen im Temperaturverlauf als **Sperrschichten** betrachten, die vertikale (senkrechte) Luftbewegungen hemmen oder völlig zum Stillstand bringen. Wenn der Temperaturabfall mit zunehmender Höhe aufhört und die Temperatur in den darüber liegenden Luftschichten wieder zunimmt (Inversion) oder auch nur gleich bleibt (Isothermie), sind solche Bedingungen gegeben. Für das Verständnis vieler Wettervorgänge sind solche Inversionen oder Isothermien von sehr großer Bedeutung. Wir werden sie deshalb in den folgenden Kapiteln noch ausführlich behandeln.

2.7 Die Normatmosphäre (ICAO-Standardatmosphäre)

Um **einheitliche Werte** für die Eichung von Instrumenten (Höhenmesser, Fahrtmesser usw.) und die Festlegung von Leistungsdaten für Flugzeuge zu haben, hat die ICAO (International Civil Aviation Organisation) eine genormte Atmosphäre, die so genannte **ICAO-Standardatmosphäre,** für solche Zwecke eingeführt.

Die **Daten** dieser ICAO-Standardatmosphäre sind **auf eine Breite von 45° bezogen** und stellen **Mittelwerte** aller in der Atmosphäre vorkommenden Zustände dar. Diese Mittelwerte sind so festgelegt, dass immer auftretende Abweichungen sich nicht in Form allzu großer Fehler (z. B. beim Höhen- und Fahrtmesser) auswirken.

Die **ICAO-Standardatmosphäre** weist folgende Grunddaten auf:

1. **Luftdruck** in NN (MSL) = 1 013,25 hPa (29,92 inches Hg)
2. **Lufttemperatur** in NN (MSL) = 15 °Celsius
3. **Relative Luftfeuchte** = 0 %
4. **Dichte** in NN (MSL) = 1,225 kg pro m^3
5. **Temperaturabnahme** (Gradient) = 2 °C pro 1 000 ft (0,65 °C pro 100 m)
6. **Tropopausenhöhe** = 36 000 ft (11 km)
7. **Tropopausen- (Stratosphären-) Temperatur** = −56,5 °C
8. **Isothermie bis 20 km,** darüber Temperaturzunahme mit unterschiedlichen Gradienten. Die Zusammensetzung der Luft ist bis 80 km Höhe gleich.

2.7 Die Normatmosphäre (ICAO-Standardatmosphäre)

Die folgende Darstellung zeigt den **Aufbau der Atmosphäre** in allen wesentlichen Details:

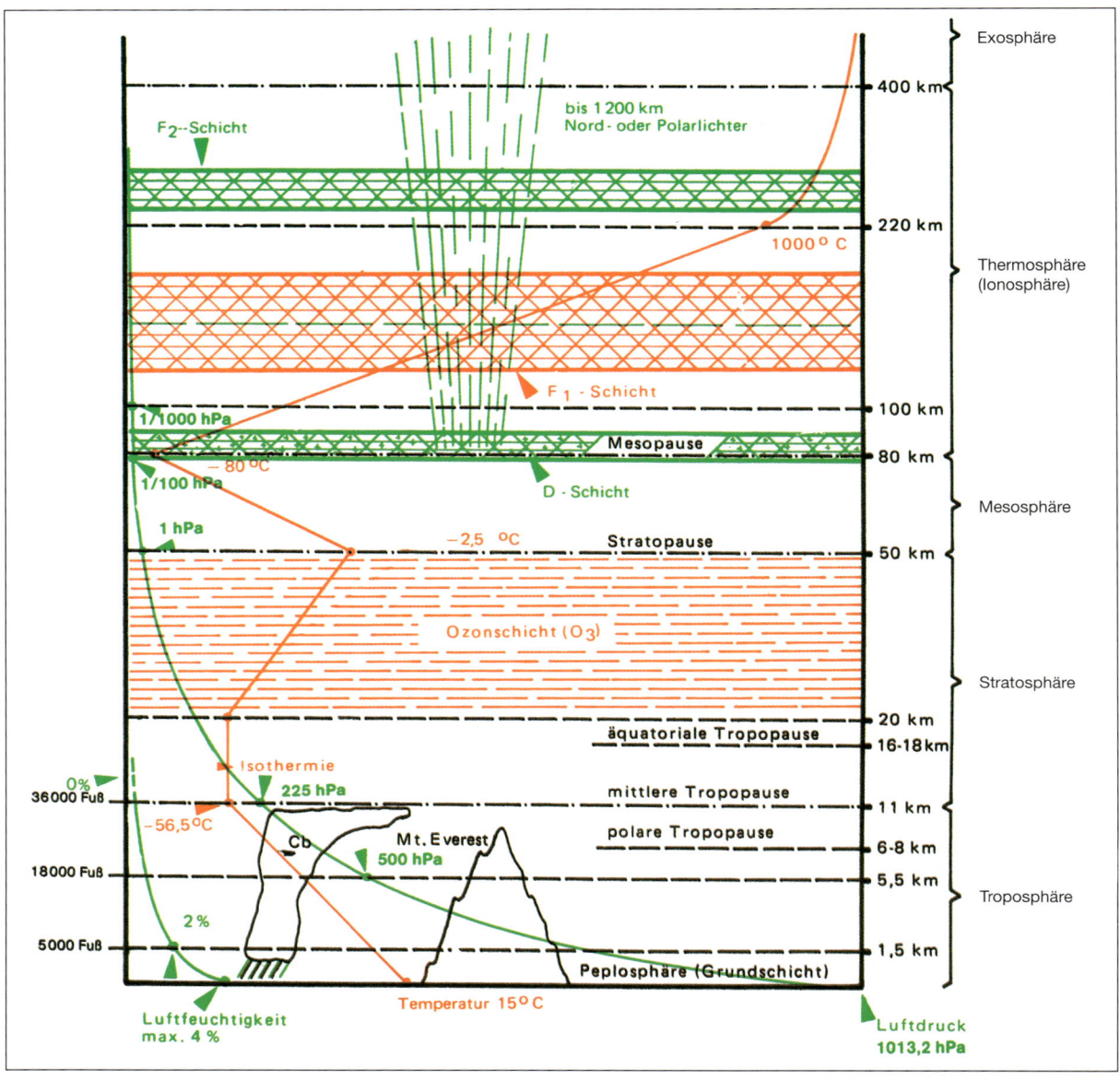

Bild 2.5 Aufbau der Atmosphäre

3 Lebensbedingungen in der Atmosphäre

3.1 Der Sauerstoff in der Atmosphäre

Unsere Atmosphäre besteht aus **ca. 21%** des für das Leben auf der Erde erforderlichen **Sauerstoffs (O_2)**. Dieser Anteil des Sauerstoffs – ungefähr ein Fünftel des gesamten Luftvolumens – ist der Brennstoff des menschlichen Lebens. Der Druck, den dieser Sauerstoff als **Teildruck (Partialdruck)** in der Atmosphäre ausmacht, beträgt ebenfalls **ein Fünftel des Gesamtdrucks** der Atmosphäre in jeder beliebigen Höhe.

Die Lungen des Menschen absorbieren den Sauerstoff abhängig vom Teildruck (Partialdruck) des Sauerstoffs in der Atmosphäre. Der Mensch ist normalerweise daran gewöhnt, den Sauerstoff mit einem Druck von ungefähr 200 hPa (Teildruck des Sauerstoffs in Meereshöhe) zu absorbieren. Wenn nun mit zunehmender Höhe auch der Partialdruck des Sauerstoffs abnimmt, so gerät der Mensch zunächst in einen Erschöpfungszustand und bei körperlicher Anstrengung (Bergsteigen in größeren Höhen) in Atemnot. In noch größeren Höhen lässt die Sehkraft nach und der Mensch wird langsam (ohne es zu bemerken) **bewusstlos!** Beim Fliegen muss daher der Sauerstoffteildruck in größeren Höhen den menschlichen Erfordernissen angepasst werden. Diese Anpassung kann auf zwei Arten geschehen:

    a) durch **Erhöhung des Drucks** in einer nach außen luftdichten Kabine **(Druckkabine)**,

    b) durch **Zufuhr reinen Sauerstoffs** zur Atemluft **mit einer Atemmaske**.

Bei der zuletzt genannten Methode ist jedoch zu beachten, dass der Mensch normalerweise auch bei hohem Sauerstoffanteil der Atemluft – nehmen wir einmal 50% an – in Höhen um 43000 ft (13000 m) bewusstlos wird, wenn keine Druckkabine oder kein Druckanzug vorhanden sind. Wir wollen uns aus diesem Grunde generell einprägen:

> **Der in größeren Höhen auftretende Sauerstoffmangel ist für den Menschen eine akute Gefahr (Lebensgefahr!).**

Die Luftfahrtmedizin unterscheidet dabei für den normalen (untrainierten) Menschen, der es gewöhnt ist, im Meeresniveau genügend Sauerstoff vorzufinden, zwischen einzelnen **Höhenschwellen**, bei denen bestimmte Symptome auftreten (vgl. auch Band 8, Menschliches Leistungsvermögen, Abschnitt 4.4 „Flugphysiologische Aspekte bei Abnahme des Umgebungsluftdrucks"):

3.2 Die Reaktionsschwelle (ab ca. 6000/7000 ft bis ca. 10000/12000 ft bzw. 1800/2100 m bis ca. 3000/3600 m)

Je nach Veranlagung – oder jeweiliger körperlicher Verfassung – wird der Mensch schon an der unteren Schwelle oder an der oberen Schwelle eine erste Reaktion infolge des verringerten Sauerstoffgehalts der Luft an sich beobachten können. Müdigkeit oder frühzeitige Erschöpfung machen sich bemerkbar. Fast jeder Mensch kann jedoch – vorausgesetzt, dass er gesund ist – das Sauerstoffdefizit in diesen Höhen durch schnelleres Atmen ausgleichen. In den Druckkabinen unserer modernen Düsenverkehrsflugzeuge wird deshalb mindestens der Druck und der Sauerstoffgehalt durch Kompressoren erzeugt und konstant gehalten, der einer Höhe von ungefähr 6500 ft (2000 m) entspricht.

3.3 Die Störschwelle (über ca. 10000/12000 ft bzw. ca. 3000/3600 m)

In diesen Höhen machen sich aufgrund des fast um die Hälfte verringerten Sauerstoff-Partialdrucks echte **Funktionsstörungen** im menschlichen Organismus bemerkbar. Die Fähigkeit schnell und logisch zu entscheiden, ist stark beeinträchtigt oder nicht mehr vorhanden. Daher gilt Folgendes:

> Flugzeugführer von Luftfahrzeugen ohne Druckkabine müssen unbedingt vor Erreichen dieser Störschwelle ein **Sauerstoffgerät bereithalten** und – zumindest in Intervallen – benutzen **(Sauerstoffdusche!)**.

3.4 Die kritische Schwelle (ab ca. 22000 ft bzw. 6700 m)

Luftdruck und Luftdichte sind in dieser Höhe **unter die Hälfte des Bodenwertes** abgesunken. Ebenso ist der Sauerstoffgehalt der Luft entsprechend geringer geworden.

> **Merke:** Der nun akute Sauerstoffmangel kann gesundheitsschädliche Funktionsstörungen oder gar Lähmungserscheinungen im Organismus hervorrufen!

3.5 Die Todesschwelle (über ca. 22 000 ft bzw. 6 700 m)

Auch ein geübter Bergsteiger kann sich in diesen Höhen nicht unbegrenzt lange aufhalten. Der hier zur Verfügung stehende Sauerstoff reicht bei einem längeren Aufenthalt nicht mehr zum Leben aus. Die kritische Schwelle (vgl. Abschnitt 3.4) ist also in Abhängigkeit von der Zeit auch die Todesschwelle.

3.6 Die biologische Schwelle (ca. 40 000/43 000 ft bzw. 12 000/13 000 m)

Auch ein Sauerstoffgerät ermöglicht dem Menschen kein unbegrenztes Aufsteigen in größere Höhen. Der Luftdruck hat an der biologischen Schwelle so weit abgenommen, dass er nunmehr dem Blutdruck des Menschen entspricht. Das Blut beginnt zu sieden (sieden heißt: Innendruck = Außendruck). Ohne Druckanzug oder Druckkabine tritt nun im Blut Gasbildung auf. Der Mensch würde also an einer **Gasembolie** sterben (Gasbläschen gelangen über den Blutkreislauf ins Herz).

3.7 Zusammenfassung (nach LBA)

Leben, Funktion und Leistung des Menschen sind, wie hier dargestellt werden konnte, an eine begrenzte, erdnahe atmos-phärische Umwelt gebunden. Beim Vordringen in größere Höhen wirkt sich die Änderung der Atmosphäre immer feindlicher auf den menschlichen Organismus aus. Die Temperatur nimmt ab, gleichzeitig verringert sich der Luftdruck und damit auch der Sauerstoffteildruck, wodurch es bei der Atmung schon in Höhen ab 10 000/12 000 ft (3 000/3 600 m) zu einer unzureichenden Sauerstoffversorgung im Organismus kommt. **Sauerstoffmangelsymptome** bei Luftfahrern sind die Folge, die eine sichere Flugdurchführung in Frage stellen können. Um nicht durch Sauerstoffmangel in einen psycho-physisch insuffizienten Zustand zu geraten, ist es notwendig, dass der Luftfahrer die jeweilige Höhe am Höhenmesser beachtet. Bei Aufenthalten in 10 000/12 000 ft (3 000/3 600 m) und darüber sollte der sicherheitsbewusste Luftfahrer auf alle Fälle Sauerstoff einatmen, was entsprechende Sauerstoffgeräte an Bord voraussetzt. Wichtig ist aber vor allem, dass sich der Luftfahrer vor dem Abflug vom gebrauchsfähigen Zustand der Atemgeräte überzeugt und mit der Bedienungsweise vertraut macht. Fehlt das Atemgerät an Bord, so sollte aus Sicherheitsgründen die 10 000-Fuß-Höhengrenze nicht überschritten werden.

Motorsportflugzeuge, Segelflugzeuge und Freiballone besitzen im Allgemeinen keine Druckkabinen, die die Insassen schützen. Umso notwendiger ist daher die Kenntnis der höhenbedingten Risiken und Gefahren, um ihnen wirksam begegnen zu können. Speziell beim Steuern von Luftfahrzeugen laufen viele Bedienungsvorgänge reflexartig ab. Der Luftfahrzeugführer muss wissen, dass die Reflex-Intensität (Reaktionsvermögen) bei Sauerstoffmangel eine erhebliche Einbuße erleidet. Darüber hinaus wird das Gefühl für die Lage im Raum durch Sauerstoffmangel negativ beeinflusst und dem Auftreten von Flug-Illusionen und Desorientierungen Vorschub geleistet, die sich unter entsprechenden Umständen unfallbegünstigend auswirken können.

Die Zeitreserve, die dem Luftfahrer beim Eindringen in größere und große Höhen vor dem Eintritt der Bewusstlosigkeit zu seiner Rettung bleibt, ist daher geradezu lebenswichtig. In der Zone der unvollständigen Kompensation, d. h. über 10 000/12 000 ft (3 000/3 600 m), kann es schon in ein bis zwei Stunden zu nachhaltigen Störungen durch die Höhenkrankheit kommen. Die Zeit verkürzt sich rapide mit zunehmender Höhe, wie nachfolgende Aufstellung (nach Ruff-Strughold) zeigt:

In 23 000 ft (7 000 m)	nach 5 Minuten!
In 26 000 ft (8 000 m)	nach 3 Minuten!
In 29 000 ft (9 000 m)	nach 1,5 Minuten!
In 33 000 ft (10 000 m)	nach 1 Minute!
In 39 000 ft (12 000 m)	nach 30 Sekunden!
In 49 000 ft (15 000 m)	nach 10 Sekunden!

4 Luftdruck und Luftdichte

Da die Atmosphäre unseres Planeten als Ganzes gesehen eine große Masse darstellt, übt sie wie jede andere große Masse, die der Schwerkraft (Gravitationskraft) unterliegt, einen großen Druck (also ein Gewicht) auf die Erdoberfläche aus, obwohl wir meinen, die Luft würde kein Gewicht haben. In der Tat ist Luft ungefähr 800-mal leichter als Wasser, aber das unvorstellbar große Volumen der Atmosphäre bringt ein beträchtliches Gewicht zusammen. Es sind ungefähr 5 000 Billionen Tonnen. Die Atmosphäre ist also nicht – wie wir glauben – eine dünne, kaum bemerkbare Gashülle, sondern sie stellt einen ziemlich schweren Mantel dar, der die Erde umgibt. Weil die Atmosphäre so viel wiegt, drückt sie natürlich auch mit einem erheblichen Gewicht auf ihre Unterlage, die Erdoberfläche. **Das Gewicht der Luft pro Flächeneinheit ist der Luftdruck.**

4.1 Messung des Luftdrucks

Der Luftdruck wird mit einem **Barometer** gemessen. Wir unterscheiden Quecksilberbarometer und Aneroid-Dosenbarometer. Ein Quecksilberbarometer besteht aus einem offenen Gefäß, das mit Quecksilber gefüllt ist. Darin steht ein luftleeres Glasrohr mit einem Querschnitt von 1 cm². Das Gewicht der Luft, das auf das offene Gefäß drückt, zwingt das Quecksilber in dem Glasrohr aufzusteigen, bis das Gewicht der Luftsäule im Gleichgewicht ist mit dem Gewicht des Quecksilbers. Bei Stationen in Meereshöhe beträgt die Länge der Quecksilbersäule 76 cm oder 760 mm oder 29,92 Inches (in angelsächsischen Ländern).

Ein Quecksilberbarometer ist also ein ziemlich unhandliches Gerät und darum auch nur an Wetterstationen zu finden.

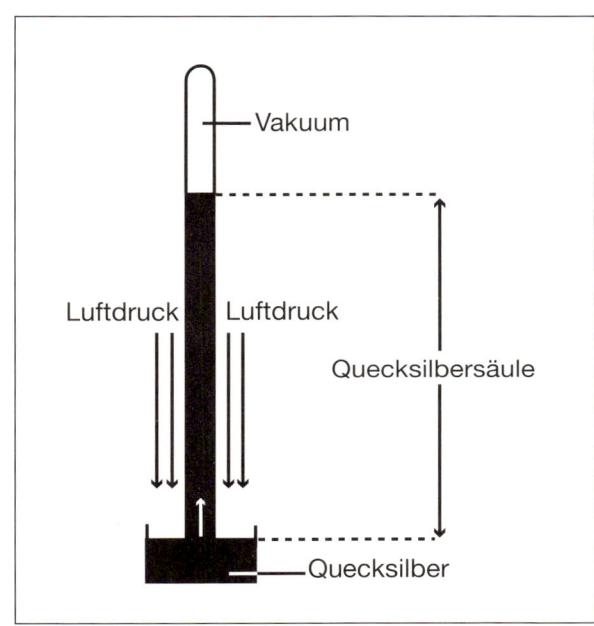

Bild 4.1 Quecksilberbarometer

Für den privaten Bedarf und den Einsatz als Höhenmesser wurde ein anderes System entwickelt – das Aneroid-/Dosenbarometer. Es besteht aus einer oder mehreren nahezu luftleer gepumpten Dosen.

Bei steigendem Luftdruck wird die Dose zusammengedrückt, bei sinkendem Luftdruck dehnt sie sich aus. Diese Bewegung kann mit einem Hebelsystem auf einer Skala sichtbar gemacht werden. Um einen entsprechenden Druckwert ablesen zu können, muss das Gerät eine kalibrierte Skala bekommen.

Der im Flugzeug eingebaute Höhenmesser ist ebenfalls ein Aneroidbarometer, seine Skala ist jedoch in entsprechende Höhenwerte der ICAO-Standardatmosphäre umgerechnet worden.

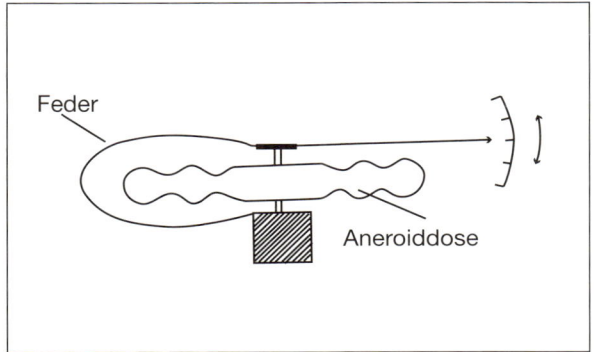

Bild 4.2 Aneroid-Dosenbarometer

4.2 Einheiten des Luftdrucks

Die früher oft verwendete Luftdruckangabe 760 mm Hg (Quecksilbersäule) ist physikalisch gesehen nicht korrekt, da eine Längeneinheit nie einen Druck bezeichnen kann. Da Druck sich aus Kraft pro Fläche ergibt, muss die Druckeinheit von der Krafteinheit abgeleitet werden. Die heute übliche Krafteinheit ist das Newton. Ein Newton/m² ist ein Pascal (Pa), hundert Pascal sind ein Hektopascal.

> **Der mittlere Druckwert, der den 760 mm (29,92 Inches) Quecksilbersäule entspricht, beträgt 1 013,25 hPa. Dies ist der Bodendruckwert der ICAO-Standardatmosphäre.**

4.3 Änderung des Luftdrucks mit zunehmender Höhe

Da der Luftdruck das Gewicht der Luftsäule oberhalb des Messstelle ist, muss der Druck mit zunehmender Höhe abnehmen. In Bodennähe beträgt die Druckabnahme 1 hPa pro 8 m oder 1 hPa pro 27 ft. Bei den Prüfungsaufgaben wird jedoch wegen der leichteren Rechnung von 1 hPa pro 30 ft ausgegangen. Diese **Höhendifferenz,** in welcher der Druck **um 1 hPa** abnimmt, nennt man **barometrische Höhenstufe**. Die Abnahme vollzieht sich jedoch nicht linear, sondern logarithmisch, da Luft kompressibel (zusammendrückbar) ist. Je höher der Druck ist, der auf ihr lastet, umso stärker wird sie zusammengedrückt und ihre Dichte erhöht sich. Luft hat daher am Boden, wo das gesamte Gewicht der Luftsäule auf ihr ruht, ihre größte Dichte.

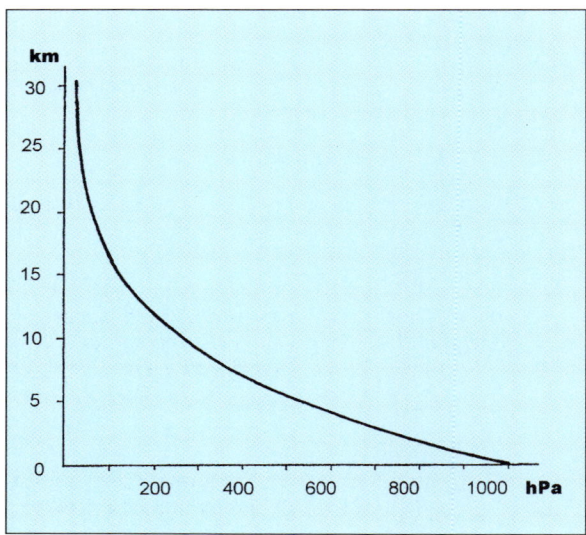

Bild 4.3 Luftdruckabnahme in der ICAO-Standardatmosphäre

Teilt man eine Luftsäule in gleiche Luftdruckintervalle, so werden diese Abschnitte wegen der geringer werdenden Dichte immer größer. Gleichen Luftdruckdifferenzen entsprechen mit zunehmender Höhe immer größere Höhenintervalle.

Daher verändert sich auch die barometrische Höhenstufe mit zunehmender Höhe. Sie beträgt z. B. in 500 hPa 16 m oder 54 ft, d. h. sie ist bei halbem Druck doppelt so groß wie am Boden bei 1 000 hPa. Die logarithmische Druckänderung mit der Höhe ergibt einen Druck, der sich im gleichen Höhenintervall um den gleichen Quotienten vermindert. So **halbiert** sich **alle 5 500 m (18 000 ft) der Luftdruck.**

Geht man von einem Bodendruck von 1 000 hPa aus, herrschen in

> 5 500 m (18 000 ft) über NN (MSL) – 500 hPa
> 11 000 m (36 000 ft) über NN (MSL) – 250 hPa
> 16 500 m (54 000 ft) über NN (MSL) – 125 hPa

usw.

4.4 Druckbegriffe in der Luftfahrt

a) QFE

Der Luftdruck, der an einem Flughafen in Barometerhöhe gemessen wird, wird auf den höchsten Punkt der Landebahn umgerechnet, er ist damit der **Platzdruck**. Er wird als **QFE** bezeichnet. Er ist abhängig von der Höhe des Flughafens. QFE-Werte unterschiedlicher Flughäfen lassen sich nicht miteinander vergleichen.

b) QNH

Um Luftdrucke aus unterschiedlichen Höhen miteinander vergleichen zu können, müssen sie auf ein gemeinsames Bezugsniveau reduziert werden. Festgelegter Bezugspunkt ist weltweit die **mittlere Meereshöhe (NN** oder **MSL** = **m**ean **s**ea **l**evel).

Mit Hilfe der barometrischen Höhenstufe kann der Druck ermittelt werden, der herrschen würde, wenn die Station in MSL läge. In die Rechnung geht auch die Temperatur ein, die unterhalb der Station herrschen würde. Da bei allen Berechnungen in der Luftfahrt von der ICAO-Standardatmosphäre ausgegangen wird, kann jeder Höhe eine bestimmte Temperatur zugeordnet werden. Der mit Hilfe von Temperaturwerten der ICAO-Standardatmosphäre auf MSL reduzierte Stationsluftdruck wird als **QNH** bezeichnet. Es wird für Streckenflüge unterhalb der Übergangshöhe verwendet.

c) QFF

Da in Wirklichkeit meist keine Standardtemperaturen herrschen, die Temperatur jedoch großen Einfluss auf die Druckreduktion hat, benutzt man für die Anforderungen in der Meteorologie bei der Reduktion die aktuell gemessene Temperatur. Der mit Hilfe von tatsächlichen Temperaturwerten auf MSL reduzierte Luftdruck wird als **QFF** bezeichnet.

Der als QFF ermittelte Druck wird in der Luftfahrt nicht benutzt, er wird in die Bodenwetterkarte als Druckwert eingetragen und ist Grundlage für das Zeichnen von Isobaren (Linien gleichen Luftdrucks [siehe auch Abschnitt 17.1.1 „Aktuelle Bodenwetterkarten"]).

4 Luftdruck und Luftdichte

4.5 Höhenbegriffe in der Luftfahrt

Die nachfolgenden Höhenbegriffe werden in der Luftfahrt verwendet. Sie sollten die Bedeutung kennen, da das Wort „Höhe" sehr unterschiedlich interpretiert werden kann.

a) Height

Height ist die vertikale Entfernung einer Horizontalebene, eines Punktes oder eines als Punkt angenommenen Gegenstandes, gemessen von einem bestimmten Bezugswert (meist Erdoberfläche). Die Height ist 0, wenn das Luftfahrzeug auf der Piste steht.

b) Elevation

Elevation ist die vertikale Entfernung einer Horizontalebene oder eines Punktes auf der Erdoberfläche, gemessen von MSL aus. Der Höhenmesser zeigt die Elevation eines Platzes an, wenn der eingestellte Druck in der Nebenskala der aktuelle QNH-Wert ist.

c) Altitude

Altitude ist die vertikale Entfernung einer Horizontalebene, eines Punktes oder eines als Punkt angenommenen Gegenstandes, gemessen von MSL aus.

d) True altitude

True altitude (wahre Höhe über MSL) kann von einem Druckhöhenmesser nicht angezeigt werden, da die Atmosphäre nie in allen Bedingungen der ICAO-Standardatmosphäre entspricht. Durch Berechnungen mit dem Flugcomputer kann aber der Temperatureinfluss zum größten Teil eliminiert werden, sodass das Rechenergebnis eine angenäherte wahre Höhe über MSL darstellt.

e) Pressure altitude

Pressure altitude (Druckhöhe) ist die Höhe über dem Standardbodenluftdruck 1 013,25 hPa. Der Höhenmesser zeigt bei entsprechend eingestelltem Druckwert auf der Nebenskala die Druckhöhe an. Der **Flight Level (FL) ist eine Druckhöhe.**

f) QNE

Das QNE ist die Höhe eines Platzes, die der Höhenmesser bei der Landung anzeigt, wenn auf der Nebenskala der Standardluftdruck 1 013,25 hPa eingestellt ist. Das QNE ist also eine Druckhöhe (pressure altitude).

Das QNE wird benutzt, wenn bei hoch gelegenen Plätzen das QFE auf der Nebenskala nicht mehr eingestellt werden kann.

g) Density altitude

Density altitude (Dichtehöhe) ist die Höhe der ICAO-Standardatmosphäre, in der die Luftdichte genau der aktuell herrschenden Luftdichte in Flughöhe entspricht. Die Dichtehöhe ist wichtig, wenn das Flugzeug bei erheblichen positiven Temperaturabweichungen von Standard an der Grenze seiner Leistungsdaten geflogen werden soll bzw. bei Starts auf höher gelegenen Plätzen, wenn bei hohen Temperaturen Zweifel an der ausreichenden Startbahnlänge bestehen.

h) Transition altitude

Transition altitude (Übergangshöhe) ist die Höhe, in und unterhalb derer der Luftfahrzeugführer den Höhenmesser auf den von der Flugverkehrskontrolle übermittelten bzw. von dem zur Flugstrecke nächstgelegenen Flugplatzes mit Flugverkehrskontrolle gemeldeten QNH-Wert einzustellen hat. Beim Steigflug erfolgt in der Übergangshöhe die Umstellung des Höhenmessers auf die Standard-Höhenmessereinstellung 1 013,25 hPa.

i) Transition level

Transition level (Übergangsfläche) ist die festgelegte, erste nutzbare Flugfläche, die mindestens 1 000 ft oberhalb der Übergangshöhe liegt. Der Höhenmesser ist auf die Standard-Höhenmessereinstellung 1 013,25 hPa eingestellt. Beim Sinkflug erfolgt in der Übergangsfläche die Umstellung des Höhenmessers auf den von der Flugverkehrskontrolle übermittelten QNH-Wert.

Anzeigen des Höhenmessers, unterschiedliche Höhenmessereinstellungen und Höhenberechnungen werden im Band 3, „Technik II" erläutert.

4.6 Luftdichte

Die Dichte der Luft ist von den drei Grundelementen des Wetters abhängig: Luftdruck, Temperatur und Feuchtigkeit.

Hoher Luftdruck und tiefe Temperatur verursachen hohe Dichte, niedriger Luftdruck und hohe Temperatur bewirken geringe Dichte. Betrachtet man allein die Änderung der Elemente, verursachen steigender Luftdruck und sinkende Temperatur zunehmende Dichte, fallender Druck und steigende Temperatur abnehmende Dichte.

Diese Tatsache wird in der **allgemeinen Gasgleichung,** wie sie in der Meteorologie angewendet wird, sehr deutlich:

$$\rho = \frac{P}{R \times T}$$

ρ = Dichte (kg/m^3)
P = Druck
R = Gaskonstante der Luft
T = Temperatur (Grad Kelvin)

Der konstante Wert R kann bei der Abschätzung unberücksichtigt bleiben.

Wird der Zähler in o. g. Gleichung größer (der Druckwert P steigt), wird ρ größer, wird der Nenner größer (der Temperaturwert T steigt) wird ρ kleiner.

Die obere Formel bezieht sich auf absolut trockene Luft. In der Praxis ist aber immer Feuchtigkeit in der Luft enthalten. Da Wasserdampf eine geringere Dichte als trockene Luft hat, wird in feuchter Luft die Dichte kleiner sein als in trockener Luft. Je mehr Feuchtigkeit die Luft enthält, umso geringer ist die Dichte.

Mit der **Luftdichte** verhält es sich ähnlich wie mit dem Luftdruck. In Meereshöhe ist die Luft durch das Gewicht der darüber gelagerten Luftmassen sehr stark zusammengedrückt; die Luft ist also **sehr dicht**. In größeren Höhen wird die Luft immer dünner. Fast wie der Luftdruck, nimmt die Luftdichte zuerst recht schnell und dann in größeren Höhen immer langsamer ab. Hieraus ergibt sich eine ähnliche Abnahme wie beim Luftdruck.

In 36 km Höhe beträgt die Luftdichte nur noch 1 % des Wertes in Meereshöhe. Das bedeutet, dass hier schon 99 % der Atmosphäre unter uns liegen. Das restliche Prozent stellt unsere Atmosphäre bis in Höhen von mehreren tausend Kilometern dar.

Wäre die Temperatur in allen Höhen gleich, so würden Luftdruck und Luftdichte auch gemeinsam mit zunehmender Höhe nach unserem Gesetz abnehmen. Die Temperaturen in verschiedenen Höhen weichen jedoch stark voneinander ab. Deshalb kann dieses Gesetz, nämlich **„Druck- und Dichteabnahme der Luft pro 18 000 Fuß (5 500 m) Höhe um die Hälfte"** nicht ganz genau stimmen. Die Abweichungen sind aber so gering, dass wir dieses Gesetz als brauchbare **Faustregel** für die Praxis benutzen können. Daraus können wir schließen, dass der größte Teil der Atmosphärenmasse sich in direkter Nähe der Erdoberfläche befindet, was in Tabellenform etwa so aussieht:

90 % der Atmosphärenmasse liegen unter 20 km Höhe = 65 000 ft
75 % der Atmosphärenmasse liegen unter 10 km Höhe = 33 000 ft
50 % der Atmosphärenmasse liegen unter 5,5 km Höhe = 18 000 ft

Der Standardwert nach der ICAO-Atmosphäre beträgt 1,225 kg/m^3 in NN (MSL). Dieser Wert nimmt jeweils um ca. 10 % pro km Höhenzunahme ab.

4.6.1 Auswirkungen unterschiedlicher Luftdichte auf die Ballonfahrt

Eine Erhöhung der Lufttemperatur hat immer eine Verringerung der Dichte zur Folge. Geringere Dichte verringert, wie bei anderen Luftfahrzeugen, auch für den Ballon die Leistungsfähigkeit. Der Auftrieb und damit die Tragkraft sind bei höheren Temperaturen geringer als bei tieferen Temperaturen.

Die unterschiedliche Wärmespeicherfähigkeit von verschiedenen Untergründen führt auch zu unterschiedlichen Dichteverhältnissen darüber. So kann ein Waldstück während eines sommerlichen Strahlungstages viel Wärme speichern und sie am Abend an die Luft wieder abgeben. Im Vergleich zur Umgebung wird die darüber liegende Luft deutlich wärmer sein. Ein abends durch diese Wärmezone in niedriger Höhe fahrender Ballonfahrer muss mit plötzlich zurückgehendem Auftrieb und Sinken rechnen.

Wie bekannt, nimmt der Luftdruck mit der Höhe ab. An Startplätzen, die oberhalb MSL liegen, wird daher geringerer Druck herrschen als in MSL. Da bei abnehmendem Druck auch die Dichte abnimmt, muss bei Starts auf höher gelegenen Plätzen von einer geringeren Tragkraft ausgegangen werden.

Gleiches gilt für Luft mit hoher Luftfeuchtigkeit. Da, wie oben geschildert, feuchte Luft eine geringere Dichte als trockene Luft hat, müssen Sie bei feuchter Luft mit einer geringeren Tragkraft rechnen als bei trockener Luft.

5 Der Wärmehaushalt der Atmosphäre

Alle Wettervorgänge und Bewegungen in der Atmosphäre haben ihren Ursprung in der Strahlungsenergie der Sonne, die auch für das gesamte Leben auf der Erde der wichtigste Faktor ist.

Die auf die Erde auftreffende Sonnenstrahlung und die von der Erde wieder ausgehende Strahlung sind so fein aufeinander abgestimmt, dass die Temperatur – über einen längeren Zeitraum betrachtet – kaum irgendwelchen Schwankungen unterworfen ist (Einstrahlung = Ausstrahlung). Örtlich und zeitlich treten jedoch Unterschiede auf, die in der Troposphäre das Wettergeschehen verursachen. Diese Unterschiede sind aber räumlich und zeitlich begrenzt. Die Differenz zwischen zugeführter und abgegebener Strahlung wird als **Strahlungs- oder Energiebilanz** bezeichnet.

5.1 Die Sonnenstrahlung

Jeder Körper strahlt oder sendet elektromagnetische Wellen in einem Bereich aus, die seiner Temperatur entsprechen. Die Sonne mit ihrer hohen Oberflächentemperatur (ca. 6000 K) strahlt in einem Wellenlängenbereich von 0,3 bis 3 µ (µ = Mü – 1 µ = 1/1 000 mm), während die Erde mit ihrer sehr viel geringeren Temperatur in einem Bereich zwischen 3 und 80 µ in den Raum ausstrahlt.

Die extrem kurzwellige Sonnenstrahlung hat eine weitaus größere Intensität als die langwellige Erdstrahlung, die dafür einen wesentlich größeren Wellenlängenbereich umfasst. Bei der Strahlung handelt es sich im Gegensatz zur Wärmeleitung um eine Energieübertragung auf Distanz, die auch in einem Vakuum (luftleeren Raum) möglich ist.

Die Sonne sendet ununterbrochen einen Strahlungsstrom in den Weltraum aus. Es trifft jedoch nur ein Bruchteil der Gesamtstrahlung auf der der Sonne zugewandten Seite der Erde auf (ca. 1 Milliardstel). An der Oberfläche der Atmosphäre beträgt der Strahlungsstrom bei mittlerer Entfernung der Sonne von der Erde 2,00 cal/cm² min (± 0,04). Man nennt diesen Wert auch **Solarkonstante**. Diese Wärmemenge würde ausreichen, um innerhalb eines Jahres eine 10 m dicke Eisdecke zu schmelzen.

Dringt die kurzwellige Sonnenstrahlung in unsere Atmosphäre ein, so erfährt sie im Wesentlichen durch drei physikalische Vorgänge eine Abschwächung oder eine Beeinflussung. Man bezeichnet diese Abschwächung oder Beeinflussung allgemein als **Extinktion** (Auslöschung, Schwächung). Sie besteht jedoch, wie schon erwähnt, aus drei physikalischen Einzelvorgängen:

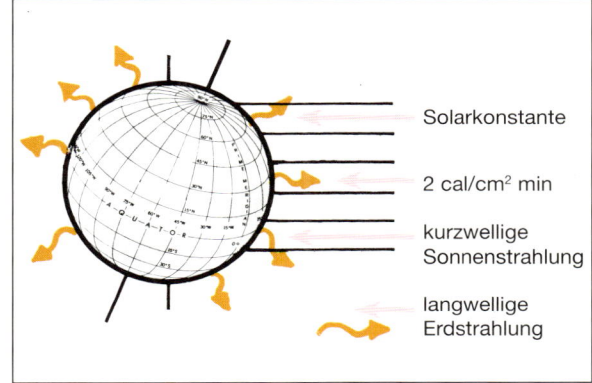

Bild 5.1 Sonnen- und Erdstrahlung

a) Die Reflexion

Die Reflexion findet an festen und flüssigen Bestandteilen der Luft und an der Erdoberfläche selbst statt (vor allem bei tief stehender Sonne). Die kurzwellige Sonnenstrahlung wird durch die Reflexion nicht abgeschwächt, sondern erfährt nur eine **Richtungsänderung!**

Die von der Atmosphäre zurückgeworfene Strahlung der Sonne (Reflexion) macht ungefähr 42 % der gesamten einfallenden Strahlung aus (siehe Bild 5.2). Es geht also fast die Hälfte der Sonnenstrahlung durch die Reflexion verloren. Insbesondere die Wolken (geschlossene Wolkendecken) reflektieren einen großen Anteil des einfallenden Sonnenlichts in den Weltraum zurück. Jeder, der schon einmal im Flugzeug über einer Wolkendecke geflogen ist, kennt die blendende Helligkeit dieser schneeweißen Decke, wenn die Sonne sie aus einem tiefblauen Himmel darüber bescheint. Bei entsprechender Mächtigkeit (Dicke) der Wolken werden bis zu 70 % der einfallenden Strahlung ins Weltall zurückgeworfen. Besonders diese extreme Reflexion an den Wolkendecken lässt unsere Erde (z.B. vom Mond aus beobachtet) wie einen Edelstein scheinen und glitzern.

b) Die diffuse Streuung

Die diffuse Streuung der Sonnenstrahlung (des Sonnenlichts) wird durch die Luftmoleküle verursacht. Die Luftmoleküle unserer Atmosphäre weisen die Größenordnung des blauen Spektralanteils des Sonnenlichts auf. Deshalb lenken sie umso mehr blaues Licht aus dem weißen heraus, je mehr Moleküle zwischen der Sonne und einem Beobachter auf der Erde vorhanden sind. **So erklärt sich die blaue Himmelsfarbe, die umso dunkler wird, je höher man in die Atmosphäre vorstößt.**

Abends bei untergehender Sonne werden dickere Schichten der Atmosphäre durchstrahlt. Jetzt ist die Streuung des blauen Anteils im Sonnenlicht besonders groß, sodass der überwiegend rote Anteil, der direkt zu sehen ist, übrig bleibt (Abendrot).

Durch die Streuung des Sonnenlichts findet keine Energieumwandlung statt, sondern der blaue Himmel (Streuung des Sonnenlichts) liefert nur einen Anteil zur Gesamtstrahlung, die die Erdoberfläche trifft (Gesamtstrahlung = direkte + diffuse Sonnenstrahlung).

c) Die Absorption

Bei der Absorption der Sonnenstrahlung findet eine direkte Umwandlung von Strahlungsenergie statt.

Von den Gasen der Atmosphäre absorbiert insbesondere das **Ozon (O_3)** innerhalb der Stratosphäre den kurzwelligen Anteil der Sonnenstrahlung (ultraviolette Strahlung). Deshalb heizt sich diese Schicht zwischen 20 und 50 km Höhe bis zu Temperaturen um den Gefrierpunkt auf (vgl. Abschnitt 2.2 „Die Stratosphäre").

Auch Wolken oder Dunst (wenn vorhanden) absorbieren in geringem Maße (in jedem Falle absorbiert der Erdboden selbst) die auftreffende Sonnenstrahlung.

Dadurch erwärmt sich vor allem der Erdboden, nicht dagegen die Luft!

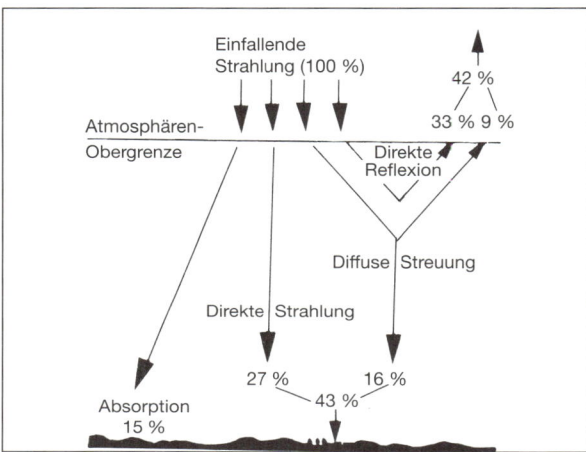

Bild 5.2 Anteile von Reflexion, Streuung und Absorption bei der Sonnenstrahlung

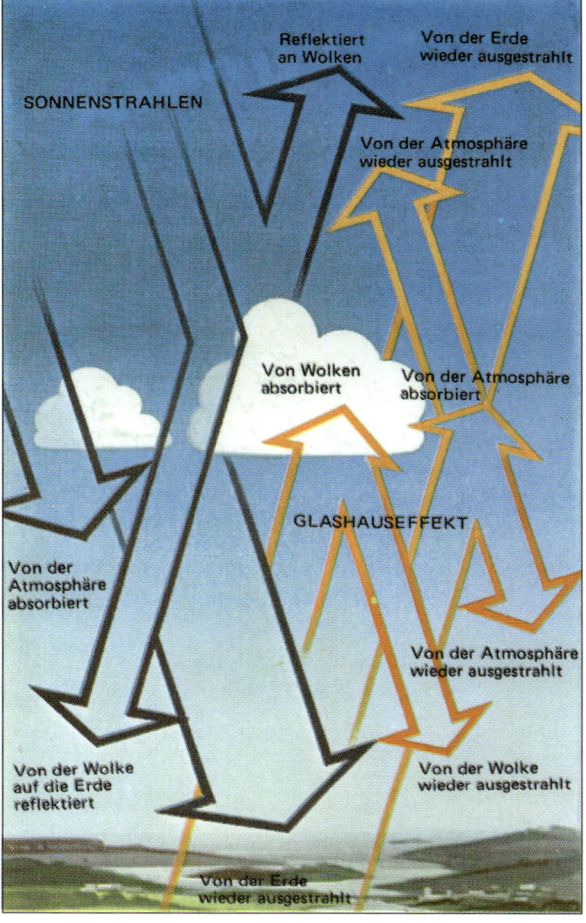

Bild 5.3 Das Strahlungsgleichgewicht mit den kurzwelligen Anteilen der Sonnenstrahlung und den langwelligen Strahlungsanteilen der Erdoberfläche und der Atmosphäre

5.2 Die Erdstrahlung und die Erwärmung der Luft

Der Erdboden sendet entsprechend seiner Temperatur (verglichen mit der Sonne) ständig eine langwellige Strahlung (terrestrische Strahlung) aus. **Aufgrund dieser Ausstrahlung kühlt sich die Erdoberfläche ab.** Ausstrahlung bedeutet immer Energieverlust, der sich hier durch Temperaturabfall bemerkbar macht. Die starke Abkühlung des Erdbodens und der bodennahen Luftschichten abends und während der Nacht bis kurz nach Sonnenaufgang beruht fast ausschließlich auf der Ausstrahlung der während des Tages aufgenommenen Strahlungsenergie, die als langwellige Erdstrahlung in den Raum zurückgestrahlt wird. Während dieser Zeit wird die Strahlungsbilanz negativ.

Bild 5.4.a Erwärmung durch kurzwellige Sonneneinstrahlung (hohe Temperaturen); Wolken reflektieren ca. 75 %.

Bild 5.4.b Abkühlung durch langwellige Erdstrahlung und deren Absorption durch Wolken

5 Der Wärmehaushalt der Atmosphäre

Die langwellige Erdausstrahlung kann aber nicht vollständig in den freien Raum gelangen, da der Wasserdampf der Luft (unsichtbare Feuchtigkeit) einen Teil dieser Strahlung absorbiert. Der Wasserdampf in unserer Atmosphäre spielt auf diese Weise fast die gleiche Rolle wie das Glas eines Treibhauses (vgl. Abschnitt 5.2.e), das die einfallende kurzwellige Sonnenstrahlung gut durchlässt, die als langwellige Erdstrahlung wieder zurückgehende Energie jedoch durch Absorption daran hindert, wieder in den freien Raum zu gelangen. Auch Wolken absorbieren und reflektieren die Erdstrahlung erheblich und sorgen besonders nachts dafür, dass die wärmespendende Erdstrahlung nicht in das Weltall entweicht.

> **Die Lufterwärmung in der Troposphäre erfolgt nicht durch die Sonnenstrahlung, sondern geht im Wesentlichen von der Erdoberfläche aus!**

Folgende Vorgänge bewirken die Erwärmung der Luft innerhalb der Troposphäre:

a) Die direkte Wärmeleitung

Direkte Wärmeleitung sorgt nur für die Erwärmung der bodennahen Luftschichten, die direkten Kontakt mit dem Erdboden haben, denn **Luft ist ein guter Isolator** und deshalb ein **sehr schlechter Wärmeleiter**. Aus diesem Grund messen die meteorologischen Stationen die Lufttemperatur in 2 m Höhe, um den Einfluss der bodennahen überhitzten Luft auszuschalten (vgl. Abschnitt 5.3 „Die horizontale Temperaturverteilung").

b) Die thermische Konvektion (Thermik)

Über verschieden bewachsenem Grund, über freien Sandflächen oder über Wasserflächen erwärmt sich die Luft verschieden stark. Höhere Temperatur der Luft verringert die Luftdichte. Auf diese Weise wird ein Prozess eingeleitet, der in der Fachsprache **thermische Konvektion (Thermik)** genannt wird. Zum Beispiel wird Luft über einer freien Sandfläche stärker erwärmt als die Luft über einem benachbarten Waldgelände. Die erwärmte Luft wird leichter (geringere Dichte) als die Umgebungsluft und steigt auf. Die kühlere Luft aus der Umgebung (z. B. vom Waldgebiet) strömt nach und ersetzt die aufgestiegene Luft. Um das Luftdefizit in der Umgebung auszugleichen, sinkt Luft aus der Höhe ab. Es bildet sich eine Luftzirkulation **(Aufsteigen über stark erwärmtem Gelände und Absinken über kühlerem Grund)**, die man **thermische Konvektion** oder kürzer **Thermik** nennt. Der Zeitpunkt, zu dem die Thermik eine ausfliegbare Höhe von mindestens 600 m über Grund erreicht hat, ist der **Thermikbeginn**.

Die Thermik ist am intensivsten bei starker Sonneneinstrahlung. Hohe oder mittelhohe Bewölkung verringert durch **Abschirmung** die Einstrahlung und damit die Thermik. Ist die Bewölkung so stark, dass Thermik praktisch unterbunden wird, nennt man das **Abdeckung**. Thermik wird auch erheblich eingeschränkt, wenn sich Quellbewölkung an einer Inversion ausbreitet und die Einstrahlung behindert. Im Segelflugwetterbericht wird auf solche **Ausbreitungen** hingewiesen, die auch zu Abdeckung führen können. Im Segelflugwetterbericht werden auch Überentwicklungen erwähnt. Von **Überentwicklungen** spricht man, wenn Cumuluswolken sich zu Cumulonimbuswolken weiterentwickeln und Schauer erzeugen (siehe auch Abschnitt 10.3 „Niederschlagsarten").

c) Die Verdunstung mit nachfolgender Kondensation (siehe Bild 6.11 „Die Aggregatzustände")

Vom Erdboden aufsteigende Luft **enthält immer auch Feuchtigkeit (Wasserdampf)**, die durch Verdunstung von Wasser entstanden ist. Die Luft nimmt diese bis in größere Höhen mit. Bei entsprechender Abkühlung wird die Feuchtigkeit irgendwann kondensieren (Kondensationsniveau) und es werden sich Wolken bilden. Die Temperatur, die erreicht werden muss, damit die durch Konvektion aufsteigende Luft sich soweit abkühlt, dass sich Wolken bilden, heißt **Auslösetemperatur**. Bei der Verdunstung der Feuchtigkeit in die Luft hinein wird Wärmeenergie verbraucht. Diese Wärmeenergie ist nach dem Energieerhaltungssatz der Physik nicht verloren, sondern bleibt verborgen (latent) in der Luft enthalten. Je wärmer und feuchter die Luft ist, desto größer die gespeicherte Wärmeenergie. Bei der Kondensation wird die bei der Verdunstung am Erdboden verbrauchte latente Wärmeenergie wieder frei. Wir merken uns also:

> **Beim Kondensationsvorgang wird die bei der Verdunstung in die Luft hinein verbrauchte Wärme (Kondensationswärme) wieder frei!**

Lösen sich die durch Kondensation gebildeten Wolken aus irgendeinem Grunde auf,

> **so wird die freigewordene Wärmemenge exakt für den Verdunstungsvorgang wieder verbraucht.**

Fällt aber aus einer so entstandenen Wolke Niederschlag, bleibt ein Teil der Kondensationswärme in der Wolke bestehen. Die Menge ist abhängig vom ausgefallenen Niederschlag. Diese Wärmemenge ist aber nicht messbar, sondern ist in der Luft verborgen (latent) vorhanden und wird sich erst wieder bei der Verdunstung der Wolke bemerkbar machen. Weil weniger Wasser verdunsten kann als vorher kondensiert ist, bleibt Wärme übrig, die sich in der Erwärmung der Luft bei Absinken bemerkbar macht.

Der angesprochene Wärmegewinn durch Kondensation bzw. Wärmeverlust durch Verdunstung wirkt sich sowohl bei Vertikal- als auch bei Horizontalströmungen aus.

> **Die Verdunstung mit anschließender Kondensation ist ein wichtiger Faktor für die Erwärmung der Luft!**

d) Erwärmung der Luft durch Turbulenz (Vermischung)

In der unteren Troposphäre besteht bei mittleren bis hohen Windgeschwindigkeiten – eine mehr oder weniger starke Turbulenz. Sie sorgt dafür, dass die Luft bis in Höhen von 1 500–2 000 m laufend durchmischt wird. Diese Turbulenz wirkt sich besonders nachts aus, wenn sich bodennahe Kaltluftschichten bilden können (siehe auch Abschnitt 13.6.2 „Bodeninversionen"). Sie verhindert dann – trotz starker Ausstrahlung – die Bildung von Bodeninversionen mit einer ausgeprägten Kaltluftschicht in Bodennähe (Nebelgefahr), weil wärmere Luft aus den darüber liegenden Luftschichten eingemischt wird. Es handelt sich daher nicht um eine reale Erwärmung der Luft, sondern nur um eine andere Verteilung unterschiedlich temperierter Luftschichten.

e) Erwärmung der Luft durch Absorption des Wasserdampfes in der Luft

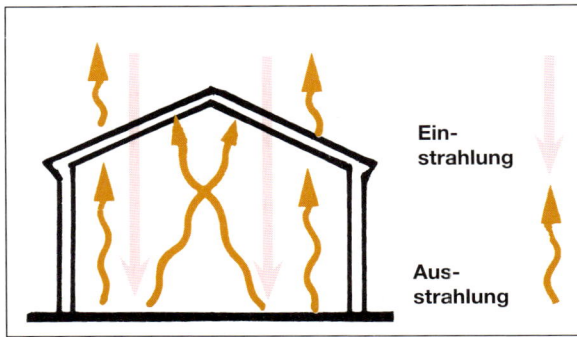

Bild 5.5 Der Glashaus- oder Treibhauseffekt

Der Wasserdampf in der Luft absorbiert einen bestimmten Bereich der langwelligen Erdstrahlung. Wäre diese unsichtbare Feuchtigkeit in Form von Dampf nicht in der Troposphärenluft vorhanden, so ginge die Strahlung der Erde – wie schon vorher erwähnt – in das Weltall verloren. In klaren Nächten mit geringer Luftfeuchtigkeit tritt deshalb eine sehr starke Abkühlung auf (im Herbst und Winter Frostgefahr), da die Erdstrahlung fast ungehindert ins All entweichen kann. Enthält die Luft jedoch viel Wasserdampf oder liegt eine Wolkendecke über einem größeren Gebiet, so wird die Abkühlung deutlich geringer sein.

Der Wasserdampf kann als absorbierendes Medium auch wieder Strahlung abgeben: Er strahlt einerseits an seiner Obergrenze Wärme aus und bewirkt andererseits eine Gegenstrahlung zum Erdboden zurück. Diese Wirkung des Wasserdampfes wird neben anderen Einflüssen **Glashaus- oder Treibhauseffekt** genannt, weil wie in einem Treibhaus die einfallende Sonnenstrahlung gut hindurchgelassen wird, aber die als langwellige Erdstrahlung wieder zurückstrebende Energie vom Glas des Treibhauses fast vollständig reflektiert wird. Als Folge dieses Effektes **erwärmt sich die Luft im Glashaus beträchtlich.**

Eine ähnliche Rolle wie das Glas des Treibhauses spielt der Wasserdampf in der Luft bezüglich der Strahlungsverhältnisse am Erdboden. **Wasserdampf** (damit ist das Wasser in Gasform und nicht etwa Dampfschwaden feinster Wassertröpfchen, wie etwa in unserer Waschküche oder im Nebel, gemeint) ist für den größten Teil der Infrarotstrahlung undurchlässig. Da unsere langwellige Erdstrahlung auch eine Infrarotstrahlung ist, wird sie zum größten Teil vom Wasserdampf absorbiert. In den Wellenlängen, in denen der Wasserdampf die Erdstrahlung absorbiert, strahlt er selbst auch – seiner Temperatur entsprechend – Wärme aus.

Ein Teil der Ausstrahlung des Wasserdampfes geht nach oben in das Weltall verloren, während der größere Teil als Gegenstrahlung zum Erdboden hin zurückgestrahlt wird. Deshalb finden wir in der unteren Troposphäre fast immer behagliche Temperaturen vor (auch nachts bei starker Ausstrahlung).

Das Kohlendioxyd (als Folge von Verbrennungsvorgängen gebildet) hat ähnliche Eigenschaften wie der Wasserdampf. Die in den letzten Jahren registrierte ständige Zunahme des Kohlendioxyds in der Troposphäre führt durch den Treibhauseffekt zu einer klimatologischen Erwärmung der Atmosphäre, mit niedrigeren Sommer- und höheren Wintertemperaturen in Mitteleuropa.

5 Der Wärmehaushalt der Atmosphäre

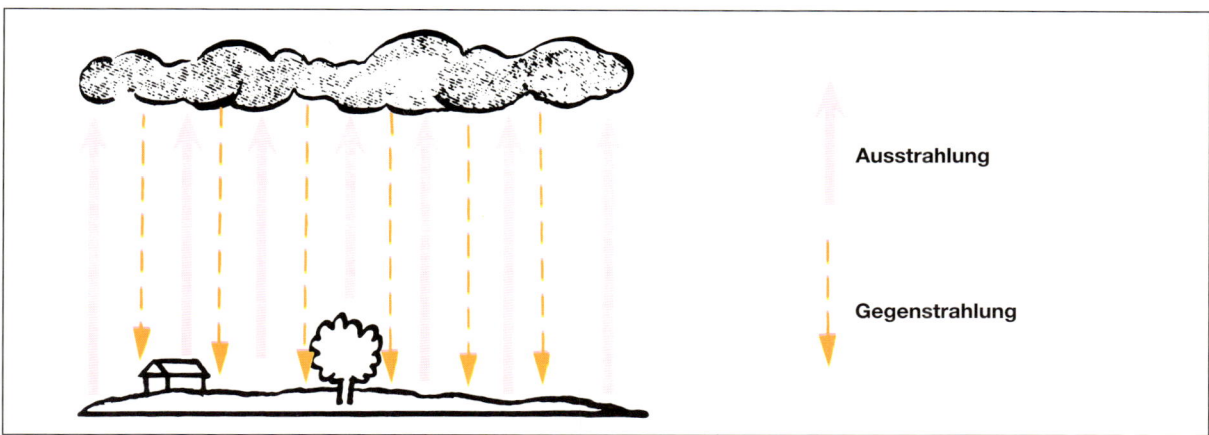

Bild 5.6 Der Treibhauseffekt des Wasserdampfes

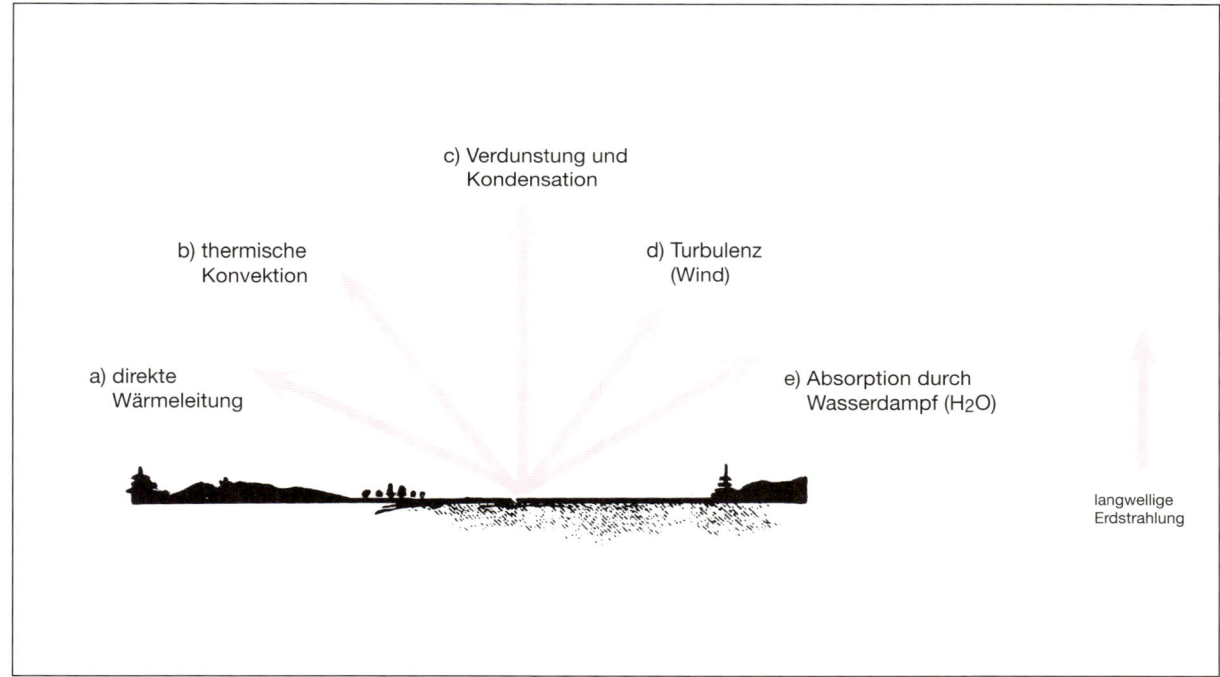

Bild 5.7 Wärmeübertragung vom Erdboden an die Luft

Wir fassen noch einmal kurz zusammen:

Fast drei Viertel der Ausstrahlung, die vom Erdboden aus erfolgt, werden normalerweise durch die Gegenstrahlung (siehe Bild 5.6) aufgehoben. Die Gegenstrahlung zurück zur Erde hängt dabei von der Temperatur des strahlenden Wasserdampfes ab. Ist viel Wasserdampf in der Luft vorhanden, dann kommt die Gegenstrahlung aus niedrigen Luftschichten, die nicht viel kälter sind als die Luft am Boden. Die Gegenstrahlung wird hier also sehr groß sein (z. B. in den feuchten Tropengebieten).

Wie wir alle wissen, wird es in den Wüstengebieten unserer Erde nachts sehr kalt. Die Erklärung hierfür ist recht einfach: Hier ist sehr wenig Wasserdampf in der Luft. Die Gegenstrahlung kommt aus großen Höhen, wo es sehr kalt ist. Sie ist deshalb sehr schwach und der größte Teil der Ausstrahlung entweicht in den freien Raum (Weltall).

Ist der Himmel nachts bewölkt, so absorbieren die feinen Wassertröpfchen der Wolken den größten Teil der Ausstrahlung (neben dem unsichtbaren Wasserdampf) und lassen kaum etwas davon ins Weltall entweichen. Die Gegenstrahlung ist größer als bei klarem Himmel und die übliche nächtliche Abkühlung wird merklich verringert.

Bei diesen Strahlungsvorgängen spielt der Erdboden die aktive Rolle. Von ihm geht durch die Strahlungsbilanz jede Erwärmung und Abkühlung aus, auch im Tagesgang. Die Luft wird also nicht dadurch erwärmt, dass sie Wärme unmittelbar aus der Sonnenstrahlung aufnimmt, sondern **am Tage wird der Erdboden von der Sonne erwärmt**. Von dieser natürlichen Heizplatte wird die Wärme an die Luft abgegeben, und zwar durch:

- a) **direkte Wärmeleitung,**
- b) **thermische Konvektion (Thermik),**
- c) **Verdunstung und Kondensation,**
- d) **Turbulenz (Wind),**
- e) **Absorption durch Wasserdampf (H_2O).**

Im Frühjahr und Herbst treten in klaren, windstillen Nächten starke Abkühlungen in Bodennähe auf. Es sind nun Boden- oder Strahlungsfröste bis −5 °C möglich, wenn die Bildung von kalten Luftschichten durch Ausstrahlung in Bodennähe nicht durch Wind gestört wird. Wird dabei der Taupunkt der Luft erreicht, so bilden sich Bodennebel, Tau oder bei Temperaturen unter 0 °C Reif. Dies ist besonders da möglich, wo kalte Luft zusammenfließt, nämlich in Flusstälern und Bodensenken (vgl. Kapitel 9 „Nebelbildung, Sicht und Dunst").

Neben der Temperaturänderung durch Strahlungsvorgänge kommt es auch durch Advektion zu Erwärmung und Abkühlung. Advektion nennt man das Heranführen einer Luftmasse mit anderer Temperatur in einer beliebigen Höhenschicht oder sogar in der ganzen Troposphäre. Wird Warmluft herangeführt, herrscht **Warmluftadvektion,** bei Kaltluft analog **Kaltluftadvektion.** Dadurch kann es neben Temperaturänderungen auch zu Änderungen der Luftfeuchtigkeit kommen.

5.3 Die horizontale Temperaturverteilung

Die Höhe der Lufttemperatur wird bestimmt:

am Tage (und im Sommer) durch die Sonneneinstrahlung
und
bei Nacht (und im Winter) durch die Erdausstrahlung.

Hierzu müssen wir uns nun verschiedene Abhängigkeitsfaktoren ansehen, die in den nachstehenden vier Punkten behandelt werden:

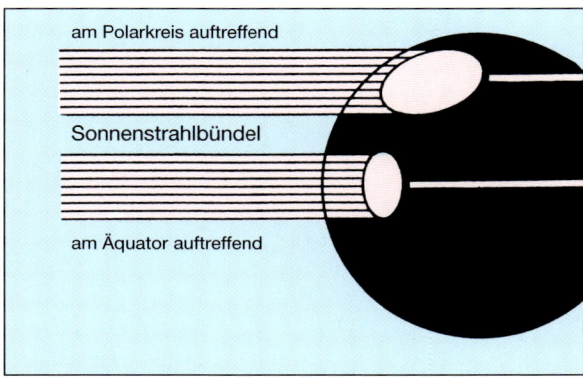

Bild 5.8 Unterschiedliche Erwärmung der Erdoberfläche am Äquator und in den Polargebieten. Das Strahlenbündel muss in den Polargebieten eine viel größere Fläche mit Wärmeenergie versorgen.

a) Temperatur in Abhängigkeit von der geographischen Breite und der Jahreszeit

Der Tagbogen der Sonne weicht in den verschiedenen geographischen Breiten erheblich in Höhe und Länge voneinander ab. Das ergibt sich aus der Kugelgestalt der Erde und der Schrägstellung der Erdrotationsachse um etwa 23°.

Senkrechter Sonnenstand über den Tropen (Äquator) mit hohen Temperaturen und im Sommer die **Mitternachtssonne** nördlich des Polarkreises mit extrem diffuser Strahlung des Himmels sind die markanten Unterschiede zu der ausgewogenen Temperaturverteilung in unseren gemäßigten Breiten.

5 Der Wärmehaushalt der Atmosphäre

b) Unterschiedliche Temperaturen durch verschiedene Bodenbeschaffenheit

Die örtlichen Temperaturen werden stark durch die Bodenbeschaffenheit beeinflusst. So erwärmt sich fester Boden mehr als eine Wasserfläche, trockener Boden mehr als feuchter und unbewachsener mehr als bewachsener Boden.

c) Temperatur in Abhängigkeit von der Bewölkung

Bewölkung behindert je nach Bedeckungsgrad die direkte Sonneneinstrahlung erheblich. Eine geschlossene Wolkendecke reflektiert bis zu 75 % der Einstrahlung in das All zurück. Sie lässt andererseits aber auch die Ausstrahlung des Erdbodens nicht wirksam werden. Starke Bewölkung sorgt deshalb für ein ausgewogenes Temperaturverhältnis zwischen Tag und Nacht (keine hohen Tagestemperaturen und milde Nachttemperaturen).

d) Abhängigkeit der Temperatur von der Bodengestalt

Konkave Bodenformen (Täler) weisen größere Temperaturschwankungen auf als konvexe (Hügel, Berge). Weshalb? – In Tälern kommt es nachts zu starker Abkühlung, weil Kaltluft aufgrund der Ausstrahlung an den umliegenden Hängen in die Täler einfließt. Tagsüber erwärmen sich die Tallagen infolge geringeren Wärmeabtransports durch schlechte Ventilation stärker als das angrenzende Berggelände (drückende Hitze in Talkesseln).

Die „geringe" Erdfläche auf den Bergen kann die umliegende Luft tagsüber nur begrenzt erwärmen. Nachts hingegen wirkt der Abkühlung durch Ausstrahlung der Kaltluftabfluss in die Täler und die damit verbundene Ventilation entgegen (vgl. Kapitel 11 „Der Wind, Hoch- und Tiefdruckgebiete").

6 Temperatur, Stabilität und Luftfeuchtigkeit

Die unterschiedliche Einstrahlung (Sonne) in den verschiedenen geographischen Breiten und die ungleiche Erwärmung von Land und Wasser (Kontinente und Ozeane) sind dafür verantwortlich, dass sich in der Troposphäre **Luftmassen** ausbilden, die bezüglich der **Temperatur** und der **Feuchtigkeit** erheblich voneinander abweichen (vgl. Kapitel 12 „Luftmassen und Fronten").

Diese Luftmassen bestimmen fast ausschließlich das Wettergeschehen für die Gebiete, über denen sie lagern oder über die sie wegziehen.

Mitteleuropa wird stark von feuchtmilden, maritimen Luftmassen beeinflusst, die vom Atlantik über Großbritannien auf den Kontinent einfließen (Westwetterlage – vgl. Kapitel 14 „Großwetterlagen in Mitteleuropa") und die vom warmen Golfstrom geprägt sind. **Im Sommer** ist es deshalb bei uns vergleichsweise angenehm kühl, während der warme Golfstrom und die daraus resultierenden feuchtwarmen Luftmassen für milde Winter sorgen (ausgehend von der bei uns vorwiegend herrschenden Westwetterlage/Westdrift). In einem Satz zusammengefasst können wir sagen: **Mitteleuropa = Klima der gemäßigten Breiten = kühle Sommer/milde Winter**.

6.1 Definition der Temperatur

In der Physik bezeichnet man als **Temperatur den Wärmezustand eines Körpers.** Wärme entsteht durch Bewegung der kleinsten Teile (Moleküle) irgendeines Körpers. Erreicht diese Bewegung das mögliche Maximum, hat der Körper seine höchste Temperatur erreicht. Kommen die Moleküle des Körpers zum absoluten Stillstand (keine Bewegung), so ist die tiefstmögliche Temperatur erreicht.

In der **Celsius-Temperaturskala** liegt der **Siedepunkt des reinen Wassers bei 100°C** und der **Gefrierpunkt bei 0°C.** Das sind bei normalem Luftdruck (1013,25 hPa; 760 mm Hg) die Fixpunkte der Temperaturskala, die für die Eichung des Thermometers herangezogen werden.

In den angelsächsischen Ländern (Großbritannien, USA usw.) wird teilweise noch die so genannte **Fahrenheit-Skala** benutzt, die jedoch langsam, aber sicher im Zuge der Standardisierung auf internationaler Ebene durch die Celsius-Skala ersetzt wird. Hier liegt der **Siedepunkt des reinen Wassers bei 212°F**, während **der Gefrierpunkt 32°F** ausmacht.

Die Thermometer in unseren Flugzeugen sind im Allgemeinen auf „Grad Celsius" geeicht. Man findet jedoch noch häufig die eben erwähnte Fahrenheit-Skala, besonders bei der Öltemperatur- und Zylinderkopftemperaturanzeige.

Die Meteorologen verwenden weltweit die Celsius-Skala. Dennoch sollten wir mit beiden Skalen vertraut sein und Umrechnungen von Fahrenheit-Graden in Celsius-Grade (oder umgekehrt) vornehmen können.

Aus der nebenstehenden Zeichnung können wir entnehmen, dass 180°Fahrenheit = 100°Celsius sind. Deshalb müssen wir grundsätzlich bei der Umrechnung von Fahrenheit in Celsius das Verhältnis 180°:100°, gekürzt 9°:5°, berücksichtigen. Des Weiteren ist der Betrag von 32° vom Fahrenheit-Wert abzuziehen, um den Unterschied zwischen dem Gefrierpunkt und der angezeigten Temperatur zu erhalten.

Daraus ergibt sich folgende, leicht anzuwendende Umrechnungsformel:

Da 9°F genau 5°C entsprechen, ergeben 5/9 der Fahrenheitgrade minus 32° die Zahl der Celsiusgrade:

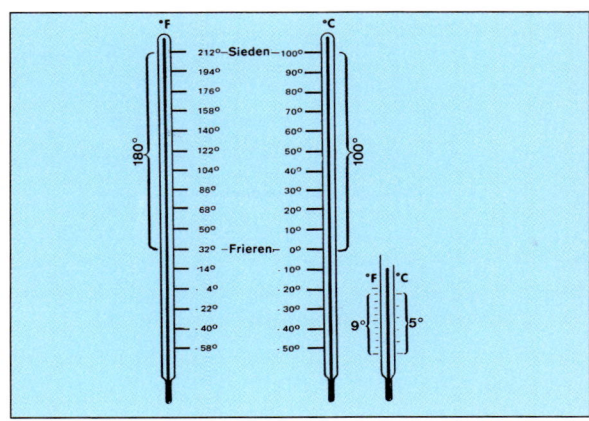

> **Temperatur in °C = 5/9 x (°F – 32°)**
> oder
> **Temperatur in °F = (9/5 x °C) + 32°**

Bild 6.1   Vergleich zwischen Fahrenheit- (F) und Celsius-Temperaturskala (C)

Viele der gebräuchlichen Navigationsrechner haben Markierungen für eine direkte Umrechnung von Fahrenheit-Graden in Celsius-Temperaturwerte.

Bei physikalischen Berechnungen (auch in der Meteorologie) wird häufig mit der Temperaturskala Kelvin gerechnet, da sie keine negativen Werte enthält. Diese Skala hat ihren Nullpunkt bei –273,15°C. Der Gradabstand entspricht dem der Celsiusskala, sodass 0°C 273,15 K sind.

6.2 Temperaturmessungen (Lufttemperatur)

Lufttemperaturen werden grundsätzlich im Schatten gemessen. Deshalb wird das Thermometer strahlungsfrei – gut ventiliert – in zwei Meter Höhe vom Erdboden – in einer Wetterhütte installiert, um eine repräsentative Lufttemperatur anzuzeigen. Ein der Sonnenstrahlung ausgesetztes Thermometer würde mehr ein Strahlungs-Intensitätsmessgerät sein und je nach Beschaffenheit (Oberfläche poliert oder rau – Farbe der Füllflüssigkeit) erheblich voneinander abweichende Werte anzeigen. Bei fehlender Ventilation könnte stagnierende Kalt- oder Warmluft die Anzeige verfälschen.

6.3 Temperaturänderung mit zunehmender Höhe (vertikaler Temperaturgradient)

Starten wir mit einem Flugzeug und halten einen kontinuierlichen Steigflug ein, so merken wir bald, dass die Lufttemperatur sich mit zunehmender Höhe laufend ändert. Diese **Änderung der Temperatur mit zunehmender Höhe** wird in der Fachsprache als **vertikaler Temperaturgradient** bezeichnet und wird als **Temperaturänderung in °C pro 100 m Höhe** angegeben (z. B. 1 °C/100 m). Er ist in der Regel **negativ** (Temperaturabnahme), kann aber manchmal auch **positiv** (Temperaturzunahme mit zunehmender Höhe = Inversion) oder **gleich Null** sein (Temperaturgleichheit mit zunehmender Höhe = Isothermie).

Erinnern wir uns noch einmal an die ICAO-Standardatmosphäre aus Kapitel 2. **Hier betrug die Temperaturabnahme 0,65 °C/100 m.** Dieser spezielle vertikale Temperaturgradient ist ein theoretischer Wert, der durch jahrelange Messungen als Durchschnittswert ermittelt wurde und niemals in allen Schichten der Troposphäre (Wetterschicht der Atmosphäre) gleichzeitig, sondern allenfalls teilweise auftreten wird.

Wie sieht es nun wirklich aus? In der Praxis müssen wir – und jetzt wird es etwas schwierig – drei für die Wetterentwicklung wichtige Temperaturgradienten unterscheiden:

1. Der Schichtungsgradient

Dies ist der vertikale Temperaturgradient in einer ruhenden Luftmasse (keine Vertikalströmung). Der Meteorologe kann ihn aus dem Temperatur-Höhendiagramm eines Radiosondenaufstiegs (mit Ballon) entnehmen. Wie schon erwähnt, weist unsere Atmosphäre sehr oft stark voneinander abweichende vertikale Schichtungsgradienten auf. Der Idealfall wäre der Schichtungsgradient der ICAO-Standardatmosphäre, der, wie wir ja schon wissen, **0,65 °C pro 100 m oder 2 °C pro 1 000 ft** beträgt (siehe Bild 6.2).

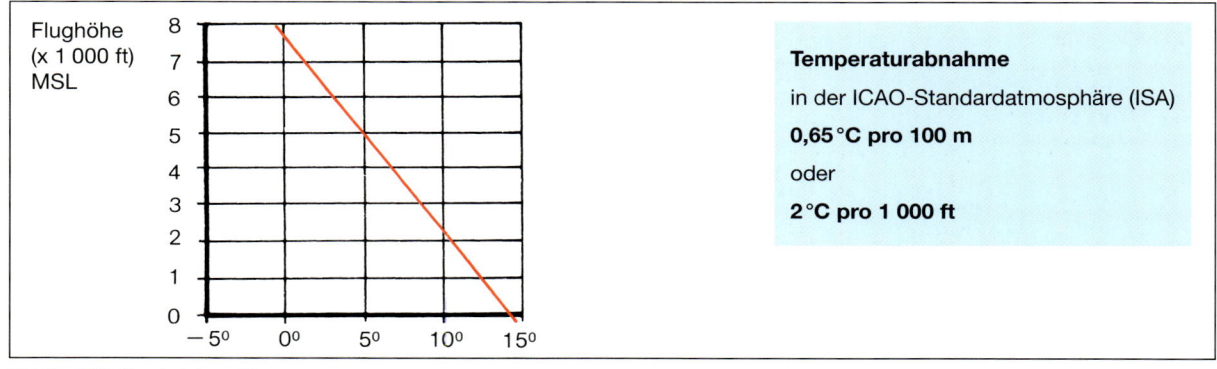

Bild 6.2 ICAO-Standardatmosphäre

Bleibt nun jedoch – wie es häufig vorkommt – die Temperatur trotz zunehmender Höhe gleich, so spricht man in der Fachsprache von einer **Isothermie** (siehe Bild 6.3).

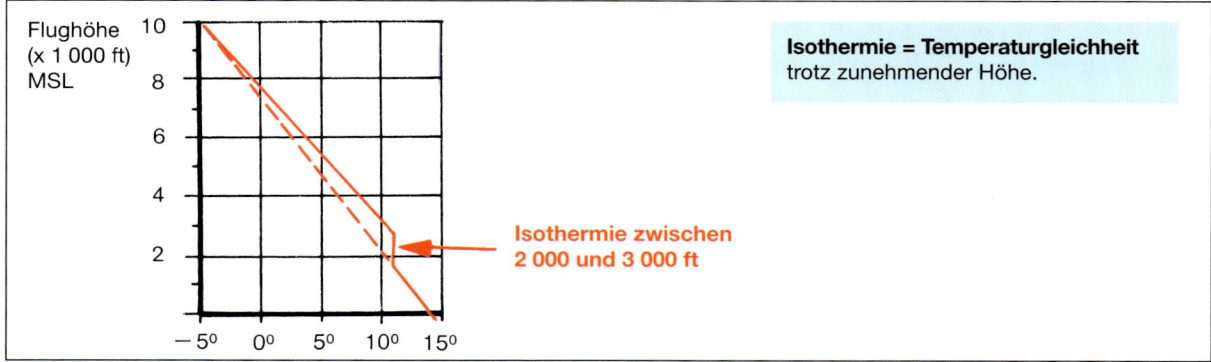

Bild 6.3 Isothermie

6 Temperatur, Stabilität und Luftfeuchtigkeit

Im Gegensatz zur üblichen Temperaturabnahme mit zunehmender Höhe kann aber auch manchmal die Temperatur mit der Höhe wieder zunehmen. Dann spricht man von einer **Inversion**, was nichts weiter als **Temperaturzunahme,** anstelle der normalen Abnahme mit der Höhe, bedeutet (siehe Bild 6.4).

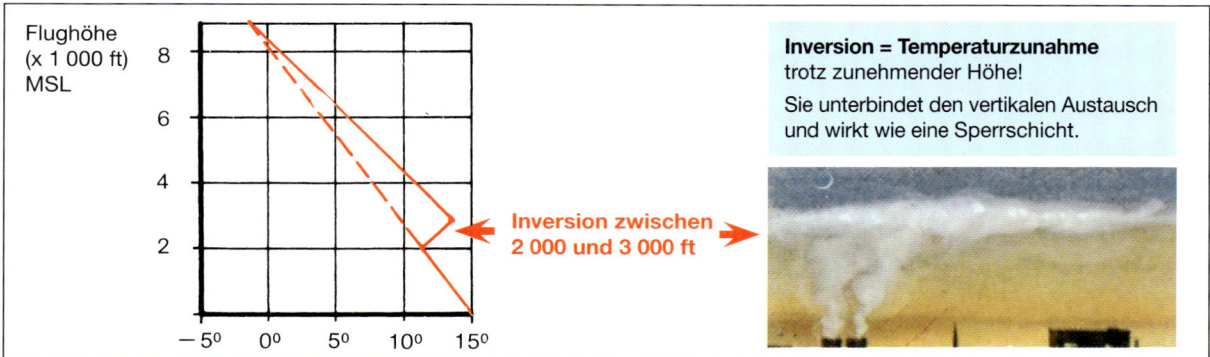

Bild 6.4 Inversion

Eine solche Temperaturumkehrschicht (= Inversion) ist immer eine **Sperrschicht** für aufsteigende Luft. Tritt sie am Boden auf, so wird sie als **Bodeninversion** bezeichnet, die bei der Nebelbildung eine große Rolle spielt (vgl. Kapitel 9 „Nebelbildung, Sicht und Dunst").

2. Die Hebungsgradienten (trockenadiabatisch und feuchtadiabatisch)

a) Der trockenadiabatische Temperaturgradient

Wird ein bestimmtes Luftvolumen durch irgendwelche Umstände (z.B. Thermik) angehoben, so gerät es beim Aufstieg in die Bereiche niederen Luftdrucks unserer Atmosphäre (Druckabnahme mit zunehmender Höhe). Es dehnt sich dabei aus (expandiert) und arbeitet gegen die umgebende Luft. Der hierbei auftretende Energieverlust lässt das aufsteigende Luftpaket abkühlen (siehe Bild 6.5.a). Wir müssen bei diesem so genannten **adiabatischen Vorgang** davon ausgehen, dass dem aufsteigenden Luftpaket weder Wärme von außen zugeführt, noch Wärme von der Umgebung entzogen wird. Das aufsteigende Luftpaket ist vollkommen von der Umgebung isoliert. Die Abkühlung, die bei diesem Vorgang erfolgt, beträgt, unabhängig von der Ausgangstemperatur, immer 1 °C pro 100 m Höhe, solange es sich um ungesättigte Luft, also Luft, die noch Feuchtigkeit aufnehmen kann, handelt. Diese spezielle Temperaturänderung um **1 °C pro 100 m** bezeichnet man als **trockenadiabatischen Temperaturgradienten** (siehe Bild 6.5.a).

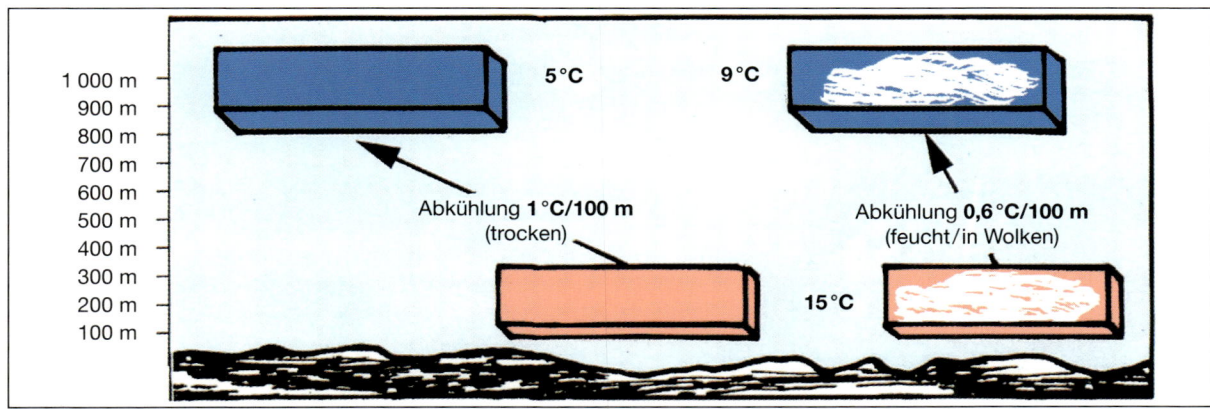

Bild 6.5.a Der trockenadiabatische Temperaturgradient (1 °C pro 100 m)

Bild 6.5.b Der feuchtadiabatische Temperaturgradient in Wolkenluft (ca. 0,6 °C pro 100 m, abhängig von der Temperatur bzw. Höhe)

b) Der feuchtadiabatische Temperaturgradient

Besteht das angehobene **Luftpaket** aus mit Feuchtigkeit gesättigter Luft, also Luft, die keine Feuchtigkeit mehr aufnehmen kann, so tritt bei weiterer Abkühlung **Kondensation** ein, d.h. die als unsichtbarer Wasserdampf in der Luft enthaltene Feuchtigkeit wandelt sich vom gasförmigen in den flüssigen Zustand um, und zwar in Form von feinsten Wassertröpfchen (Wolken). Bei diesem Umwandlungsvorgang wird die Wärme, die bei der Verdunstung des Wassers (Umwandlung vom flüssigen in den gasförmigen Zustand = Wasserdampf) verbraucht wurde, wieder frei. Diese so genannte **freiwerdende Kondensationswärme** verringert natürlich die Abkühlung der aufsteigenden Luft sehr stark (bis zu 60%).

Je mehr Feuchtigkeit (in Form von Wasserdampf) zur Kondensation gelangt, umso unterschiedlicher wird der Temperaturgradient für gesättigte Luft gegenüber dem für trockene Luft sein.

Auch hier macht sich der adiabatische Vorgang durch Ausdehnung (Expansion) der aufsteigenden Luft bemerkbar. Die dafür verbrauchte Energie (Arbeit gegen die umgebende Luft) bewirkt ebenso wie bei der trockenen Luft eine Temperaturabnahme, die jedoch aufgrund der freiwerdenden Kondensationswärme geringer ist.

Deshalb bewegt sich der **feuchtadiabatische Temperaturgradient** (innerhalb von Wolken), je nach Feuchtigkeitsgehalt der aufsteigenden Luft, zwischen 0,3 °C und 0,9 °C pro 100 m Höhe. Für Mitteleuropa hat man näherungsweise den Wert **0,6 °C pro 100 m** als mittleren feuchtadiabatischen Temperaturgradienten ermittelt (siehe Bild 6.5.b).

6.4 Stabilitätskriterien aufsteigender Luft

In der Physik gibt es für feste und flüssige Körper so genannte **stabile, labile** und **indifferente Zustände.**

– Bei einem **stabilen Gleichgewichtszustand** kehrt eine Masse, die einen Bewegungsimpuls erhält, von allein zu ihrem Ausgangsort zurück, pendelt zunächst um diesen und verharrt dort später wieder.

– Bei einem **labilen Gleichgewichtszustand** entfernt sich eine Masse, die einen Bewegungsimpuls erhält, immer weiter von ihrem Ausgangsort und kann nie allein dorthin zurückkehren.

– Bei einem **indifferenten Gleichgewichtszustand** entfernt sich eine Masse, die einen Bewegungsimpuls erhält, solange von ihrem Ausgangsort, bis der Impuls verbraucht ist. Die Bewegung endet an dieser Stelle.

Auch die gasförmigen Körper, zu denen unsere Atmosphäre zählt, unterliegen diesen Stabilitätsgesetzen.

Wird z. B. der Wind, der normalerweise horizontal strömt, durch irgendein Hindernis (Berge) oder intensive Erwärmung vom Erdboden her (aufsteigende Luft) gestört, so sorgt eine stabile Atmosphäre bald wieder für eine Beruhigung der erzwungenen Auf- oder Abwärtsbewegungen der Luft. Der Wind wird schon kurz nach der eingetretenen Störung wieder horizontal weiterfließen. Ist die Atmosphäre jedoch labil, so wird sie die erzwungenen Auf- und Abwindbewegungen nicht glätten, sondern erlaubt sogar ein Anwachsen der Störungen. Beim Fliegen spüren wir dann die starken Vertikalböen als unangenehme Turbulenzen, die manchmal das Flugzeug zum Spielball der entfesselten Luftkräfte unserer Atmosphäre machen. Das beste Beispiel für den Labilitätszustand der Atmosphäre sind die sich auftürmenden Gewitterwolken als Ergebnis heftiger Aufwärtsbewegungen der Luft mit Kondensation, starkem Niederschlag und elektrischen Entladungen.

a) Stabilität ist in der geschichteten Atmosphäre nur vorhanden, wenn ein aufsteigendes Luftpaket sich trockenadiabatisch abkühlt und in der Höhe kälter ankommt als die umgebende Luft. Es ist dann schwerer als seine Umgebung und sinkt wieder zum Ausgangspunkt zurück (= stabil). Dieser Zustand ist also nur möglich, wenn der Schichtungsgradient der Atmosphäre kleiner ist als der Hebungsgradient der aufsteigenden Luft (siehe Bild 6.6).

Luft wird stabilisiert, wenn sie sich unten abkühlt oder in der Höhe erwärmt oder beides gleichzeitig stattfindet, da so die o. g. Voraussetzungen für Stabilität am besten erreicht werden.

b) Labilität kann in der geschichteten Atmosphäre nur dann bestehen, wenn ein aufsteigendes Luftpaket sich trockenadiabatisch so abkühlt, dass es in der Höhe wärmer ankommt als die umgebende, ruhende Luft der Atmosphäre. Mit anderen Worten: Der Schichtungsgradient der Atmosphäre muss größer sein als der Hebungsgradient der aufsteigenden Luft. Die aufsteigende Luft ist also in jeder Höhe wärmer und somit leichter als die umgebende Luft und steigt beschleunigt weiter auf (entfernt sich also immer mehr von ihrem Ausgangspunkt = labil). Dieser Zustand kann in der freien Atmosphäre nicht vorkommen, da er sofort durch Vertikalaustausch ausgeglichen würde. Möglich ist eine trockenlabile Atmosphäre nur am Erdboden bei starker Einstrahlung. Aber auch diese labile Schichtung wird durch aufsteigende Luft (Thermik) immer wieder abgebaut, sodass sie nur vorübergehend möglich ist.

Luft wird labilisiert, wenn sie sich unten erwärmt oder in der Höhe abkühlt oder beides gleichzeitig stattfindet, da so die o. g. Voraussetzungen für Labilität am besten erreicht werden.

c) Indifferenz ist ein Zustand, bei dem jeder Körper in der Lage verbleibt, in die er gebracht wurde. Dieser Zustand besteht in unserer Atmosphäre dann, wenn ein aufsteigendes Luftpaket sich adiabatisch abkühlt und in jeder Höhe genau die Temperatur der ruhenden Luft der Umgebung angenommen hat. Es hat deshalb auch die gleiche Dichte (das gleiche Gewicht) wie die umgebende Luft und verbleibt dort (= indifferent). Daraus ergibt sich, dass Indifferenz in der Atmosphäre nur dann vorhanden sein kann, wenn der Schichtungsgradient der Atmosphäre gleich dem Hebungsgradienten der aufsteigenden Luft ist.

6 Temperatur, Stabilität und Luftfeuchtigkeit

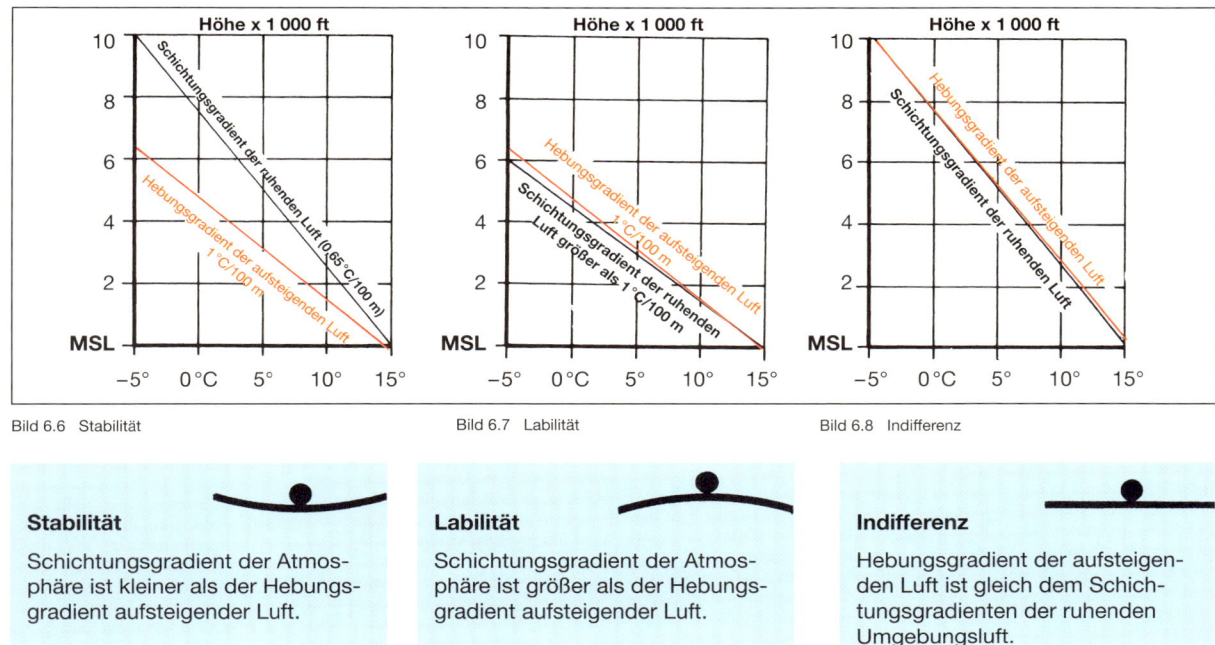

Bild 6.6 Stabilität   Bild 6.7 Labilität   Bild 6.8 Indifferenz

Stabilität
Schichtungsgradient der Atmosphäre ist kleiner als der Hebungsgradient aufsteigender Luft.

Labilität
Schichtungsgradient der Atmosphäre ist größer als der Hebungsgradient aufsteigender Luft.

Indifferenz
Hebungsgradient der aufsteigenden Luft ist gleich dem Schichtungsgradienten der ruhenden Umgebungsluft.

d) Die bedingte Labilität oder Feuchtlabilität

Bei diesem Zustand ist die Atmosphäre stabil, solange sie ungesättigte Luft enthält – aufsteigende Luft kühlt sich trockenadiabatisch ab. Sobald aber Kondensation einsetzt, wird die Atmosphäre labil, da die aufsteigende Luft durch die freiwerdende Kondensationswärme eine höhere Temperatur erhält als die Umgebungsluft und weiter aufsteigt. Der Hebungsgradient muss also genau zwischen dem trockenadiabatischen und feuchtadiabatischen Temperaturgradienten liegen – in diesem Fall sprechen wir von einer labilen Luftmasse.

Deshalb spricht der Fachmann hier von **bedingter Labilität oder Feuchtlabilität** und meint damit, dass gesättigte Luft, die keine Feuchtigkeit mehr aufnehmen kann, sich im labilen Zustand, und Luft, die noch Feuchtigkeit aufnehmen kann, also nicht gesättigte Luft, sich noch im stabilen Zustand befindet. Die folgende Tabelle soll diese etwas verwirrenden Begriffe verdeutlichen:

Art der aufsteigenden Luft	Stabil	Labil	Indifferent
nicht gesättigt (ohne Kondensation) = 1 °C pro 100 m Höhe	Schichtungsgradient der ruhenden Luft kleiner als 1 °C pro 100 m Höhe	Schichtungsgradient der ruhenden Luft größer als 1 °C pro 100 m Höhe	Schichtungsgradient der ruhenden Luft gleich 1 °C pro 100 m Höhe
gesättigt (mit Kondensation) = 0,6 °C pro 100 m Höhe (im Mittel)	Schichtungsgradient der ruhenden Luft kleiner als 0,6 °C pro 100 m Höhe (im Mittel)	Schichtungsgradient der ruhenden Luft größer als 0,6 °C pro 100 m Höhe (im Mittel)	Schichtungsgradient der ruhenden Luft gleich 0,6 °C pro 100 m Höhe (im Mittel)

Bild 6.9 Die Stabilitätskriterien aufsteigender Luft

e) Überadiabatische Gradienten (absolute Labilität)

In der Fachsprache der Meteorologen wird jeder Temperaturgradient, der größer als 1 °C pro 100 m Höhe ist, als **überadiabatischer Gradient** bezeichnet. Er tritt nur vorübergehend in der bodennahen, überhitzten Luftschicht auf. Ursache: starke Erwärmung des Erdbodens durch Sonneneinstrahlung!

f) Absinkende Luft

Sinkt ein bestimmtes Luftvolumen (Luftpaket) ab, so wird es wärmer und entfernt sich temperaturmäßig – auch wenn es sich um mit Feuchtigkeit gesättigte Luft handelt – immer mehr vom Taupunkt und der Spread vergrößert sich (vgl. Abschnitt 6.5 „Temperatur und Luftfeuchtigkeit").

Die Erwärmung kommt so zustande: Das **Luftpaket sinkt** in die Bereiche höheren Drucks ab und wird kleiner. Es wird von der umgebenden Luft zusammengedrückt oder mit anderen Worten komprimiert. Wird Luft komprimiert (Luftpumpe), so erwärmt sie sich je nach Grad der Kompression mehr oder minder stark. Wir müssen uns – wie schon erwähnt – bei allen adiabatischen Vorgängen vorstellen, dass das aufsteigende oder, wie hier, das absinkende Luftvolumen **vollkommen von der umgebenden ruhenden Luft isoliert ist** und deshalb die entstehende Wärme (oder Kälte bei aufsteigender Luft durch Ausdehnung) nicht an die Umgebung abgegeben wird. Absinkende Wolkenluft erwärmt sich so lange feuchtadiabatisch, bis alle Wolkentröpfchen verdunstet sind, danach erfolgt die Erwärmung trockenadiabatisch. Die bei absinkender nicht gesättigter Luft auftretende **Erwärmung** beträgt in allen Fällen **1 °C pro 100 m Höhe** (siehe Bild 6.10).

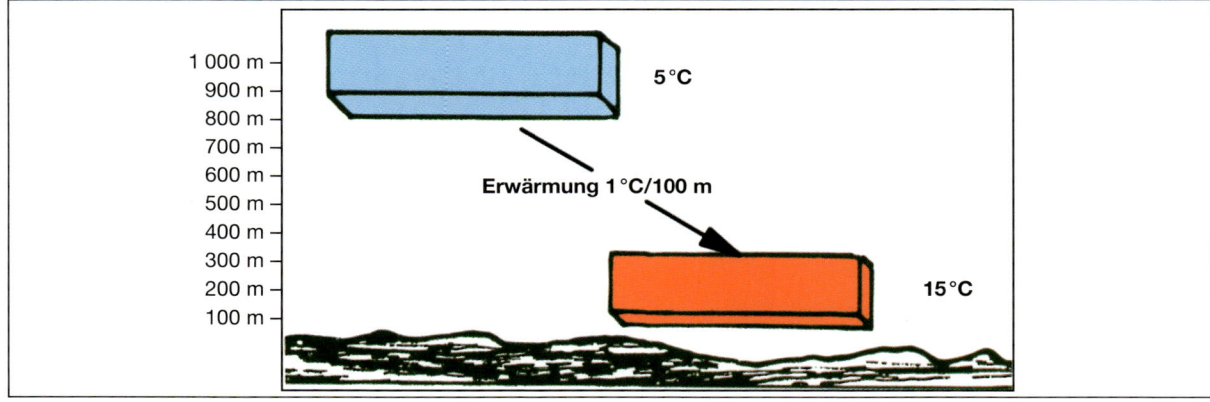

Bild 6.10 Der Temperaturgradient absinkender Luft (1 °C pro 100 m Höhe)

Solche **Absinkvorgänge,** die nach Wolkenauflösung immer **trockenadiabatisch (Erwärmung um 1 °C/100 m Höhenverlust)** ablaufen, bewirken ein Austrocknen der Luft. Ihre Temperatur entfernt sich immer mehr vom Taupunkt.

6.5 Temperatur und Luftfeuchtigkeit

Wasser existiert in der Atmosphäre in **drei verschiedenen Aggregatzuständen**:

1. **In fester Form** finden wir es als **Schnee, Hagel, Eiskristallwolken (Cirren), Eisnebel.**
2. **Flüssig** tritt es in Form von **Wolken und Nebel** auf, die aus feinsten schwebenden Wassertröpfchen bestehen. Der bei Übersättigung der Luft mit Feuchtigkeit aus den Wolken fallende Niederschlag (Regen) ist uns allen als die am besten spürbare flüssige Form des Wassers in der Troposphäre bekannt.
3. **Gasförmig** ist das Wasser **nur als unsichtbarer Wasserdampf** (als Produkt der Verdunstung) in der Troposphäre vorzufinden.

Bei jedem Wechsel von Aggregatzuständen wird Wärme benötigt bzw. wird Wärme frei.

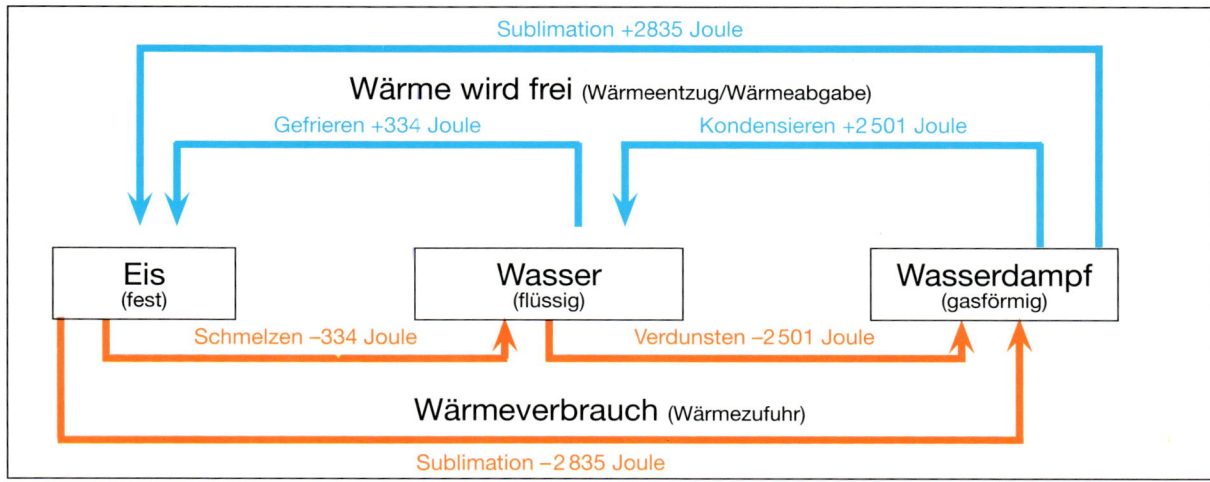

Bild 6.11 Aggregatzustände und Änderung der Zustandsformen des Wassers (bezogen auf 1 Gramm) sowie die dazu benötigten bzw. freigesetzten Energiebeträge

6 Temperatur, Stabilität und Luftfeuchtigkeit

Das meteorologische Element **Luftfeuchtigkeit** spielt eine große Rolle bei der Entwicklung von Wettervorgängen und trägt, wenn es richtig verstanden wird, sehr zum Verständnis fast aller Wettererscheinungen bei. In Theorie und Praxis werden je nach Aufgabenstellung sechs wichtige Maße der **Luftfeuchtigkeit** benutzt, die wir uns ebenfalls in tabellarischer Form einprägen wollen:

1. **Absolute Feuchte (a)** ist eine Größe, die angibt, wie viel Gramm (g) Wasserdampf (Wasser im gasförmigen Zustand) in einem Kubikmeter Luft enthalten sind.	g/m³
2. **Spezifische Feuchte (s)** ist ein Maß, das angibt, wie viel Gramm (g) Wasserdampf (Wasser im gasförmigen Zustand) in einem Kilogramm **feuchter Luft** enthalten sind.	g/kg
3. **Das Mischungsverhältnis (m)** gibt an, wie viel Gramm (g) Wasserdampf (Wasser im gasförmigen Zustand) einem Kilogramm **trockener Luft** beigemischt sind.	g/kg
4. **Dampfdruck (e)** ist der Teildruck (Partialdruck) des Wasserdampfes am Gesamtdruck (Luftdruck) der Atmosphäre. Er kann in hPa oder mm Hg angegeben werden.	hPa oder mm Hg
5. **Der Taupunkt (T_d)** ist die Temperatur, bis zu der die Luft abgekühlt werden muss, damit Feuchtigkeitssättigung der Luft eintritt. Er wird in Grad Celsius (°C) angegeben.	°C
6. **Die relative Feuchte (f)** ist das (mit 100 multiplizierte) Verhältnis der vorhandenen zur (entsprechend der Temperatur) maximal möglichen Feuchte (in %).	%
Die relative Luftfeuchtigkeit (f) lässt sich mit folgender Formel sehr leicht berechnen:	$f = \dfrac{a^*}{A} \times 100$

* Der kleine Buchstabe „**a**" symbolisiert hierbei die tatsächlich vorhandene absolute Feuchte. Der große Buchstabe „**A**" die maximal mögliche absolute Feuchte bei einer bestimmten Temperatur.

Beispiel: Die Temperatur beträgt 10 °C, die tatsächlich vorhandene absolute Feuchte (a) 4,7 g/m³; die maximal mögliche Feuchte bei 10 °C (A) 9,4 g/m³.

Die relative Luftfeuchtigkeit beträgt also:

$$f = \frac{4,7}{9,4} \times 100 = 50\,\%$$

Wenn jedoch nur die relative Feuchtigkeit bekannt ist, kann die tatsächliche Wasserdampfmenge nicht ermittelt werden.
Das bedeutet, die Luft ist erst zur Hälfte mit Feuchtigkeit gesättigt und kann daher noch einmal so viel Feuchte aufnehmen.
Die verschiedenen Maße für die Luftfeuchtigkeit haben in der meteorologischen Praxis einen besonderen Verwendungszweck:

1. **Die relative Luftfeuchtigkeit** sagt uns anschaulich, wie viel Wasserdampf (in %) in Bezug auf die Sättigung vorhanden ist und lässt leicht erkennen, wie viel Prozent noch zur vollständigen Sättigung fehlen.
2. **Der Taupunkt** (dew point) hat eine große Bedeutung für die Wettervorhersage, insbesondere für kritische Nebelwetterlagen (schlechte Sicht).

> **Merke:** Je kleiner die Differenz zwischen Temperatur und Taupunkt, umso größer ist die Gefahr, dass sich Nebel oder sehr tiefe Wolken bilden, die Sichtflüge unmöglich oder lebensgefährlich machen!

Warum? – Die Differenz zwischen Temperatur und Taupunkt (**Taupunktdifferenz** oder **Spread**) gibt an, um wie viel Grad (°C) die Luft abgekühlt werden muss, damit Feuchtigkeitssättigung eintritt. Wird sie weiter abgekühlt (Übersättigung), erfolgt Kondensation in Form von Nebel oder Wolken.
Die Menge des Wasserdampfes, die die Luft maximal aufnehmen kann, ist fast ausschließlich von der Temperatur – und im geringen Maße vom Luftdruck – abhängig (siehe Bild 6.12). Enthält die Luft bei der vorhandenen Temperatur die mögliche Höchstmenge an Wasserdampf, so ist sie mit Feuchtigkeit gesättigt, das heißt, sie kann keine Feuchtigkeit mehr aufnehmen. Man sagt dann auch: die Sättigungsfeuchte ist erreicht.

Die folgenden Tabellen geben für einige ausgewählte Werte den Zusammenhang zwischen Temperatur und der maximal möglichen absoluten Feuchte (= Sättigungsfeuchte) an:

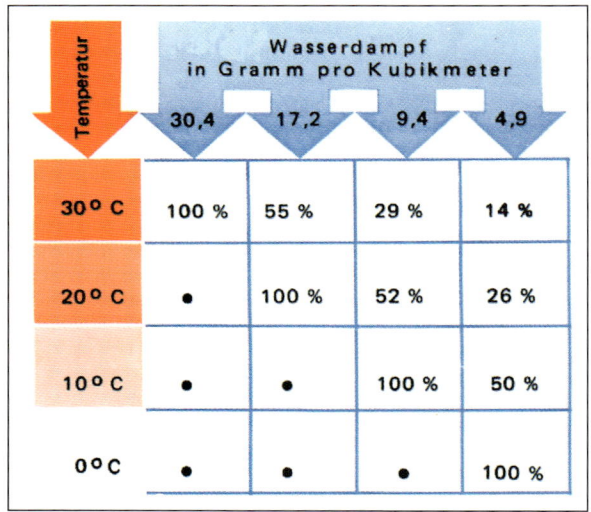

Bild 6.12   Relative Feuchte (in %) bei unterschiedlicher Temperatur und absoluter Feuchte

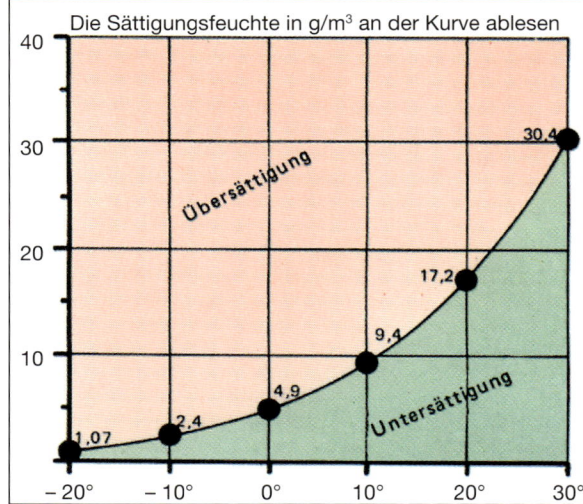

Bild 6.13   Die Sättigungskurve (Temperaturangaben in °Celsius)

Wir können diese Werte auch in ein Diagramm übertragen. Die beim Zeichnen entstehende Kurve wird in der Fachsprache **Sättigungskurve** genannt. Sie gibt für jede Temperatur die zugehörige maximale Feuchte an. Die unter der Kurve liegende Fläche (grün) deutet die vielen Möglichkeiten der **Untersättigung** (es kann noch Feuchtigkeit aufgenommen werden) an, während die darüber liegende Fläche (rot) **Übersättigung** erkennen lässt. Diese **Übersättigung bedeutet immer Kondensation** (Wolken und Nebel), denn die Übermenge an Feuchtigkeit tritt in Form kleinster Wassertröpfchen aus der Luft heraus. Wir merken uns dazu Folgendes: Für jede Temperatur gibt es nur einen **Sättigungswert**. Er liegt bei der entsprechenden Temperatur direkt auf der **Sättigungskurve** (siehe Bild 6.13).

Die Sättigungskurve verrät uns folgende wichtige Schlüsselsätze:

- Luft mit niedrigen Temperaturwerten – also **kalte Luft** – kann nur **wenig Wasserdampf** (Feuchte in gasförmigem Zustand) aufnehmen!
- **Warme Luft** hingegen kann **sehr viel Feuchtigkeit** aufnehmen!

6.6   Das wichtige Zusammenspiel zwischen Temperatur und Taupunkt

Temperatur und Taupunkt sind sehr wichtige meteorologische Werte für den Flugzeugführer. Beide werden in jeder Flugwettermeldung **(METAR)** in Grad Celsius angegeben. Die zwischen Temperatur und Taupunkt bestehende Differenz **(Taupunktdifferenz** oder **Spread)** gibt Auskunft darüber, um **wie viel Grad Celsius die noch ungesättigte Luft abgekühlt werden muss, um die Sättigungsfeuchte zu erreichen.**

In den halbstündlich erfolgenden **Bodenwettermeldungen** der Flughäfen **(METAR)** werden Temperatur und Taupunkt wie folgt gemeldet (vgl. Abschnitt 18 „Wettermeldungen (METAR und TAF)".

a) 10/01,   das bedeutet: Temperatur 10 °C – Taupunkt   1 °C
b) 04/M03,   das bedeutet: Temperatur   4 °C – Taupunkt –3 °C
c) 02/02,   das bedeutet: Temperatur   2 °C – Taupunkt   2 °C

6 Temperatur, Stabilität und Luftfeuchtigkeit

Die **Taupunktdifferenz (Spread)** beträgt im Falle

a)	9 °C	und bedeutet:	noch 9 °C Abkühlung bis zur Sättigungsfeuchte
b)	7 °C	und bedeutet:	noch 7 °C Abkühlung bis zur Sättigungsfeuchte
c)	0 °C	und bedeutet:	Taupunktdifferenz (Spread) ist gleich 0 °C!

Beispiel c) sagt uns, dass die Taupunktdifferenz gleich 0 °C ist. Es handelt sich also um gesättigte Luft, die **Wolken bzw. Nebel enthalten kann, da die relative Luftfeuchtigkeit 100 % erreicht hat!**

Merke:
- Solange die Luft **nicht** mit Feuchtigkeit **gesättigt ist**, liegt der Taupunkt immer **unter** der tatsächlichen Lufttemperatur!
- Nähert sich die Lufttemperatur dem Taupunkt **(Taupunktdifferenz oder Spread sehr klein)**, so erreicht die Luft das kritische Stadium der Sättigung mit Feuchtigkeit (die relative Luftfeuchtigkeit nähert sich der 100 %-Marke)!
- Erreicht die Luft bei weiterer Abkühlung den Taupunkt **(Temperatur und Taupunkt sind jetzt gleich)**, so beträgt die **relative Luftfeuchtigkeit 100 %!** Die Luft ist nun mit Feuchtigkeit gesättigt. Wird die Luft weiter abgekühlt, kann der **überschüssige Wasserdampf**, der vorher als gasförmige Feuchtigkeit unsichtbar war, von der Luft nicht länger gehalten werden und **wird zur Kondensation gezwungen**. Er tritt in Form feinster Wassertröpfchen aus der Luft heraus und wird **als Tau am Boden** oder **als Wolken** und **Nebel in der Luft** sichtbar.

Anmerkung:

So gelangt auch **Kondenswasser** in nicht ganz gefüllte Treibstofftanks, wenn das Flugzeug starker Abkühlung ausgesetzt ist (z. B. nachts)! Die Temperatur sinkt in den Tanks bis zum Taupunkt ab und der Wasserdampf der im Tank eingeschlossenen Luft kondensiert. Das auf diese Art entstandene Kondenswasser sinkt auf den Boden des Tanks ab – da es schwerer als Benzin ist – und kann über die Treibstoffleitungen zum Vergaser oder Einspritzer gelangen und **Triebwerkstörungen** oder **Triebwerkausfall** verursachen!

Es gibt verschiedene Ursachen dafür, dass ungesättigte Luft zur Abkühlung bis zum Taupunkt (Sättigungspunkt) gezwungen werden kann. Einige sind uns schon bekannt (z. B. „adiabatische Hebung"; vgl. Abschnitt 6.3 „Temperaturänderung mit zunehmender Höhe"). Alle anderen Möglichkeiten werden wir im folgenden Kapitel 7 „Wolkenbildung" kennen lernen.

7 Wolkenbildung

7.1 Wasserkreislauf Erde – Atmosphäre

Die uns allen bekannten Wettererscheinungen wie Wolken, Nebel, Regen, Hagel und Schnee entstehen durch **Kondensation des unsichtbaren Wasserdampfes** in der Luft. Stellt auch der Wasserdampf in der Atmosphäre nur einen kleinen Bestandteil des Ganzen dar (max. 4 % Anteil in den Tropen), so ist er doch für das Wettergeschehen einer der wichtigsten Faktoren.

Wasserdampf geht durch den physikalischen Vorgang **Verdunstung** in die Luft der Atmosphäre über. Dabei wird – wie wir schon wissen – Wärme verbraucht. Das Wasser in unseren Ozeanen, Seen und Flüssen verdunstet bei jeder Temperatur (bei hohen Temperaturen natürlich stärker). Ein nicht zu unterschätzender Anteil des Wasserdampfes wird von den Blättern der Pflanzen an die Luft abgegeben. In der Fachsprache nennt man diesen speziellen Verdunstungsvorgang an den Pflanzenblättern **Transpiration.** Das auf diese Art zur Verdunstung gelangende Wasser wird von den Wurzeln der Pflanzen ersetzt, indem sie neues Wasser aus dem Erdboden saugen und so für einen Ausgleich sorgen.

Wasser verdunstet insbesondere über den warmen Teilen der Ozeane und den Urwäldern der Tropen. Es steigt dort als Wasserdampf auf und wird durch die vielfältigen Windströmungen innerhalb der Troposphäre (auch über die Kontinente) verteilt.

Wird nun mit Feuchtigkeit in Form von Wasserdampf angereicherte Luft auf irgendeine Art abgekühlt, so bilden sich – je nach Temperatur und Höhe – Wolken, Nebel und sehr häufig Niederschläge (Regen, Schnee, Hagel).

Durch die Niederschläge aus Wolken und Nebel kehrt fast das gesamte Wasser zur Erde zurück, von der es vorher in die Luft hineinverdunstete. Regen, tauender Schnee, Tau und Hagel versickern in den Erdboden und versorgen ihn mit der Feuchtigkeit, die für die Vegetation (und somit Transpiration) benötigt wird. Ein anderer Teil des versickernden Wassers sprudelt aus unzähligen Quellen wieder aus der Erde heraus und fließt in kleinen Flüssen und gewaltigen Strömen zu den Meeren zurück.

Der Kreislauf des Wassers ist geschlossen!

Bild 7.1 Wasserkreislauf Erde – Atmosphäre

7.2 Grundlagen zur Wolkenbildung

Wolken sind sichtbare Resultate der Kondensation oder Sublimation von Wasserdampf in der Troposphäre. Man könnte sie so definieren: Wolken sind in der Luft schwebende Ansammlungen von kleinsten Wassertröpfchen oder winzigen Eisteilchen. Sie können auch aus beiden der eben genannten Bestandteile bestehen (Wasser- und Eisteilchen). Einzelne flüssige Wolkenelemente haben etwa einen Durchmesser von 0,005 mm und sind so leicht, dass sie schon von geringen Aufwinden in der Schwebe gehalten werden können. Die Entstehung solcher mikroskopisch kleinen Wassertröpfchen, die ja aus der Umwandlung des unsichtbaren Wasserdampfes in den flüssigen Zustand (bei der Kondensation) hervorgehen, ist ein sehr komplizierter Vorgang. Er soll hier nur kurz zum besseren Verständnis der Wolkenbildung gestreift werden.

Wie wir schon wissen, gelangt der zur Wolkenbildung nötige Wasserdampf durch Verdunstung von den Ozeanen und Seen oder von sehr feuchten Landflächen (Sümpfe, Moore usw.) in die Luft. Auch von den Blattoberflächen unserer Pflanzen verdunstet ein beachtlicher Anteil von Wasser in die Troposphäre hinein (Transpiration). Einzelne Wasserdampfteilchen (H_2O-Moleküle) sind so klein, dass sie für unsere Augen unsichtbar sind. Sammeln sich viele solcher winzig kleinen Wasserdampf-Moleküle über einem **Kondensationskern**, dann können sie erst als feinstes Wassertröpfchen für unser Auge sichtbar werden. Ohne zwingende Gründe findet jedoch eine konzentrierte Ansammlung von Wasserdampf-Molekülen an den so genannten Kondensationskernen (feinste atmosphärische Partikel) nicht statt, da die Natur immer bestrebt ist, ein Gleichgewicht zwischen dem Wasser auf der Erde und dem Wasserdampf in der Atmosphäre zu gewährleisten (vgl. Abschnitt 7.1 „Wasserkreislauf Erde – Atmosphäre").

Eine Ansammlung von solchen Molekülen hat nur dann Aussicht auf längeren Bestand, wenn Kondensationskerne mit besonderen Eigenschaften in der Atmosphäre vorhanden sind. Kondensationskerne, die die Wolken- oder Nebelbildung begünstigen, besitzen eine feuchtigkeitsanziehende Wirkung (hygroskopische Wirkung) und bestehen häufig aus Salzkristallen, die mit Wasser sofort eine Verbindung eingehen.

Wäre also die Luft rein, könnte der vorhandene Wasserdampf, trotz einer Abkühlung der Luft unter den Taupunkt, nicht so ohne weiteres kondensieren, da hierzu die mikroskopisch kleinen Kondensationskerne nötig sind. Da aber in der Troposphäre unzählig viele Staub-, Verbrennungs- und Salzteilchen in der Schwebe gehalten werden, können sich jederzeit die Wasserdampfmoleküle an diesen Partikeln ansammeln und auf diese Weise ein kleines Wassertröpfchen (oder besser: Wolkenelement) bilden.

Die notwendige Erhöhung des Feuchtigkeitsgehalts (fortlaufende Aufstockung bis zur Sättigung) wird in der Natur auf zwei Arten erreicht: **durch Abkühlung oder durch Feuchtigkeitszufuhr**. Die zuletzt genannte Möglichkeit der Feuchtigkeitszufuhr kommt jedoch seltener vor. Fast immer können wir deshalb davon ausgehen, dass Wolken- oder Nebelbildung dann auftritt, **wenn die Luft bis zum Taupunkt abgekühlt wird.** Die Abkühlung selbst kann wieder auf zwei grundsätzlich verschiedene Arten geschehen:

1. durch **adiabatische Prozesse** (Hebung),
2. durch **Ausstrahlung** oder **Wärmeleitung**, in der Fachsprache auch **diabatischer Prozess** genannt.

Im Kapitel 8 werden wir die vielen Wolkenarten kennen lernen. Sie werden in einem Wolkenschema, nach Höhe und Zusammensetzung (Eis/Wasser), klassifiziert. Alle Wolkengattungen haben vielfältige Arten (Unterarten) auszuweisen, deren Entstehung jedoch auf einige wesentliche Entstehungsvorgänge beschränkt werden kann:

7.3 Wolkenbildung durch Hebung

Wird ein bestimmtes Luftvolumen zur Hebung (zum Aufsteigen) gezwungen, kühlt es sich adiabatisch ab (vgl. Abschnitt 6.3 „Temperaturänderung mit zunehmender Höhe", Ziffer 2 „Die Hebungsgradienten") und seine Temperatur erreicht bei fortgesetztem Aufstieg unter ständiger Verringerung des Spreads schließlich den Taupunkt. **Feuchtigkeitssättigung und Kondensation** sind die Folge dieses **adiabatischen Hebungsprozesses.** An den immer vorhandenen Kondensationskernen bilden sich feinste Wassertröpfchen (Wolkenelemente). Es entsteht eine Wolke.

Eine der Ursachen für die Hebung von bestimmten Luftvolumen (Luftpaketen) ist die **thermische Konvektion**, aus der so genannte **Konvektionswolken** entstehen können.

Aus dem Abschnitt „Der Wärmehaushalt der Atmosphäre" (vgl. Kapitel 5) ist uns noch bekannt, dass Luft nicht durch die Sonnenstrahlung direkt, sondern durch die Wärmeausstrahlung der Erde erhitzt wird.

Durch verschiedene Bodenbeschaffenheit entsteht eine unterschiedliche Erwärmung der Erdoberfläche. So werden große Sandflächen, Felsen, Stadtgebiete und z. B. die Betonpisten der Flughäfen viel stärker erwärmt als feuchte Wiesen, Waldgebiete und Gewässer. Diese Erwärmung wird an die darüber liegenden Luftschichten weitergegeben, Tau und eine etwa vorher vorhandene Bodeninversion werden aufgelöst, die Luft wird labilisiert. Durch die Erwärmung **sinkt** die **Dichte** der **Luft,** sie wird **leichter** als die umgebende kältere Luft und erhält hierdurch eine **Auftriebskomponente**, die sie zum Aufsteigen veranlasst. Oft ist dabei ein deutliches Flimmern der Luft zu beobachten. Die kühlere Luft der Umgebung nimmt den Platz der aufsteigenden warmen Luft ein.

7 Wolkenbildung

Bei diesem Vorgang der so genannten thermischen Konvektion bilden sich periodisch Warmluftblasen dünnerer Luft, die aufsteigen, sich dabei ausdehnen – weil sie in die Bereiche niederen Luftdrucks gelangen – und dadurch adiabatisch abkühlen. In einer bestimmten Höhe wird dann das Kondensationsniveau erreicht (Temperatur = Taupunkt) und es tritt Sättigung innerhalb des aufsteigenden Luftvolumens ein. Dieses Niveau wird **Konvektions-Kondensations-Niveau (KKN)** genannt. Infolge der labilen Situation bilden sich nun Quellwolken (Cumulus).

Wie schon erwähnt, wird die aufsteigende Warmluft durch kühlere Luft aus dem Nachbarbereich ersetzt, die absinkt, weil sie dichter ist. Es entsteht ein Kreislauf, der in der Fachsprache **thermische Konvektion** genannt wird. Ist die Luft so trocken, dass trotz der adiabatischen Abkühlung der Taupunkt nicht erreicht wird, kann sich auch keine Wolke bilden. Diese Form der wolkenfreien Konvektion heißt **Blauthermik**.

Fliegen wir nun mit unserem Flugzeug durch diese zum Teil heftigen Auf- und Abwindgebiete der thermischen Konvektion (oder Thermik), so machen wir die Erfahrung, dass das Flugzeug diesen Bewegungen mehr oder minder folgt. Das Einhalten der Flughöhe wird durch diese Unruhe in der Luft wesentlich erschwert und der Flieger sagt in der Fachsprache, es sei **bockig**. Da die vertikalen (senkrechten) Böen durch Sonneneinstrahlung verursacht werden, spricht man in Bodennähe auch von **Sonnenböigkeit**.

Über der meist aufgelockerten Cumulus-Bewölkung ist die Luft ruhig, weil an der Obergrenze der Wolken die Vertikalbewegung aufhört (siehe Bild 7.2).

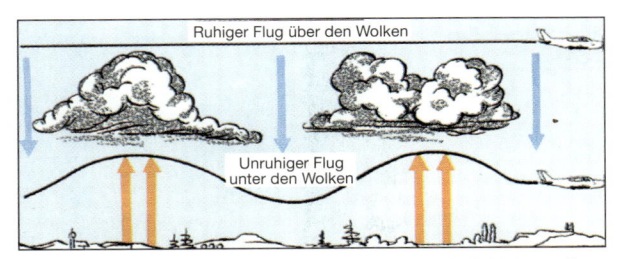

Bild 7.2 Ruhiger Flug über der Cu-Bewölkung – starke „Bockigkeit" darunter!

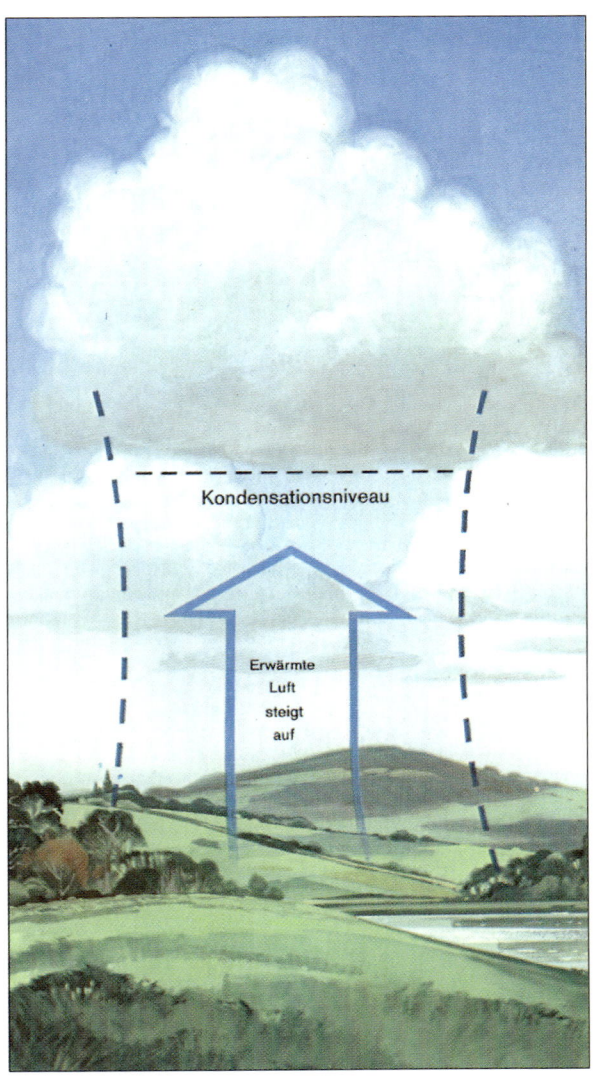

Bild 7.3 Wolkenbildung durch thermische Konvektion (Thermik)

Im **Landeanflug** führen thermische Auf- und Abwinde dazu, dass der normale Gleitweg nicht ohne entsprechende Korrekturen eingehalten werden kann (siehe Bilder 7.4 und 7.5).

> Über felsigem Gelände, unbebautem Land und Asphalt oder Betonflächen entstehen Aufwinde, die beim Landeanflug dazu führen, dass das Flugzeug zu hoch anfliegt (zu geringe Sinkrate durch Aufwinde).

> Über Wasserflächen, Äckern und Wald entstehen Abwinde, die beim Landeanflug dazu führen, dass das Flugzeug zu tief anfliegt (Sinkrate durch Abwinde zu hoch).

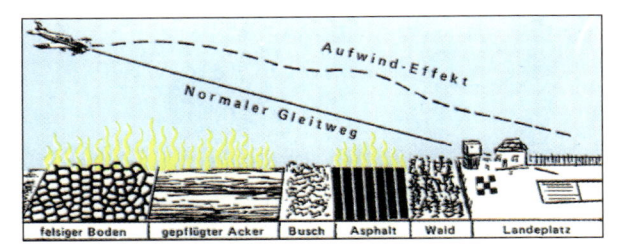

Bild 7.4 Zu geringe Sinkrate durch Aufwinde

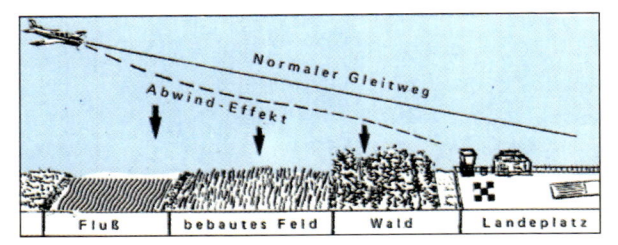

Bild 7.5 Zu hohe Sinkrate durch Abwinde

7.4 Wolkenbildung durch Kaltlufteinbruch unter Warmluft (Kaltfront)

Auch hier entstehen wieder **Konvektionswolken**, da die sich langsam fortbewegende Warmluft von sehr viel schneller fließender Kaltluft unterwandert wird. Bildlich gesprochen könnte man sagen, die Kaltluft – schwerer (dichter) als die vorgelagerte Warmluft – schiebt sich wie ein Keil unter die langsamer strömende Warmluft und zwingt sie zum Aufsteigen (siehe Bild 7.6). Die sich sehr schnell fortbewegende Kaltluft, die die Warmluft entsprechend schnell emporhebt, und **Feuchtlabilität** in größeren Höhen, lassen in der hochgerissenen Warmluft nach Erreichen des Kondensationsniveaus **gewaltige Quellwolken (Cumulonimbus = Cb)** entstehen, deren Obergrenzen weit höher zu suchen sind als bei normalen Cumuluswolken (Cu). Manchmal (nicht selten) zeigen so entstandene **Cb** (Cumulonimbus-Wolken) **heftige Gewittererscheinungen**. Man spricht hier auch von einer so genannten **hochreichenden Konvektion**, weil meist keine stabilisierenden Inversionsschichten vorhanden sind, die die Konvektion (Aufstieg/Abstieg von Luft) behindern können.

> In diesen gewaltigen Quellwolken ist mit **extremer Turbulenz** zu rechnen (auch unter diesen Wolken). Neben sehr starken Abwindzonen gibt es **Aufwinde mit bis zu 30 m/s (ca. 5 900 ft/min)**, die die Struktur der Flugzeugzelle gefährden können („Überschreiten des Lastvielfachen"; vgl. Band 1, Technik I, Abschnitt 6.4 „Starke Turbulenz und Lastvielfache").
>
> **Solche hochreichenden Quellwolken – und deren nähere Umgebung – unbedingt meiden!**

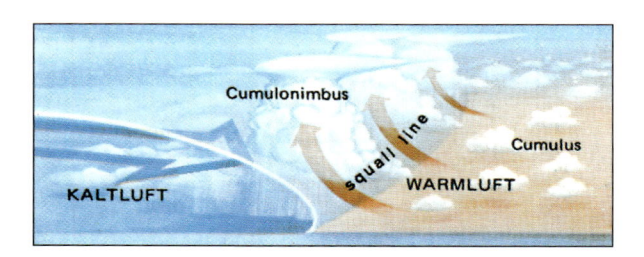

Bild 7.6 Wolkenbildung durch Kaltlufteinbruch unter Warmluft (Kaltfront)

7.5 Wolkenbildung durch aufgleitende Warmluft über Kaltluft (Warmfront)

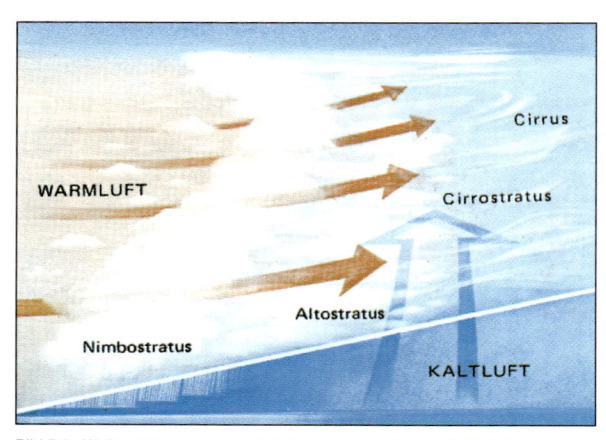

Bild 7.7 Wolkenbildung durch Aufgleiten von Warmluft über Kaltluft (Warmfront)

Vor einer schnell fließenden Warmluftmasse lagert in diesem Falle eine sich kaum vorwärtsbewegende, träge Kaltluftmasse. Die sich nähernde Warmluft wird wegen ihrer geringen Dichte (leichter als Kaltluft) von der Kaltluft angehoben. Die häufig sehr feuchte Warmluft gleitet nach dem Auftreffen auf die Kaltluft an dieser in einem sehr flachen Winkel auf (siehe Bild 7.7). Dabei kühlt sie sich adiabatisch ab, dehnt sich aus und erreicht in einer bestimmten Höhe das Kondensationsniveau.

Da die Warmluft fast immer **stabil** geschichtet ist, bilden sich an der Aufgleitfläche zum Teil sehr **mächtige Schichtwolken** (Nimbostratus) mit ergiebigen, lang anhaltenden Niederschlägen (Landregen). In der Praxis können wir die Annäherung einer Warmfront an der nachstehend geschilderten Aufgleitbewölkung sofort erkennen (vgl. auch Abschnitt 13.1.c):

1. Hohe Eiswolken (Cirren) in der Reihenfolge Cirrus (Ci), Cirrostratus (Cs).
2. Cirrostratus (Cs) geht langsam in Altostratus (As), dann in Nimbostratus (Ns) über.
3. **Untergrenzen** des Altostratus und Nimbostratus **sinken** mit Annäherung der Front immer mehr **ab**.
4. Etwa 300 km vor der Bodenfront (wo die Warmluft neben der Kaltluft am Boden aufliegt) erreicht der Nimbostratus eine Untergrenze von etwa 3 000 m (ca. 10 000 ft). **Niederschlag setzt ein!**
5. **Starker Sichtrückgang** im Niederschlagsgebiet – und weiteres **Absinken der Wolkenuntergrenze bis zum Boden**.

Merke: Wenn die ersten Cirren einer Aufgleitbewölkung über uns aufziehen, dann liegt die Bodenfront (Warmluft am Boden) noch etwa 700–1 000 km vom Beobachtungsort entfernt!

7 Wolkenbildung

Schichtwolken, die sich wie oben beschrieben bilden und in der Reihenfolge **Ci, Cs, As und Ns** erscheinen, deuten auf eine **stabile Atmosphäre** hin. Flüge unter und Blindflüge (IFR) in diesen Schichtwolken verlaufen sehr ruhig, da keine Turbulenz vorhanden ist. Dennoch ist Vorsicht geboten, da in den unteren Schichten der Aufgleitbewölkung über der **Nullgradgrenze** (freezing level) **akute Vereisungsgefahr** besteht!

Die bei aufgleitender Warmluft über Kaltluft entstehenden ausgedehnten Schichtwolken täuschen uns jedoch manchmal. Ist nämlich die aufgleitende Warmluft **feuchtlabil** (vgl. Abschnitt 6.4 „Stabilitätskriterien aufsteigender Luft"), so können in der Schichtbewölkung, für uns unsichtbar, **Cumulonimbus (Cb)** eingelagert sein, die sehr starke **Vertikal-Turbulenzen** verursachen!

7.6 Wolkenbildung durch Hebung an Hindernissen (Gebirge)

Gebirgsketten und größere Berge (z. B. Alpen) zwingen anströmende Luft (Wind) zum Aufsteigen. Aufgrund ihrer großen räumlichen Ausdehnung ist ein Umfließen der Hindernisse erschwert oder sogar unmöglich – sie werden daher vom Wind überströmt. Auch bei dieser Art der Hebung von Luft tritt eine adiabatische Abkühlung ein. Erreicht die Luft dabei das Kondensationsniveau (Temperatur erreicht den Taupunkt), so bilden sich unterhalb – oder auch erst über den Gipfeln – Wolken.

Ist die aufsteigende Luft nicht sehr feucht oder das Gebirge nicht allzu hoch, dann wird Wolkenbildung erst kurz unterhalb der Gipfel zu erwarten sein. Bis dort steigt die Luft **trockenadiabatisch** auf, kühlt also **pro 100 m Höhengewinn** um **ein Grad Celsius** ab.

Nach Erreichen des Taupunktes kühlt sich die Luft dann nur noch **feuchtadiabatisch**, also mit ca. **0,6 °C pro 100 m,** ab. Tritt nun keine weitere Abkühlung ein, so wird die gerade frei gewordene Kondensationswärme (bei der Wolkenbildung) sofort wieder zur Auflösung der Wolken auf der Leeseite des Gebirges verbraucht, auf der die Luft jetzt **trockenadiabatisch** absinkt. Die Wolkenbasis (Untergrenze der Wolken) ist in diesem Falle im Luv (dem Wind zugewandte Seite) und im Lee (dem Wind abgewandte Seite) in der gleichen Höhe zu finden.

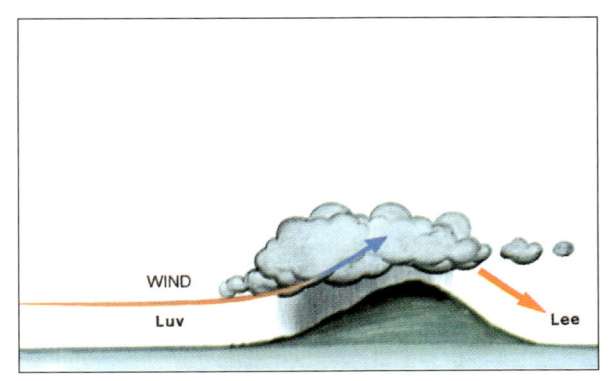

Bild 7.8 Wolkenbildung durch Hebung an Hindernissen

Handelt es sich bei der anströmenden Luft um **sehr feuchte Luft,** so liegt das Kondensationsniveau sehr tief und die Wolkenbildung setzt schon kurz nach der beginnenden Hebung ein. Die weitere Abkühlung geht nun bis zum Gipfelniveau feuchtadiabatisch vonstatten. Die überschüssige Feuchte (Übersättigung), die jetzt durch den kontinuierlichen feuchtadiabatischen Aufstieg entsteht, wird von der Luft als Stauniederschlag ausgeschieden (starke Regenfälle an der Luvseite). Dadurch verringert sich der tatsächliche Wassergehalt der Luft beträchtlich. Das bedeutet: die Luft wird trockener. Nach dem Überströmen des Gipfelniveaus sinkt diese – durch die Niederschläge auf der Luvseite um Feuchtigkeit beraubte Luft – auf der Leeseite des Gebirges trockenadiabatisch ab. Voraussetzung dafür ist eine stabile Schichtung oberhalb des Gipfels, weil die Luft sich sonst weiter nach oben bewegen würde. Die Wolken lösen sich meist schon kurz unter dem Gipfel auf, die Luft erwärmt sich danach um **1 °C pro 100 m** Höhenverlust und trocknet aus (siehe Bild 7.8). In den Niederungen auf der Leeseite kommt die absinkende Luft oft als stürmischer und turbulenter **Fallwind** sehr viel wärmer und trockener an, als sie vor der Hebung an der Luvseite war. Bei Flügen von Lee nach Luv (falls möglich) muss darauf geachtet werden, dass die Nullgradgrenze auf der Luvseite deutlich niedriger liegt.

In den Alpen zeigen sich die vorgenannten Erscheinungen sehr deutlich. Bei südlichen Winden sind sie von Süden angestaut und in Wolken mit anhaltenden ergiebigen Niederschlägen, während der Nordalpenraum hingegen nahezu wolkenfrei ist. Diese Erscheinung ist uns von der Alpennordseite her als **Föhn** bekannt. Die auf der Leeseite des Gebirges (Alpennordseite) auftretende Wolkenmauer an den Gipfeln der Berge – dort, wo die Wolken sich auflösen – wird auch als **Föhnmauer** bezeichnet. Diese Situation kann natürlich auch umgekehrt auftreten. Bei nördlichen Winden ist die Alpennordseite in Wolken und die Alpensüdseite hat Föhn. In beiden Fällen können die Alpen nicht überflogen werden, denn die Pässe und Gipfel sind immer in Wolken.

Fälschlicherweise wird häufig angenommen, dass solche Föhnerscheinungen nur in den Alpen auftreten. **Föhnwinde** treten aber an allen Mittel- und Hochgebirgen auf, die quer zur Windrichtung liegen.

Besonders starke Turbulenzen sind sowohl **im Fallwind auf der Leeseite** zu finden, als auch dort, wo der heftige Föhnsturm in eine normal fließende Luftströmung übergeht. Hier bilden sich die **Rotoren** mit walzenförmigen Cumuluswolken (siehe Bild 7.9).

Die Wirksamkeit von Fronten wird im Luv durch die zusätzliche Hebung verstärkt, im Lee durch Absinken abgeschwächt.

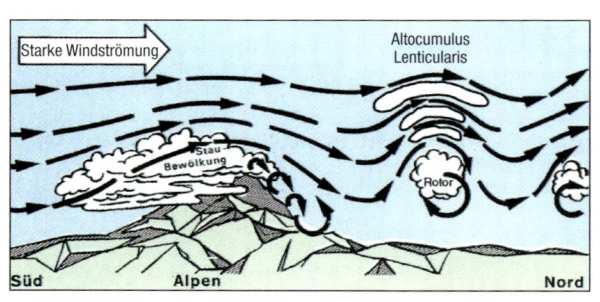

Bild 7.9 Wolkenbildung durch Hebung sehr feuchter Luft an Gebirgen mit Föhneffekt

7.7 Entstehung von Wogenwolken (Altocumulus lenticularis) im Zusammenhang mit Föhn

Nicht selten sind im Zusammenhang mit Föhn **Wogenwolken** zu beobachten, die in der Fachsprache als **Altocumulus lenticularis** (linsenförmige Ac-Wolken) bezeichnet werden (siehe Bild 7.9). Die Auf- und Abwärtsbewegung beim Überströmen des Gebirges setzt sich auf der Leeseite in Wellenbewegungen (Leewellen) fort. Da die Luft sehr trocken geworden ist, kann sich nur auf dem jeweiligen Wellenberg oberhalb des Gebirgskamms ein Ac lenticularis bilden. Die Leewellen erstrecken sich oft bis zu mehreren Hundert Kilometern hinter dem Gebirge.

7.8 Wolkenbildung durch turbulente Durchmischung der Luft

Ausgedehnte Schichtbewölkung (Stratus = St) entsteht häufig durch eine so genannte **dynamische Konvektion**. Es geht hierbei um eine durch den Wind hervorgerufene senkrechte Durchmischung der bodennahen Luftschichten, die durch Unebenheiten des Erdbodens verursacht wird.

Die bodennahe Luft wird infolge der mechanischen Durchmischung bis zur – von einigen hundert bis tausend Fuß hochreichenden – Obergrenze der Turbulenzzone befördert, wobei sie sich **adiabatisch abkühlt**. Wird durch die adiabatische Abkühlung der Taupunkt erreicht, so bildet sich an der Obergrenze der Turbulenzzone der Turbulenzstratus mit einer scharf abgegrenzten, welligen Oberseite. In den so entstandenen Stratus-Wolken und darunter trifft der Flieger immer eine mehr oder minder starke Turbulenz an, die den Flug sehr unruhig gestaltet.

7.9 Wolkenbildung durch Ausstrahlung (Strahlungswolken)

Bei Strahlungsvorgängen weist der Wasserdampf – wir erinnern uns – besondere Eigenschaften auf. Er kann die langwellige Erdstrahlung absorbieren (schlucken) und sendet andererseits seiner Temperatur entsprechend eine Strahlung zur Erde zurück (siehe Bilder 5.5 und 5.6 „Glashaus- oder Treibhauseffekt").

An Dunstobergrenzen (Wasserdampfkonzentration) unterhalb einer Inversion verursacht diese Ausstrahlung zur Erde zurück eine Abkühlung. Erreicht die Luft bei der Abkühlung unterhalb der Inversion den Taupunkt, so bildet sich bei stabiler Atmosphäre eine **Schichtwolkendecke (Stratus),** die bei bodennahen Inversionen manchmal bis zum Boden absinkt (Nebel, siehe Bild 7.10).

Die am Tage einfallende Sonnenstrahlung ist in der Lage, die niedrigen Stratus- oder Nebelschichten zu durchdringen und so den Erdboden zu erwärmen, den Nebel somit also von unten her aufzulösen.

Im Winter hingegen, bei einem ausgeprägten kontinentalen Hoch (Festlandhoch), kann man beobachten, dass die Sonne unter gleichen Verhältnissen, jedoch durch schräge Strahlung und kurze Sonnenscheindauer behindert, oft nicht in der Lage ist, genügend Strahlung an den Erdboden abzugeben und somit keine Nebelauflösung möglich ist. **Bei solchen Verhältnissen ist mit einer länger anhaltenden Nebel- oder Hochnebelperiode zu rechnen.**

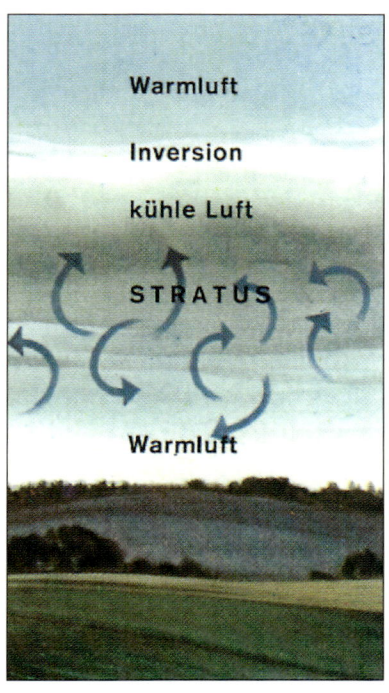

Bild 7.10 Bildung von Stratus-Bewölkung

7.10 Wolkenbildung durch hochfliegende Flugzeuge (Kondensstreifen)

Sehr hoch fliegende Flugzeuge sind oft durch einen mehr oder weniger langen Schweif zu erkennen, der sich hinter dem Flugzeug bildet. Solche **Kondensstreifen** entstehen in größeren Höhen (über 10 km) bei Temperaturen unter −40 °C, wenn Wasserdampf und kleinste Kondensationskerne durch Treibstoffverbrennung im Triebwerk in die sehr kalte Luft austreten und plötzlich abkühlen.

Sind in diesen Höhen schon Cirren vorhanden (Zeichen für feuchte Luft), so können sich Kondensstreifen sehr lange – manchmal über Stunden – halten, weil der Wasserdampf sofort zu Eiskristallen sublimiert. Sie lassen sich dann kaum noch von den natürlich entstandenen Wolken unterscheiden. Ist die Luft jedoch sehr trocken, dann verschwinden die Kondensstreifen schon nach kurzer Zeit.

8 Wolkenarten (Einteilung der Wolken)

Für den Flugzeugführer ist es sehr wichtig, die Wolken nach den verschiedenen Gruppen (Wolkenfamilien) und nach ihrer **Entstehungsart** unterscheiden zu können. Genaue Kenntnis der Unterscheidungsmerkmale ermöglicht es dem Flieger – wie wir später noch sehen werden –, die unterschiedlichen Wetterlagen identifizieren und beurteilen zu können. Somit wird er in die Lage versetzt, **potenzielle Gefahren rechtzeitig zu erkennen,** die mit den einzelnen Wolkenarten verbunden sind (z. B. starke Turbulenz, Vereisung oder Sichtrückgang).

Die Meteorologie hat alle auf der Erde vorkommenden Wolken – ungeachtet ihres vielfältigen Formenreichtums – zu charakteristischen Gruppen (Gattungen) zusammengefasst; diese bestehen wiederum jeweils aus verschiedenen Arten. Sie treten innerhalb der Troposphäre in festliegenden, teils bevorzugten Höhen (Stockwerken) auf:

1. **Tiefes (unteres) Stockwerk:** Es erstreckt sich **vom Boden** bis zu einer Höhe von **6 500 ft (2 000 m)** und beherbergt die **tiefen Wolken.**
2. **Mittelhohes (mittleres) Stockwerk:** Es umfasst das Höhenband **von 6 500 bis 23 000 ft (2 000 bis 7 000 m).** Die darin vorkommenden Wolkenarten sind so genannte **mittelhohe Wolken,** die immer die Vorsilbe „**alto**" haben.
3. **Hohes (oberes) Stockwerk:** Es befindet sich zwischen **16 500 bis 40 000 ft (5 000 bis 12 000 m).** Hier treffen wir die **hohen Wolken** an, die alle mit der Vorsilbe „**cirro**" beginnen. Die Obergrenze des hohen Stockwerks liegt in den Polargebieten generell tiefer als in den tropischen Breiten, aber immer **an der Tropopause.**
4. Zusätzlich gibt es Wolken mit **großer vertikaler Mächtigkeit,** die zwar von der Basis her einem der Stockwerke zugeordnet werden können, trotzdem gesondert aufgeführt werden.

In diesen drei Stockwerken treten nun wieder **zwei Grundtypen** auf, die man nach ihrer Entstehungsart unterscheidet:

a) **Schichtwolken (Stratus)** bilden sich fast immer dann, wenn Luftschichten großräumig so weit abkühlen (z. B. durch Aufgleiten auf vorgelagerte kältere Luft), dass das Kondensationsniveau erreicht wird. Sie sehen einförmig aus und haben kaum Helligkeitsunterschiede oder schärfere Konturen. Häufig treten solche Schichtwolken in ausgedehnten Feldern oder großen, weiträumigen Schichten auf, die sich nur **in stabiler Luft** bilden können.

b) **Quellwolken (Cumulus)** entstehen durch örtliche Aufwinde (Konvektion) feuchter Luft bis zum Kondensationsniveau. Mit ihren bizarren Konturen, wie Ballen und Walzen, deuten sie auf **labile Verhältnisse** in der Atmosphäre hin. Ihre Obergrenzen liegen meist an einer Inversionsschicht mit stabiler Luftschichtung, die die Konvektion, also den vertikalen Luftaufstieg, zum Stillstand bringt.

Unter ihnen ist immer eine Instabilität (Labilität) vorhanden, die Quellwolken mit mehr oder minder großer Mächtigkeit entstehen lässt.

Orographisch bedingte Wolken können je nach Schichtung der Luft sowohl Schichtwolken als auch Quellwolken sein, sie sind keinem direktem Grundtyp zuzuordnen.

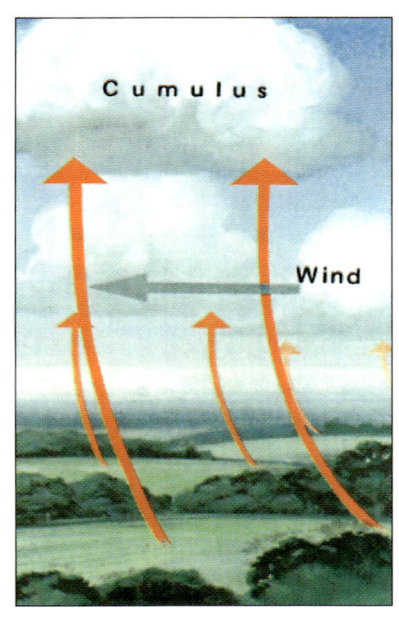

Bild 8.1 Bildung von Quellwolken

Eine weitere Klassifizierung kann nach den Bestandteilen der Wolke vorgenommen werden. Wir unterscheiden Wasserwolken, Eiswolken und Mischwolken. Die Wolken des unteren Stockwerks bestehen nur aus Wasser, die Wolken des hohen Stockwerks nur aus Eis. Die Wolken des mittelhohen Stockwerks sind Mischwolken.

Die **Mischwolken** sind ein Phänomen, das wir genauer betrachten müssen. In der freien Atmosphäre können flüssige Wassertröpfchen auch bei negativen Temperaturen existieren. Damit Wasser gefriert, muss innerhalb des Wassers mindestens ein Gefrierkern vorhanden sein. Gefrierkerne sind mikroskopisch kleine kristalline Partikel, die für eine Eisbildung notwendig sind. Obwohl jeder Wolkentropfen sich an einem Kondensationskern „festhält", muss dieser nicht gleichzeitig auch ein Gefrierkern sein. An einen guten Gefrierkern werden wesentlich höhere Ansprüche gestellt, sodass nur ganz wenige Tropfen bei Temperaturen unter 0 °C gefrieren. Die meisten bleiben flüssig, bis absinkende Temperaturen unter −10 °C auch die weniger guten Gefrierkerne wirksam werden und die unterkühlten Tröpfchen zu Eiskristallen gefrieren lassen. In einem Übergangsbereich von −10 °C bis −30 °C befinden sich daher nebeneinander unterkühlte flüssige Tropfen und Eiskristalle, und zwar bei ca. −10 °C mehr Tropfen, und bei ca. −30 °C mehr Eiskristalle. Solche Wolken nennt man Mischwolken.

Die Wolken mit großer vertikaler Mächtigkeit (Cb und Ns), bestehen in ihrem unteren Teil aus Wasser, in der Mitte aus einer Mischung von Eis und unterkühltem Wasser und in ihrem oberen Teil aus Eis (nur Cb).

Für alle Wolkenarten gilt, dass in ihnen die Flugsicht unterhalb der VFR-Mindestwerte liegt und ein VFR-Flug in Bewölkung daher nicht möglich ist.

8.1 Gattungen der Quellwolken (cumuliform, konvektiv)

Die gerade besprochenen Grundtypen von Wolken haben viele Gattungen. Fangen wir mit den Gattungen der Quellwolken an:

a) **Cumulus (Cu)** sind helle, dichte Wolken, die sich vertikal in die Höhe ausdehnen. Sie quellen im wahrsten Sinne des Wortes empor. Ihre Untergrenze ist flach, während die Obergrenzen unterschiedliche bizarre Formen (Blumenkohl) aufweisen. Sie treten meist einzeln auf und die Sonnenseite des Cumulus ist schneeweiß. Die Wolkenbasis (Untergrenze) und die Schattenseite sehen fast immer grau aus. So genannte **Schönwettercumuli** (Konvektion durch Sonneneinstrahlung) sind in ihrer Ausdehnung zur Seite und nach oben sehr klein und verschwinden am Abend, wenn die Sonneneinstrahlung nachlässt. In flachen Cu tritt leichte bis mäßige Turbulenz auf, bei negativen Temperaturen auch leichte Vereisung.

Aus sich auftürmenden, größeren Cumuluswolken können manchmal schwache Regenschauer fallen. Alle Cumuluswolken treten im **unteren Stockwerk** auf; sie können bis in das mittlere Stockwerk (Cu und TCu = Towering Cumulus) oder obere Stockwerk anwachsen, wandeln sich dann aber zu einem Cb (Cumulonimbus) um.

Bild 8.2   Cumuluswolken (Cu)

b) **Cumulonimbus (Cb)** entsteht aus sich immer weiter auftürmenden Cumuluswolken bei hochreichend feuchtlabiler Luftschichtung. Seine Untergrenzen liegen immer im unteren Stockwerk (unter 6 500 ft/2 000 m), während die Obergrenzen häufig bis zur Tropopause vorstoßen. Sie gehören also zu den Wolken mit großer vertikaler Mächtigkeit. An der Tropopause flacht die Obergrenze des Cb – bedingt durch die Sperrschicht Tropopause (Inversion oder Isothermie) – ab. Starke Höhenwinde zerfetzen die manchmal sehr schönen Quellungen zu langen Fahnen (Cirrenschirm, Amboss).

Treten solche **Cb** auf, dann ist mit **Gewittern** zu rechnen, denn der Cb ist eine ausgesprochene Gewitterwolke, die aus größerer Entfernung wegen ihrer Mächtigkeit wie ein Berg aus weißer Watte aussieht.

An der Untergrenze breiten sich Cumulonimbus-Wolken über große Flächen aus. Starke Niederschläge **(Regen-, Schnee- oder Hagelschauer)** sind typische Begleiterscheinungen. Der Wortbestandteil „nimbus" = Regen (lat.) bedeutet, dass die Wolke grundsätzlich mit Niederschlag verbunden ist.

Bild 8.3   Cumulonimbus (Cb)

Blitzschlag und Donner deuten auf Gewittertätigkeit innerhalb, unterhalb und zwischen den einzelnen Cumulonimben hin (siehe Bild 8.3 und Abschnitt 15.1 „Gewitter").

> **Merke:** Flugzeugführer sollten solche Cb-Wolken und deren nähere Umgebung aus Sicherheitsgründen (starke Turbulenz, Blitzschlag und starke Vereisung) unbedingt meiden!

8 Wolkenarten (Einteilung der Wolken)

c) **Altocumulus (Ac)** ist ein flacher Cumulus, der in mittleren Höhen (6 500 bis 20 000 ft/2 000 bis 6 000 m) auftritt. Er besteht aus abgeflachten, tellerförmigen oder kugelförmigen kleinen Wolken. Ac tritt oft in Gruppen, Streifen oder größeren Flächen am Himmel auf. Eine Art, der **Altocumulus castellanus (Ac cas),** ist durch turmförmige Quellungen an der Oberseite gut zu erkennen. Er ist häufig der Vorbote von Gewittern, da er auf feuchtlabile Verhältnisse in der mittleren Troposphäre hinweist (siehe Bild 8.4).

d) **Cirrocumulus (Cc)** ist eine sehr feine, aus kleinen zerbrechlich wirkenden Wölkchen bestehende Form der Quellwolken im oberen Stockwerk (20 000 bis 40 000 ft = 6 000 bis 12 000 m).

Sie treten oft in Gruppen, Streifen oder Linien am blauen Himmel auf und werden im Volksmund **Schäfchenwolken** genannt (Bild 8.5).

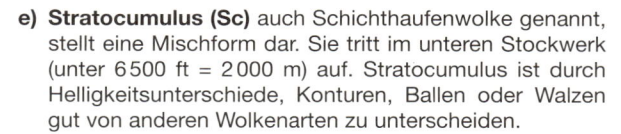

Bild 8.4 links: Altocumulus (Ac) – rechts: Altocumulus castellanus (Ac cas)

e) **Stratocumulus (Sc)** auch Schichthaufenwolke genannt, stellt eine Mischform dar. Sie tritt im unteren Stockwerk (unter 6 500 ft = 2 000 m) auf. Stratocumulus ist durch Helligkeitsunterschiede, Konturen, Ballen oder Walzen gut von anderen Wolkenarten zu unterscheiden.

An der Obergrenze besteht eine stabile Schichtung (Inversion), während darunter eine feuchtlabile Schichtung aber mit nur geringer Turbulenz herrscht (siehe Bild 8.6).

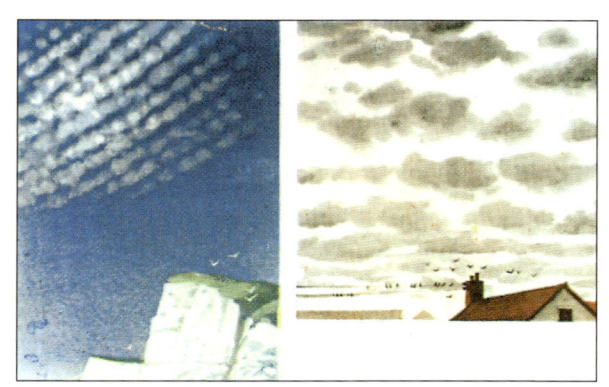

Bild 8.5 Cirrocumulus (Cc)   Bild 8.6 Stratocumulus (Sc)

8.2 Gattungen der Schichtwolken (stratiform)

a) **Stratus (St)** ist eine grau aussehende Schichtwolke mit gleichförmiger Untergrenze, die sehr tief liegen kann. Der Stratus hat sehr niedrige Untergrenzen, die zwischen 100 und 1 500 ft über Grund liegen und gehört daher natürlich zu den **tiefen Wolken** des unteren Stockwerks (unter 6 500 ft/2 000 m). Er wird oft auch als Hochnebel bezeichnet, da er in seinem Aussehen Nebel ähnelt, er hat jedoch keinen Kontakt zum Erdboden. Er tritt ebenfalls in Verbindung mit stärkerem Niederschlag und häufig im Zusammenhang mit Warmfronten auf, bei denen wärmere feuchte Luft langsam in ganzen Schichten über kältere vorgelagerte Luft flach aufgleitet und dabei abgekühlt wird (vgl. Abschnitt 7.5 „Wolkenbildung durch aufgleitende Warmluft über Kaltluft"). Aus dem Stratus selbst kann nur Sprühregen oder Schneegriesel fallen.

> Ein VFR-Flug wird durch den **St** besonders durch seine niedrigen Untergrenzen gefährdet, die häufig **unterhalb der Minima** (500 ft) liegen.

Bild 8.7 Stratus (St)

8.2 Gattungen der Schichtwolken (stratiform)

Bild 8.8 Nimbostratus (Ns)

b) **Nimbostratus (Ns)** ist eine sehr dichte dunkelgraue bis schwarze Schichtwolke, deren Untergrenze häufig im unteren Stockwerk (unter 6 500 ft/2 000 m) liegt. Sie tritt oft in Verbindung mit einer Warmfront auf. Die Auswirkung ist dann der ununterbrochene Niederschlag, der als **Landregen** bekannt ist; im Winter **Dauerschneefall!** Der Wortbestandteil „nimbo" = Regen (lat. nimbus) bedeutet, dass die Wolke grundsätzlich mit Niederschlag verbunden ist. Ns bildet sich manchmal in mächtigen Schichten an Warmfrontaufgleitflächen. Die Obergrenzen liegen daher immer im mittelhohen Stockwerk. Der Ns gehört auch zu den Wolken mit großer vertikaler Mächtigkeit.

> Der **Ns** ist – allgemein betrachtet – eine ausgeprägte, immer mit **Regen-** oder **Schneefall** verbundene **Schlechtwetterwolke**, die die gleichen **Gefahren für den VFR-Flieger** mit sich bringt wie der Stratus, nämlich:
>
> Schlechte Sicht durch hohe Feuchtigkeit, niedrige, fast zum Boden reichende Untergrenzen und starke Niederschläge.

Bild 8.9 Altostratus (As)

c) **Altostratus (As)** ist eine mittelhohe Schichtwolke (6 500 bis 20 000 ft/2 000 bis 6 000 m), die auch häufig bei Warmfronten als Aufgleitbewölkung zu sehen ist. Sonne und Mond sind durch die relativ dünne Schicht oft noch wie durch Milchglas zu sehen, doch die Sterne bei Nacht haben nicht genügend Leuchtkraft, um diese Schichtwolken zu durchdringen. Aus tieferen, dichteren Altostratusdecken von Warmfronten (die Untergrenze sinkt ab und geht später in **Ns** über) fällt manchmal der erste, leichte Regen und die Sicht verschlechtert sich schnell.

Fliegt man einer Warmfront entgegen und kommt dabei in den Bereich der Altostratusbewölkung mit leichtem Regen, so wird es Zeit, sich zur Umkehr zu entschließen, denn der Altostratus geht jetzt langsam, aber sicher in Nimbostratus mit sehr **niedrigen Untergrenzen** über. Die Sicht wird schlecht und stärkerer Regen setzt ein. Im Winter ist bei entsprechenden Temperaturen mit Schneefall, manchmal sogar gefrierendem Regen und den damit verbundenen schlechten Sichten zu rechnen.

8 Wolkenarten (Einteilung der Wolken)

Bild 8.10 Cirrostratus mit Halo

Bild 8.11 Halo mit Nebensonne bei Cirrostratus (Cs)

Bild 8.12 Hof bei Altostratus (As) oder Altocumulus (Ac)

Bild 8.13 Cirrus (Ci)

d) Cirrostratus (Cs) ist eine dünne, milchig-weiße Schichtwolke des hohen oder oberen Stockwerks (20 000 bis 40 000 ft/ 6 000 bis 12 000 m). Die Sonne scheint durch diese Schicht mit leichter Schattenbildung hindurch.

Um die Sonne (bei Nacht um den Mond) bilden sich so genannte **Halos** (bunte Ringe in den Regenbogenfarben, manchmal auch nur bunte Flecken rechts und links von der Sonne (selten Mond), die den Cirrostratus gut kennzeichnen und eine Verwechslung mit dem Altostratus ausschließen (siehe Bilder 8.10 und 8.11). Bei **Altostratus** bildet sich dagegen ein so genannter **Hof,** der durch Beugung von Lichtstrahlen an den Wassertröpfchen entsteht (siehe Bild 8.12). Eine Halo-Erscheinung an Cirrostratus entsteht hingegen durch Brechung des Lichts an den feinen Eisnadeln des Cirrus (Cs-Wolken bestehen immer aus feinen Eisnadeln).

Cirrostratus ist häufig ein Vorbote der Aufgleitbewölkung bei Warmfronten und geht dann in Altostratus, Nimbostratus und Stratus über.

e) Cirrus (Ci) ist eine sehr feine, federartige oder faserige Eiswolke des oberen Stockwerks. Man kann sie weder den Haufen- oder Quellwolken noch den Schichtwolken zuordnen. Sie bedecken oft den Himmel vollständig, und Sonne oder Mond sind gut sichtbar. **Alle Cirrus-Arten (Ci, Cs, Cc)** bestehen im Gegensatz zu den Wolken des mittleren Stockwerks (Alto-Gruppe) und des tiefen Stockwerks **(Cu, St, Sc)** immer **aus feinen Eiskristallen.** Es sind also Eiswolken (Bild 8.13). **Ambosscirren** sind häufig an Cumulonimbus-Obergrenzen zu sehen, wenn diese durch hochreichende Konvektion bis in das hohe Wolkenniveau vorstoßen. Die feinen Wassertröpfchen gefrieren dann zu Eiskristallen und bilden – durch starke Höhenwinde bedingt – die recht seltsame Form eines Ambosses (siehe Bild 8.3 Cumulonimbus Cb).

8.3 Klassifizierung der Wolken nach Stockwerken und Bestandteilen

Einteilung nach Höhe der Untergrenze	Wolkengattungen	Abkürzung und Symbole	Merkmale und Besonderheiten (Schichtdicke, Turbulenz, Vereisung)
Tiefes (unteres) Stockwerk Untergrenze unter 6 500 ft (2 000 m) Wasserwolken	Cumulus	Cu ⌒	Quellwolke aus Wasser, auch bei negativen Temperaturen, sehr unterschiedliches Aussehen, leichte Regenschauer, mäßige Vereisung und Turbulenz
	Stratocumulus	Sc	Leicht quellige Schichtbewölkung, Schichtdicke 500 bis 5 000 ft, leichter Regen möglich, leichte bis mäßige Vereisung/Turbulenz
	Stratus	St —	Graue tiefe Schichtwolke, tritt auf bei Niederschlag und als Hochnebel, Schichtdicke 100 bis 1 500 ft, Sprühregen, leichte Vereisung/Turbulenz
Mittelhohes (mittleres) Stockwerk Untergrenze zwischen 6 500 und 23 000 ft (2 000 und 7 000 m) Mischwolken	Altocumulus	Ac	„Schäfchenwolke" – leicht quellige Schichtbewölkung, leichte bis mäßige Vereisung/Turbulenz
	Altostratus	As	Schichtwolke, leichter Regen/Schnee, leichte bis mäßige Vereisung, keine Turbulenz
Hohes (oberes) Stockwerk Untergrenze zwischen 16 500 und 40 000 ft (5 000 und 12 000 m) Eiswolken	Cirrus	Ci	Feder- oder bänderartige Wolken, keine Vereisung, kann Turbulenz signalisieren
	Cirrostratus	Cs	Dünne Schichtwolke, sonnendurchlässig, erzeugt Halo, keine Vereisung/Turbulenz
	Cirrocumulus	Cc	Flockenartige Wölkchen, keine Vereisung, leichte Turbulenz
Wolken mit großer vertikaler Erstreckung (> 15 000 ft), unterschiedliche Bestandteile	Cumulonimbus[1]	Cb	Quellwolke, kann bis zur Tropopause reichen, Voraussetzung für starke Schauer und Gewitter, mäßige bis starke Vereisung/Turbulenz
	Nimbostratus[2]	Ns	Kompakte Schichtwolke mit anhaltenden Niederschlägen, Schichtdicke bis 20 000 ft, Vereisung mäßig bis stark, kaum Turbulenz

[1] Da der Cb von Unter- bis Obergrenze durch alle drei Stockwerke reicht, enthält er auch alle Wolkenbestandteile.
[2] Da der Ns von Unter- bis Obergrenze vom tiefen bis ins mittelhohe Stockwerk reicht, ist er sowohl eine Wasserwolke als auch eine Mischwolke.

8 Wolkenarten (Einteilung der Wolken)

8.4 Messung der Wolkenuntergrenzen

Die Bestimmung der Wolkenuntergrenze erfolgt:

Am Tage: 1. Durch Schätzungen

              2. Durch Messung mit dem Ceilometer

Bei Nacht: Mit dem schon erwähnten Ceilometer oder mit dem Wolkenscheinwerfer (siehe Bild 8.14)

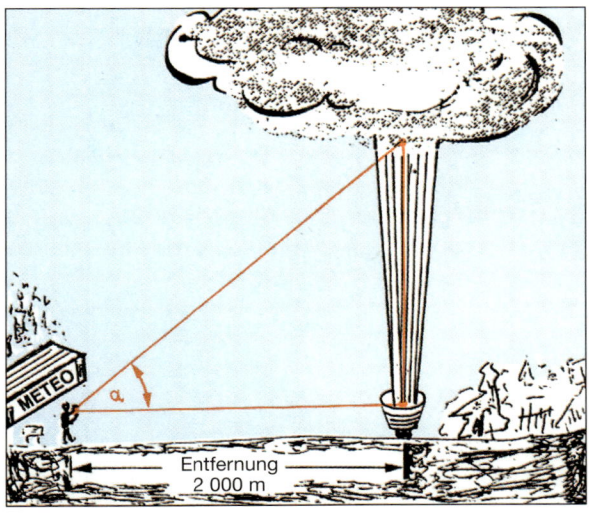

a) Bestimmung der Wolkenuntergrenze mit dem Wolkenscheinwerfer

Bei diesem Messverfahren wird der Lichtpunkt angepeilt, der durch einen Wolkenscheinwerfer an der Wolkenunterseite entsteht. Entscheidend ist hierbei die Distanz zwischen dem Beobachter (der mit einem Winkelsextanten ausgerüstet ist) und dem Wolkenscheinwerfer sowie der Winkel Alpha (α), den der Beobachter mit dem Sextanten misst.

Die Untergrenze ergibt sich dann aus folgender Formel:

> Untergrenze = Distanz x tan α

Bild 8.14   Bestimmung der Wolkenuntergrenze mit dem Wolkenscheinwerfer

b) Bestimmung der Wolkenuntergrenze mit dem Ceilometer

An den Flughäfen werden heute überwiegend moderne Laser-Ceilometer (Ceilographen) eingesetzt. Die Höhe der Wolkenuntergrenze wird dabei aus der Laufzeit eines an der Wolkenuntergrenze reflektierten Laser-Signals bestimmt. Diese Methode liefert sowohl am Tag als auch in der Nacht recht gute Ergebnisse.

c) Bestimmung der Wolkenuntergrenze von Cumuluswolken

Entstehen Cumuluswolken (Cu) bei ungehinderter Sonneneinstrahlung durch thermische Konvektion (Schönwettercumuli), so kann man deren Untergrenze – sofern die Luft am Messort aufgestiegen ist – mit folgender **Faustformel** sehr schnell und einfach ermitteln:

> a) **Wolkenuntergrenze in Fuß**   = Taupunktdifferenz (Spread) x 400
>
> b) **Wolkenuntergrenze in Meter** = Taupunktdifferenz (Spread) x 122

Beispiele:

Lufttemperatur	25 °C		Lufttemperatur	25 °C
Taupunkt	15 °C		Taupunkt	21 °C
Spread	10 **x 400**		Spread	4 **x 122**
Wolkenuntergrenze = 4 000 Fuß			**Wolkenuntergrenze = 488 Meter**	

Die so ermittelte Wolkenuntergrenze entspricht dem **K**onvektions-**K**ondensations-**N**iveau **(KKN)** – siehe auch Abschnitt 7.3 „Wolkenbildung durch Hebung".

d) Hauptwolkenuntergrenze (Ceiling)

Zuletzt noch zu dem Begriff **Hauptwolkenuntergrenze (ceiling)**, der bei Flügen nach Sichtflugregeln (VFR-Flüge) eine wichtige Rolle spielt (vgl. § 28 LuftVO):

> **Hauptwolkenuntergrenze** ist die Untergrenze der niedrigsten Wolkenschicht über Grund oder Wasser, die mehr als die Hälfte des Himmels bedeckt und unterhalb 20 000 ft (6 000 m) liegt.

9 Nebelbildung, Sicht und Dunst

Nebel ist eine Sichttrübung durch in der Luft schwebende Wassertröpfchen oder Eisteilchen auf eine Sichtweite unter 1 000 m. Im Nebel haben Temperatur und Taupunkt den gleichen Wert, der Spread ist Null und die relative Luftfeuchtigkeit ist nahe oder gleich 100 %.

Am Erdboden lagernde Luftschichten können entweder durch Abkühlung oder starke Verdunstung von Wasser aus dem Erdboden (selten) zur Sättigung mit Feuchtigkeit geführt werden. Der bei der Wolkenbildung dominierende Prozess der adiabatischen Hebung von Luft spielt hier keine entscheidende Rolle.

Bei der Nebelbildung erfolgt die dazu nötige Abkühlung **durch Wärmeaustausch mit dem Erdboden** (Ausstrahlung) oder durch **Mischung verschieden temperierter Luftmassen** (warm/kalt). Deshalb müssen wir grundsätzlich zwei Arten der Nebelbildung unterscheiden:

> 1. **Nebelbildung durch Temperaturunterschiede zwischen Erdboden (auch Wasserflächen) und darüber lagernder Luft.**
> 2. **Nebelbildung durch Mischung verschieden temperierter Luftmassen (warm/kalt).**

Dabei tauchen zwei Begriffe auf, die als Advektion und Konvektion bezeichnet werden:

a) **Advektion** bedeutet **horizontale Luftbewegungen** (vgl. Abschnitt 9.2 „Advektionsnebel").

b) **Konvektion** bedeutet **vertikale Luftbewegungen** (vgl. Abschnitt 5.2.b „Die thermische Konvektion").

9.1 Strahlungsnebel (Radiation Fog)

Die Abkühlung des Erdbodens während der Nachtstunden durch Ausstrahlung ist für die Bildung von **Strahlungsnebel** verantwortlich. Die bodennahe Luft wird durch direkten Kontakt mit dem Erdboden, der sich durch Ausstrahlung abkühlt, ebenfalls abgekühlt. **Je länger die Ausstrahlung, desto größer ist die Abkühlung.** Daher findet man den meisten Nebel nach den langen Nächten in den Übergangsjahreszeiten und im Winter. Am häufigsten ist er im Herbst. Strahlungsnebel ist übrigens der in Mitteleuropa am häufigsten vorkommende Nebel.

Die **Voraussetzungen** für die Bildung von Strahlungsnebel sollten wir uns genau einprägen:

> 1. **Wolkenarme Nacht** damit die Ausstrahlung nicht oder nur wenig behindert werden kann!
> 2. **Nur geringe Luftbewegung**, da die Luft nur dann längere Zeit mit dem Erdboden in Berührung bleiben kann; bei stärkerem Wind erfolgt Durchmischung!
> 3. **Hohe Luftfeuchtigkeit** in den bodennahen Schichten!

Bei Windgeschwindigkeiten über 11 Knoten ist die Bildung von Strahlungsnebel nicht mehr zu befürchten, da die Zeit für die Abkühlung der am Erdboden aufliegenden Luft zu gering wird und eine Durchmischung mit höher lagernder Warmluft erfolgt.

Besonders stark kühlen sich alle Gegenstände mit nur geringem Wärmenachschub ab (z. B. Gräser, Autodächer usw.). Dadurch wird direkt an diesen Gegenständen der Taupunkt der Luft zuerst unterschritten und Kondensation setzt ein – das Ergebnis ist Tau. Unterschreitet dann anschließend auch die Temperatur der freien Luft den Taupunkt, kondensiert der Wasserdampf zu feinen Nebeltröpfchen. Der so entstehende Strahlungsnebel wächst vom Boden her nach oben; er wird ca. eine Stunde nach Sonnenaufgang (niedrigster Temperaturstand) seine größte Dichte erreichen.

Bild 9.1 Strahlungsnebel

Ist die bodennahe Luft sehr feucht, dann wird der Nebel besonders dicht sein, da viel Feuchtigkeit (Wasserdampf) kondensieren kann. Durch die Ausstrahlung (vgl. Abschnitt 5.2 „Die Erdstrahlung und die Erwärmung der Luft") wird die Luft in Bodennähe **kälter** als die darüber lagernde wärmere Luft. Es entsteht eine **Inversion am Boden (= Bodeninversion).** Die Kaltluft fließt auf Grund ihres höheren Gewichts immer im niedrigsten Bodenniveau, sie sammelt sich daher gerne in Tälern und Mulden. Analog dazu findet man auch Strahlungsnebel dort am häufigsten.

a) Bodennebel (Shallow Fog)

Bei Vorliegen der o. g. Voraussetzungen bildet sich bei fortschreitender Abkühlung flacher Nebel, der besonders über feuchten Wiesen und Moorlandschaften zu finden ist. Manchmal reicht hier schon eine geringe Abkühlung aus, um die bodennahen, sehr feuchten Luftschichten zur Kondensation des in ihnen enthaltenen Wasserdampfes zu zwingen. Es entstehen **sehr flache Nebelschichten,** die von einem Beobachter mit normaler Körpergröße überblickt werden können (< 2 m Mächtigkeit).

Auf Flugplätzen liegen dann alle bodennahen Einrichtungen (wie Rollweg- und Startbahnbefeuerung) in der dünnen Nebelschicht und sind vom anfliegenden Flugzeug gut sichtbar, vom rollenden Flugzeug dagegen nur sehr schwer auszumachen.

Höhere Gebäude (Kontrollturm des Flugplatzes) ragen häufig aus der Nebeldecke heraus und die Horizontalsicht liegt aus dieser erhöhten Position bei über 1 000 m.

b) Nebel (Fog)

Zur Definition des Nebels gehört eine Sichtweite am Boden von weniger als 1 000 m. Das heißt, dass aus dem Bodennebel Nebel wird, sobald er eine Höhe erreicht, die größer als die Augenhöhe des Beobachters ist (> 2 m). Er bildet sich, wenn die Abkühlung und damit der Kondensationsprozess weiter nach oben fortschreitet. Bei starker Taubildung muss auch noch nach Sonnenaufgang mit Nebelbildung gerechnet werden. Bei einer Schichtdicke von wenigen hundert Fuß ist der Himmel (Mond und Sterne) vom Boden aus noch sichtbar (Nebel mit Himmelssicht). Wird der Nebel jedoch mächtiger als ca. 400 ft, verdeckt der Nebel den Himmel, d. h. er wird zum Nebel ohne Himmelssicht. Nun wird an Stelle einer Wolkenuntergrenze die Vertikalsicht ermittelt.

c) Nebelauflösung

Wenn nach aufgehender Sonne die Bodentemperatur wieder zunimmt, löst sich der Nebel langsam von unten auf.

Verliert der Nebel den Kontakt zum Erdboden, wird er vorübergehend zur Wolke – zum Stratus (Hochnebel). Bei weiter fortschreitender Erwärmung löst sich auch diese Wolke langsam auf. Wenn die Erwärmung nicht ausreicht (Winter) kann der Hochnebel auch ganztägig bestehen bleiben.

Nebel kann sich auch auflösen, wenn der Wind zunimmt und durch Turbulenz zu einer Vermischung der Nebelluft mit darüber liegender, etwas trockenerer Luft führt. Der Nebel löst sich dadurch am Boden auf, er wird aber in die Höhe transportiert und bleibt dort als Hochnebel mit sehr niedriger Untergrenze bestehen (siehe auch d).

d) Hochnebel (Low Stratus)

Für Hochnebel gibt es eine weitere Entstehungsursache: wird **feuchte Luft** durch mäßige Winde über durch Ausstrahlung abgekühlten Boden **herangeführt**, so reicht meistens die Zeit dafür nicht aus, dass die absinkende Lufttemperatur den Taupunkt direkt am kalten Erdboden erreicht. Die vom Wind verursachte Turbulenz hebt diese bis fast zum Taupunkt abgekühlte Luft nun an und zwingt sie in geringer Höhe zur Kondensation. Auch dadurch bildet sich Stratus, der wegen der auslösenden Ursache auch **Turbulenzstratus** genannt wird.

9.2 Advektionsnebel (Advection Fog)

Zur Bildung von so genanntem Advektionsnebel müssen größere **horizontale Luftbewegungen** im Spiel sein. Er entsteht dann, wenn **warme und feuchte Luft** über kalten Untergrund (Land oder Wasser) geführt wird. Dabei kühlen die unteren Luftschichten ab und die darin enthaltene Feuchtigkeit gelangt zur Kondensation.

Für die Bildung von Advektionsnebel gibt es in der Natur zwei sehr anschauliche Beispiele, nämlich den Küstennebel und den Seenebel.

a) Küstennebel (Coastal Fog)

Diese Art von Advektionsnebel bildet sich vor allem in den **Frühjahrsmonaten,** wenn die Wasserflächen noch recht kühl sind und Luftmassen vom schon erwärmten Land mit entsprechender Feuchtigkeit auf das Wasser abfließen. Auf dem offenen Meer bildet sich dann Nebel! Die warme, feuchte Festlandluft wird über das kalte Wasser geführt und kühlt in der unteren Schicht bis zum Taupunkt ab.

Im Herbst kommt es an den Küsten oft auch zum umgekehrten Vorgang. Jetzt fließt feuchte und warme Luft vom noch warmen Meer zum schon abgekühlten Festland. Gelangt eine solche vom Meer kommende feuchtwarme Luftmasse über das kühle Festland, so bildet sich ebenfalls Nebel, der sich von der Küste ins Landesinnere (dem Wind entsprechend) ausbreitet. Er ist auch unter dem Namen **Maritimnebel** bekannt.

Bild 9.2   Küstennebel

Diese Art der Nebelbildung ist besonders für Flugplätze, die in der Nähe von Küsten liegen, sehr gefährlich, da er sehr plötzlich auftreten kann.

b) Seenebel (Sea Fog)

Uns ist bekannt, dass die Meere kalte und warme Strömungen aufweisen. Der warme Golfstrom und der kalte Labradorstrom sind markante Beispiele für solche Meeresströmungen im Atlantik.

9 Nebelbildung, Sicht und Dunst

Auch hier kann es zu starker Nebelbildung auf offener See durch Abkühlung feuchtwarmer Luftmassen aus südlichen Breiten (Golfstrom-Einfluss) über dem kalten Wasser des Labradorstroms kommen. Alle erfahrenen Seeleute kennen den wegen seiner Dichte berüchtigten **Neufundlandnebel** vor den Küsten Nordamerikas. Weil er ein gutes Beispiel für die Bildung von Seenebel ist, wollen wir kurz seine Entstehung betrachten:

Feuchtwarme Luft aus südlichen Breiten wird nach Norden geführt. Über dem warmen Golfstrom nimmt diese Luft zusätzliche Feuchte auf und wird bei weiterem Vorstoßen nach Norden über den sehr kalten Labradorstrom geführt. Jetzt kühlt die untere Schicht schnell bis zum Taupunkt ab und es kommt auf diese Weise zu einer starken, hochreichenden Nebelbildung auf dem offenen Meer vor den Küsten Neufundlands; der Nebel hält so lange an, bis die südliche Luftströmung nachlässt.

9.3 Mischungsnebel (Mixing Fog)

Treffen zwei **verschieden temperierte Luftmassen** aufeinander, so vermischen sie sich entweder horizontal oder vertikal. Ist die warme Luftmasse sehr feucht, zeigt aber noch keine Kondensations- oder Sättigungserscheinungen, dann kann – durch Mischung mit der kalten Luft – eine Temperatur entstehen (mittlere Temperatur), die zur Sättigung führt. Es bildet sich **Mischungsnebel**. Dieser Nebel entsteht unabhängig von der Temperatur des Untergrunds.

9.4 Verdunstungsnebel

Bedingt durch die Ausstrahlungserscheinungen in längeren Herbstnächten, ist das Wasser unserer Flüsse und Seen im Herbst noch wärmer als das stärker abgekühlte umgebende Land. Die gegenüber dem Land höhere Wassertemperatur bewirkt eine intensivere Verdunstung über dem Wasser. Leichte Luftströmungen von Landflächen zum Wasser hin, die in den unteren Schichten schon eine Abkühlung durch Ausstrahlung durchgemacht haben (Bodeninversion), können die von der Wasseroberfläche verdunstende Feuchtigkeit nicht mehr aufnehmen, da sie schon fast gesättigt waren. Über dem Wasser tritt daher Kondensation mit Nebelbildung ein. Verweilt die zur Kondensation gezwungene Luft längere Zeit über dem wärmeren Wasser, so wird sie langsam von unten her erwärmt und der Verdunstungsnebel löst sich auf, weil der Sättigungswert unterschritten wird. Wir erinnern uns: Wärmere Luft kann mehr Feuchtigkeit aufnehmen!

9.5 Grundlegende Betrachtungen über Nebel, Sicht und Dunst

Der Meteorologe spricht immer dann von Nebel, wenn die Sicht schlechter als 1 000 m ist, obwohl wir im landläufigen Sinne erst bei Sichten unter ca. 200 m davon ausgehen, dass Nebel herrscht.

Als Flieger sollten wir uns auch an den Wert des Meteorologen gewöhnen, denn Sichten unter 1 000 m bedeuten für den Flugzeugführer, der nach Sichtflugregeln fliegt, dass er kaum noch etwas sehen kann. Man hat daher die **Sicht-Minima** entsprechend festgesetzt. **Die Mindestflugsicht im unkontrollierten Luftraum bei Flügen nach Sichtflugregeln muss mindestes 1 500 m betragen!**

Ist nun die Sicht gleich oder besser als 1 000 m, jedoch kleiner als 8 000 m, so spricht man von **Dunst**. Dunst bildet sich im Allgemeinen immer dort, wo nur geringe Vertikalbewegungen mit wenig Durchmischung auftreten. Aufsteigende Luftströmungen transportieren nämlich die trübenden Elemente nach oben und führen dadurch zu Sichtbesserung. „Durchmischungshemmer" sind geringe Windgeschwindigkeiten und niedrige kräftige Inversionen. Beides tritt häufig in Hochdruckgebieten auf, sodass Hochs sehr dunstanfällig sind.

Einige grundsätzliche Bemerkungen zur Sicht:

Sichtminderungen treten durch eine mehr oder minder starke Verunreinigung der Luft auf. Von **trockenem Dunst (haze)** spricht man, wenn die Luft durch schwebende Partikel, wie Staub, Verbrennungsrückstände usw., so stark getrübt ist, dass die Sicht schlechter als 8 000 m ist, die relative Feuchte aber unter 80 % liegt.

Die meisten **Sichtminderungen** treten jedoch durch **einen hohen Wasserdampfgehalt** in der Luft auf. Ist hierbei die Sicht schlechter als 8 000 m und die relative Feuchtigkeit beträgt 80 % oder mehr, so handelt es sich um **feuchten Dunst (mist)**.

> **Merke:** 1. Liegt die relative Luftfeuchtigkeit bei schlechter Sicht (< 8 km) unter 80 %, so handelt es sich um **trockenen Dunst (haze)**.
> 2. Ist die relative Luftfeuchtigkeit 80 % oder höher, spricht man von **feuchtem Dunst (mist)**.
> 3. **Nebel** herrscht bei Sichtweiten **unter 1 000 m**!

(Für alle diese Sichteinschränkungen gilt, dass kein Niederschlag fällt).

Abweichend von der o. g. Sichtgrenze 8 000 m werden die Wettererscheinungen trockener und feuchter Dunst in METAR und TAF jedoch nur bei Sichtweiten ≤ 5 000 m verschlüsselt (vgl. Abschnitt 18.1 „METAR/TAF").

9.6 Sichtbegriffe im Flugbetrieb

Zum Abschluss dieses Kapitels wollen wir uns – was liegt bei der Behandlung des Nebels näher? – noch mit einigen wichtigen Begriffsbestimmungen, die die Sicht in der Fliegerei betreffen, vertraut machen:

a) **Bodensicht/Meteorologische Sicht (ground visibility)** ist die Sichtweite, die von einer amtlich beauftragten Person festgestellt wird. Es handelt sich um die größte Entfernung, bei der am Tage Gegenstände mit bloßem Auge klar erkennbar sind. Sie wird im Allgemeinen geschätzt. Hierbei werden Sichtweiten unter 5 000 m in Meter, Sichtweiten darüber in Kilometer angegeben.

b) **Pistensicht (RVR – runway visual range)** für Flüge nach Instrumentenregeln ist eine speziell für IFR-Flüge gemeldete Sicht auf der Landebahn, die auf allen Flughäfen ständig gemessen und bei Bodensichten oder Pistensichten unter 1 500 m durch so genannte **Transmissometer** verbreitet wird. Diese Messungen sind für den Allwetterflugbetrieb nach Betriebsstufen unbedingt erforderlich!

c) **Flugsicht/Horizontalsicht (flight visibility)** ist die Sicht in Verlängerung der Längsachse eines Flugzeugs aus dem Führerraum des Luftfahrzeugs. Bei etwas dunstigen Bedingungen können sehr unterschiedliche Flugsichten auftreten. Blickt man z. B. bei tief stehender Sonne in Richtung Sonne, wird die Sicht durch Streuung stark herabgesetzt, sieht man zur gleichen Zeit in die entgegengesetzte Richtung, ist die Sicht mit der Sonne im Rücken erheblich besser.

d) **Erdsicht (Schrägsicht) während des Fluges (visual reference to the ground)** ist die Sicht vom Luftfahrzeug aus zur Erdoberfläche. Sie ist für die terrestrische Navigation (Sichtnavigation oder Franzen) wichtig.

e) **Vertikalsicht (vertical visibility)** ist eine alternative Angabe für die Wolkenuntergrenze, wenn deren Angabe nicht möglich ist. Bei Nebel oder starkem Schneefall kann keine Untergrenze festgestellt werden. Man kann aber unterschiedlich weit vertikal nach oben in den Nebel hineinsehen. Diese Sicht wird per Beobachtung oder instrumentell ermittelt und als Vertikalsicht an Stelle der Bewölkung verbreitet. In der Luftfahrt wird als Vertikalsicht auch die Sicht aus dem Flugzeug senkrecht nach unten bezeichnet.

10 Niederschlagsarten in der freien Atmosphäre und am Erdboden

Alle sichtbaren Erscheinungsformen des normalerweise unsichtbaren Wasserdampfes am Erdboden und in der Luft, die durch Kondensation oder Sublimation entstehen, nennt der Meteorologe **Hydrometeore**. Im allgemeinen Sprachgebrauch verwenden wir diesen Ausdruck nicht, sondern wir sprechen von **Niederschlägen**.

Erinnern wir uns doch noch einmal kurz an die schon besprochenen Möglichkeiten zur Bildung von Kondensationsprodukten (Sublimationsprodukten):

1. Die **Lufttemperatur** muss **unter den Taupunkt** oder Reifpunkt (Sublimationspunkt) abgekühlt werden!
2. Es tritt **Feuchtigkeitssättigung** mit **Kondensation** oder Sublimation ein!
3. **Kondensation** ist die **Umwandlung des Wassers** vom gasförmigen in den flüssigen, sichtbaren Zustand!
4. **Sublimation** ist **der direkte Übergang des Wassers** vom gasförmigen in den festen oder vom festen in den gasförmigen Zustand!

Man unterscheidet nun die Niederschlagsarten nach ihrem **Auftreten (wo)** und ihrer **Erscheinungsform (wie)**.

10.1 Niederschläge am Erdboden

1. **Tau (dew)** bildet sich vor allem nachts bei starker Ausstrahlung (Abkühlung) des Erdbodens an Gegenständen, die stärker abkühlen als der Boden selbst. Der Wasserdampf der Luft kondensiert an Gräsern, Moos, Autos usw. und schlägt sich an diesen Gegenständen als Tau nieder.
2. **Reif (hoar frost)** hat die gleiche Entstehungsursache wie Tau. Bei der Bildung von Reif liegt die Lufttemperatur unter dem Gefrierpunkt und die Gegenstände, an denen sich Reif niederschlägt, müssen bis zum Reifpunkt (Sublimationspunkt) der Luft abkühlen. Der aus der Luft infolge Sättigung austretende Wasserdampf geht direkt in Reif (Eis) über und setzt sich an allen Gegenständen fest.

Merke: Alle Reifbeläge vor dem Start vom Flugzeug entfernen, besonders von den Tragflächen!
Vgl. Band 1, Technik I, Abschnitt B „Aerodynamik und Fluglehre".

10.2 Niederschläge (Hydrometeore) in der freien Atmosphäre

Die Kondensation innerhalb der Troposphäre ist zwar physikalisch einfach zu erklären, jedoch treten dabei immer Probleme auf, die wir einmal etwas näher beleuchten wollen.

Damit Kondensation in der freien Atmosphäre überhaupt möglich wird, müssen bestimmte Voraussetzungen gegeben sein:

a) Die Luft muss mit Feuchtigkeit gesättigt sein.

b) Es müssen Kondensationskerne in der Luft vorhanden sein.

Die Kondensationskerne müssen die freiwerdende Kondensationswärme aufnehmen, damit die sehr kleinen Wassertröpfchen, die sich nun an ihnen bilden, nicht sofort wieder verdampfen.

Bei dem Nebeneinander von Eiskristallen und unterkühlten Tröpfchen in einer Mischwolke (vgl. Kapitel 8 „Wolkenarten [Einteilung der Wolken]") spielt der **Dampfdruck** – also der Teildruck des Wasserdampfes am Gesamtdruck der Atmosphäre – eine wichtige Rolle. **Über Wasser ist dieser Dampfdruck größer als über Eis**. Deshalb müssen flüssige Wolkenelemente immer zugunsten von festen (also eisförmigen) verdunsten, denn die relative Luftfeuchte über Wasser liegt in diesem Falle etwas unter dem Sättigungswert (höherer Dampfdruck), während über Eis – infolge des niedrigeren Dampfdrucks – eine Übersättigung eintritt. Die Wassertröpfchen verdunsten und der Wasserdampf sublimiert direkt an den eisförmigen Wolkenelementen (Eiskristallen) und lagert sich an ihnen an. So wachsen die Eiskristalle immer mehr an, erst zu Schneesternen, dann zu Schneeflocken. Sie werden schwerer und fallen (wenn sie nicht mehr in der Schwebe gehalten werden können) zur Erde. Unterhalb der Nullgradgrenze schmelzen sie zu großen Regentropfen, die besonders bei **Ns** und **Cb** (die ja im oberen Teil aus Eis bestehen) ergiebige Niederschläge verursachen können.

Eine andere Art der Niederschlagsbildung (leichter Regen oder Sprühregen) ist der **Zusammenfluss mehrerer Wassertröpfchen zu einem größeren Tröpfchen**. Gäbe es diese Möglichkeit nicht, so könnte Regen ja nur aus Wolken fallen, deren Temperatur unter dem Gefrierpunkt liegt (Ns und Cb in größeren Höhen). Diese zweite, relativ seltene Art der Regentropfenbildung geht so vor sich:

1. Wenige größere Wassertröpfchen fallen durch die Wolke, weil sie nicht mehr in der Schwebe gehalten werden können.
2. Sie kommen dabei mit schwebenden Wolkenelementen (feinste Tröpfchen) in Berührung und vereinigen sich mit ihnen.
3. Die dabei auftretende laufende Vergrößerung führt zur Bildung eines Regentropfens, der bis zur Erde fällt.

Wie wir noch aus vorhergehenden Kapiteln wissen, bilden sich bei Kondensation winzige Wolkenelemente, die einen Durchmesser von ca. 0,005 mm haben. In Stratus-Wolken (St) sind ungefähr 30 und in Cumuluswolken (Cu) bis zu 300 dieser Elemente (feinste Tröpfchen) in einem Kubikzentimeter enthalten. **Die Sichtweite in den Wolken kann daher sehr verschieden sein.** Sie kann bis auf einige Meter zurück gehen. Die Sinkgeschwindigkeit der Wolkenelemente ist sehr klein, sodass sie schon von schwachen Aufwinden in der Schwebe gehalten werden.

Es folgt die nähere Beschreibung der unterschiedlichen **Niederschlagsformen:**

1. **Sprühregen (drizzle)** entsteht durch Vereinigung (Zusammenfluss) vieler Wolkenelemente zu kleinen Tröpfchen (Durchmesser ca. 0,05 mm). Die Aufwinde sind nicht mehr ausreichend, um diese Tröpfchen in der Schwebe zu halten. Sie fallen recht langsam (wenige cm/s) als Sprühregen (Abk.: Dz-drizzle) zur Erde. Diese Niederschlagsart fällt nur aus stärkeren Stratus-Decken (St).

2. **Regen (rain)** entsteht in Mischwolken, die aus Eiskristallen und flüssigen Wolkenelementen bestehen (besonders Ns/Cb). In solchen Wolken gibt es immer eine Übergangszone oberhalb von −10 °C, in der Eisteilchen und die feinen flüssigen Wolkentröpfchen zusammen auftreten. Wie schon erwähnt, geht hier folgender Prozess vor sich:

    a) Der Dampfdruck über Wasser (Wolkenelemente) ist größer als der über Eis (Eiskristalle).

    b) Die Wassertröpfchen verdunsten auf Kosten der Eisteilchen und das verdunstende Wasser sublimiert an den Eisteilchen in Form von kleinen Eisspießen. So entsteht ein Schneesternchen, das sich mit anderen zu einer Schneeflocke verbindet, die aus der Wolke herausfällt.

    c) In wärmeren Schichten (über 0 °C) schmilzt die Schneeflocke und fällt als Regentropfen zur Erde. Regentropfen, die auf diese Weise entstanden sind, können maximal einen Durchmesser von 5 mm erreichen und fallen mit ca. 8 m/s zur Erde.

3. **Gefrierender** (unterkühlter) **Regen (freezing rain)** kommt immer dann vor, wenn über dem Erdboden eine Kaltluftschicht unter 0 °C lagert und der Regen sich beim Fallen durch diese kalte Luftschicht unter den Gefrierpunkt abkühlt, ohne dabei selbst zu gefrieren. Der gefrorene Erdboden oder Gegenstände (z. B. Flugzeuge) werden jedoch beim Auftreffen des unterkühlten Regens sofort mit einer sehr fest haftenden Eisschicht (Glatteis oder clear ice) überzogen. Im allgemeinen Sprachgebrauch wird auch der Begriff **Eisregen** verwendet.

> **Achtung:** Flüge bei solchen Wetterbedingungen in der erwähnten **Kaltluftschicht vermeiden!** Das gesamte Flugzeug **vereist sofort**. Neben der fehlenden Sicht durch die vereiste Windschutzscheibe wird das Flugzeug durch den Eisansatz immer schwerer, die Ruder können blockieren und die aerodynamischen Bedingungen (Auftrieb/Widerstand) verschlechtern sich so schnell, dass ein Weiterflug schon nach wenigen Minuten nicht mehr möglich ist und das Flugzeug abstürzen kann!

4. **Eisnadeln (Polarschnee)** bilden sich oft dann, wenn bei sehr tiefen Temperaturen genügend Sublimationskerne vorhanden sind, die hier den gleichen Zweck wie die Kondensationskerne bei der Kondensation erfüllen. Tritt bei solchen Bedingungen Sättigung ein, die ja über Eis infolge des geringeren Dampfdrucks schneller erreicht wird, so wird Wasserdampf sofort in Eis (fester Zustand) umgewandelt (Sublimation).

    Dabei bilden sich an den Sublimationskernen feine Eisnadeln, die kaum mit dem Auge wahrzunehmen sind. Dieser Niederschlag bildet sich nur bei Temperaturen unter −25 °C und beschränkt sich daher in Europa vorwiegend auf die nordskandinavischen Regionen. Die feinen Eisnadeln fallen wie Flimmer aus dem blauen Himmel heraus.

5. **Schneegriesel (grains)** bildet sich durch Vergraupelung an kleinen Eiskristallen oder Vereinigung unterkühlter Wolkentröpfchen, die bei der Berührung miteinander sofort gefrieren (Erschütterung). Schneegriesel besteht aus kleinen undurchsichtigen Körnern weißer Farbe, die kleiner als 1 mm sind.

6. **Schnee (snow)** fällt immer dann, wenn sich in einer Mischwolke einzelne Schneesterne mit anderen zu einer Schneeflocke „verhaken". Sind die Luftschichten, durch die sie fallen, nicht wärmer als 0 °C, so kommen sie auch am Erdboden als Schnee an (vgl. hierzu auch Ziffer 2. Regen).

7. **Eiskörner (ice pellets)** entstehen, wenn die Kaltluftschicht, in der sich der unterkühlte Regen bildet, mehrere Tausend Fuß mächtig ist. Dann können die unterkühlten Tropfen auch ohne Aufprall noch in der Luft zu kleinen Eiskügelchen gefrieren. Diese Niederschlagsart darf nicht mit Hagel verwechselt werden, da die Entstehung ganz anders ist. Eiskörner sind häufig die Vorstufe von gefrierendem Regen.

10 Niederschlagsarten in der freien Atmosphäre und am Erdboden

8. **Graupel (soft hail)** bildet sich nur in Cumulonimbus (Cb), der ja, wie wir schon wissen, starke vertikale Luftströmungen aufweist. Auch hier gibt es in größeren Höhen eine so genannte Übergangs- oder Mischzone, in der Eisteilchen und flüssige Wolkenelemente zusammen auftreten. Durch die tiefen Temperaturen und den hohen Wassergehalt bedingt, frieren unterkühlte kleine flüssige Wolkenelemente, sofort nachdem sie die Eisteilchen berühren, an ihnen fest. Auf diese Art bilden sich weißliche, sehr unregelmäßig geformte Körner (Graupel), deren Durchmesser zwischen 1 und 5 mm liegt. Auch wenn die Entstehung des Graupels der des Hagels entspricht, entsteht Graupel vorwiegend im Winter, wenn die Aufwinde in den Cb nicht für die Bildung von größeren Hagelkörnern ausreichen.

Fallen die Graupelkörner in den Abwinden der Cb-Wolke unter die Nullgradgrenze (freezing level), so schmelzen sie zu größeren Regentropfen. Aus dem Cb fällt dann ein kurzer, heftiger und großtropfiger Regenschauer.

Sollte die Nullgradgrenze jedoch in Bodennähe oder direkt am Boden liegen, dann haben wir mit kurzen, heftigen Graupelschauern zu rechnen! Graupelschauer können bei Bodentemperaturen bis zu 5 °C auftreten, da die Fallzeit durch die wärmere Luft (über 0 °C) nicht ausreicht, um den Graupel zu schmelzen.

9. **Hagel (hail)** bildet sich ebenfalls in Cb-Wolken. Viele Graupelkörner gelangen im unterkühlten Wasserbereich des Cb in starke Aufwindströmungen und werden nach oben transportiert. Die in den unteren Schichten größeren flüssigen Wolkenelemente lagern sich an den Graupelkörnern an, wodurch sie ständig anwachsen.

Beim Anfrieren der flüssigen Wolkenelemente an die Graupelkörner wird so genannte **Gefrierwärme** frei, die einen kleinen Teil des Eises zu Wasser schmelzen lässt, das das Graupelkorn umfließt. So bekommen die Körner einen glasartigen, durchsichtigen Überzug. Hagel kommt vorwiegend im Sommer vor, wenn die Aufwindgeschwindigkeiten innerhalb eines Cb höher sind, als im Winter.

Im oberen Teil der Wolke können die zunächst noch kleinen Hagelkörner nicht mehr vom Aufwind getragen werden und fallen nach unten, dabei lagern sich wieder neue unterkühlte flüssige Wolkentröpfchen an. Da die Aufwinde unten wieder zunehmen, werden die inzwischen größer gewordenen Hagelkörner wieder nach oben transportiert. Je länger solche so entstandenen Hagelkörner durch entsprechende Aufwinde im Cb gehalten werden können, umso größer werden sie. Wird schließlich ein Gewicht überschritten, bei dem auch die extrem starken Aufwinde nicht mehr ausreichen, um das Hagelkorn weiter empor zu heben oder es in der Schwebe zu halten, so fällt es nach unten. Hagelschauer, in denen einzelne Körner im Extremfall bis zu 10 cm Durchmesser haben können, sind die Folge einer solchen Entwicklung innerhalb von Cumulonimbus-Wolken (Cb).

10.3 Niederschlagsarten

Niederschläge entstehen immer durch längere Kondensationsperioden. Dabei bilden sich in der Atmosphäre zwei Grundformen von Wolken, nämlich stratiforme und cumuliforme Wolken. Bei Niederschlägen spielen besonders die Arten

- **Nimbostratus (Ns)** aus der **Schichtwolken-Familie (stratiforme Wolken)** und
- **Cumulonimbus (Cb)** aus der **Quellwolken-Familie (konvektive Wolken)**

eine große Rolle. Beide Wolkenarten sind mit bestimmten Niederschlagsarten verbunden:

a) Dauerniederschläge (Landregen)

Dauerniederschläge (Landregen) treten häufig auf, wenn großräumig stabile Warmluft über vorgelagerte Kaltluft aufgleitet (Warmfront) und sich dadurch eine mächtige Schichtwolkendecke (Ns) bildet (vgl. Kapitel 12 „Luftmassen und Fronten"). Der so entstandene Nimbostratus hat oft eine vertikale Ausdehnung von mehr als 20 000 ft (6 000 m) und verursacht lang anhaltende, ergiebige Niederschläge (siehe Bild 10.1). Die Aufwindgeschwindigkeiten bewegen sich in der Größenordnung cm/s.

Im Sommer, bei hoch liegender Nullgradgrenze (freezing level) fällt ausschließlich **Regen** aus solchen Wolken (geschmolzener Schnee).

Im Winter ist bei entsprechend tiefer oder am Boden liegender Nullgradgrenze vorwiegend mit Schneefällen, unterkühltem Regen oder Eiskörnern zu rechnen.

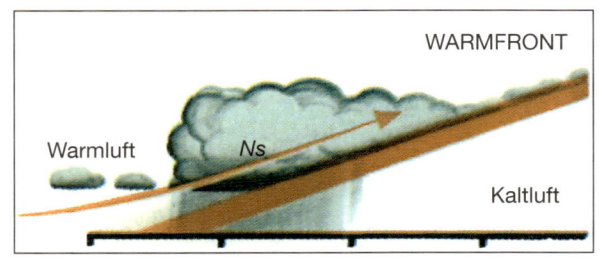

Bild 10.1 Dauerniederschläge an Warmfronten (Landregen)

b) Schauerniederschläge

Bei hochreichender labiler Luftschichtung bilden sich in Verbindung mit Thermik einzelne Cb. Solche Cb können auch bei Einbrechen von Kaltluft unter vorgelagerte Warmluft auftreten (vgl. Kapitel 12 „Luftmassen und Fronten"). Es entsteht dann entlang der Frontlinie ein mächtiges Quellwolkensystem, das starke Schauerniederschläge verursachen kann. Es handelt sich bei feuchtlabiler Luft meist um hochreichende Cb, deren starke, vertikale Luftströmungen in der Größenordnung m/s (d. h. hundertmal so stark wie bei Niederschlag aus Schichtwolken) große Wassermassen von der Basis bis in große Höhen transportieren.

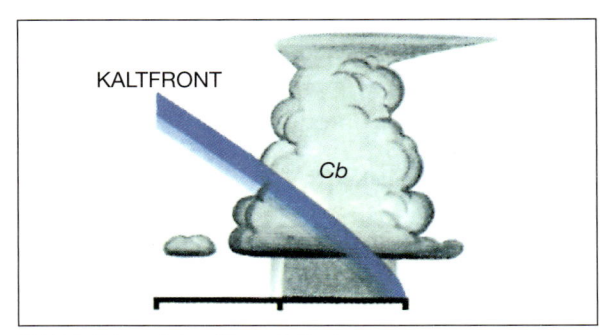

Bild 10.2 Schauerniederschläge an Kaltfronten

In der Mischzone (flüssige Wolkenelemente und Eisteilchen) bilden sich durch Anfrieren der flüssigen Wolkenelemente (feinste Tröpfchen) an die Eisteilchen Graupel oder Hagelkörner, die nach dem Fallen durch die Nullgradgrenze (freezing level) zu Regentropfen schmelzen und als **heftige Regenschauer** den Erdboden erreichen (Sommer). Manchmal treten im Sommer auch Hagelschauer auf, weil die Zeit nach dem Passieren der Nullgradgrenze nicht ausreicht, um die Hagelkörner völlig zu schmelzen. Deshalb haben wir bei solchen Wetterlagen **(Kaltfront)** auch im Sommer – bei relativ hohen Temperaturen – mit **Hagelschauern am Erdboden** zu rechnen! Mit stärkeren Schauern sind am Boden durch die nach unten mitgerissene Luft **Böen** verbunden. Schauer, die auf einen Flugplatz zu ziehen, kann man häufig schon von weitem an den so genannten **Fallstreifen** erkennen.

Im Winter hingegen erreichen Cb-Wolken nur geringere Obergrenzen (ca. 1/3 der Sommerhöhe). Die vertikalen Luftströmungen innerhalb der Wolken sind sehr viel schwächer als im Sommer und es kommt bei tief liegender Nullgradgrenze (freezing level) nur zu Graupelschauern oder zu **Schneeschauern**.

Vor allem im Sommer bei starker Sonneneinstrahlung und feuchtlabiler Luft entstehen örtlich mächtige Quellwolken (Cb), die oft bis zur Tropopause, also in unseren Breiten bis ca. 36 000 ft (11 000 m) Höhe, vorstoßen. Ist die Konvektion (vertikale Hebung feuchtlabiler Luft) besonders stark ausgeprägt, so bilden sich örtliche **Gewitterherde** (Wärmegewitter) mit starken Schauern. Schauer in Verbindung mit Wärmegewittern sind fast immer sehr intensiv aber meist nur von kurzer Dauer, da die einzelnen Cb weiterziehen. Sie fallen in Form von großtropfigem Regen, Hagel oder Graupel zur Erde.

Schauerniederschläge treten im Gegensatz zu Flächenniederschlägen isoliert auf und sind daher häufig umfliegbar. Wegen der Turbulenz, die immer unterhalb und an den Randgebieten von Schauern auftreten, ist aber beim Umfliegen ein Sicherheitsabstand von mehreren Kilometern einzuhalten.

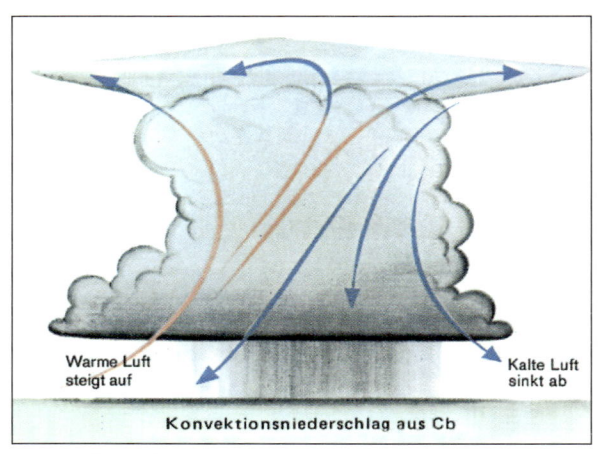

Bild 10.3 Örtliche Schauerniederschläge (Konvektionsniederschläge)

c) Orographische Niederschläge (durch Hebung an Hindernissen)

Häufig zwingen Winde feuchte Luftmassen dazu, an Gebirgen oder gebirgigen Küsten aufzusteigen. Sie kühlen sich dann bis zum Taupunkt (Sättigung mit Feuchtigkeit) ab und es bilden sich an der dem Wind zugewandten Seite (Luv) Wolken (Staubewölkung). Bei fortgesetzter Hebung der Luft fallen auf der Luvseite mehr oder minder starke so genannte **orographische Niederschläge** (Stauniederschläge) zum Erdboden. Die Luvseite des Gebirges ist durch Wolken und Niederschläge vollständig eingehüllt. Auf der dem Wind abgewandten Seite (Lee) des Gebirges sinkt die Luft ab, wird dabei erwärmt und trocknet aus. Die Niederschläge lassen nach und die Wolken lösen sich auf. Die Leeseite wird deshalb auch **Regenschatten** des Gebirges genannt.

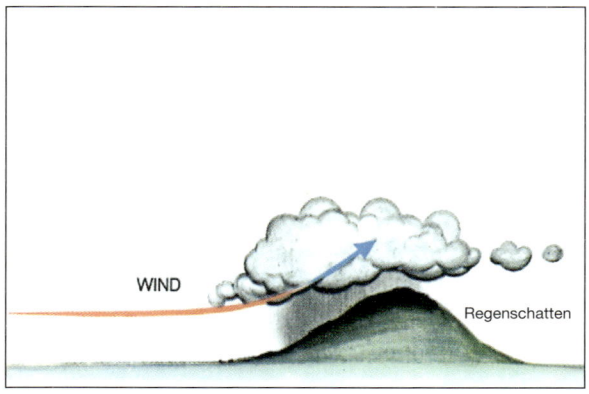

Bild 10.4 Orographische Niederschläge durch Hebung an Hindernissen

10 Niederschlagsarten in der freien Atmosphäre und am Erdboden

Solche orographischen Niederschläge treten häufig an den Westküsten der USA (Rocky Mountains), Norwegens und der Britischen Inseln auf. Auch die Alpen sind oft Schauplatz solcher Niederschläge: bei Nordwinden (Stau auf der Nordseite und Nordföhn im Lee) und bei Südwinden (Stau auf der Südseite und Südföhn im Lee).

Zusammenfassende Übersicht der fallenden Niederschläge:

Jahreszeit	Stratus (St)	Altostratus (As) Nimbostratus (Ns)	Cumulus (Cu) Cumulonimbus (Cb)
Sommer	Sprühregen	Regen	Regenschauer Hagelschauer (nur Cb)
Winter	unterkühlter Sprühregen Schneegriesel	unterkühlter Regen Schnee Eiskörner	Schneeschauer (nur Cb) Graupelschauer (nur Cb)

11 Der Wind, Hoch- und Tiefdruckgebiete

Der Wind – **in Bewegung geratene Luft** – ist sowohl für den Meteorologen als auch für den Flugzeugführer ein wichtiges Wetterelement. Unsere Meteorologen benötigen genaue Winddaten für alle Höhen der Troposphäre, um den zeitlichen Ablauf von Wettererscheinungen genauer zu bestimmen und um zuverlässige Wettervorhersagen machen zu können.

Als Flieger brauchen wir diese Windwerte für:
a) die Berechnung des zu fliegenden Kurses (Luvwinkel);
b) die Berechnung der Geschwindigkeit über Grund.
Vgl. auch „Der Privatflugzeugführer, Band 4 A, Flugnavigation".

Zur Beschreibung des Windes werden immer zwei Größen benötigt:

1. Die Windgeschwindigkeit ausgedrückt in m/s, km/h oder Knoten (kt). Im größten Teil von Europa werden im Flugwetterdienst im Allgemeinen Knoten verwendet, in Osteuropa sind z. T. m/s bzw. km/h üblich. Im Segelflug wird die Einheit km/h verwendet, da die Instrumente in den Segelflugzeugen entsprechend ausgerüstet sind.
2. Die Windrichtung ausgedrückt in Grad der 360-Grad-Windrose.

Beachte: Der Wind wird immer aus der Richtung bezeichnet, aus der er weht. Beispiel: Wind aus 270° bedeutet Westwind.

11.1 Ursachen für die Entstehung des Windes

Druck- und Temperaturunterschiede verursachen zwei Arten von Luftbewegungen in der Atmosphäre, nämlich **vertikale Luftbewegungen (Auf- und Abwinde)** und **horizontale Luftströmungen,** die wir allgemein als Wind bezeichnen.

Druckunterschiede werden häufig durch Temperaturunterschiede hervorgerufen. Die auf die Erde einfallende Sonnenstrahlung erwärmt nicht alle Gebiete gleich stark. Wir erinnern uns: die Sonne muss in den polaren Gebieten eine viel größere Fläche mit der gleichen Energie versorgen als in Äquatornähe (vgl. Kapitel 5 „Der Wärmehaushalt der Atmosphäre"). Des Weiteren werden Landflächen (Kontinente) mehr erwärmt als Wasserflächen (Ozeane).

Die Flächen gleichen Luftdrucks würden bei gleicher Sonnenhöhe oder gleicher Bodenbeschaffenheit parallel zur Erdoberfläche verlaufen. Durch Erwärmung der Luft von der Erde aus erweitern oder vergrößern sie ihren Abstand voneinander. Da aber die Erdoberfläche nicht gleichmäßig erwärmt wird, entsteht zwischen Gebieten mit starker Erwärmung und kühleren Gebieten ein Druckgefälle, das heißt, die Druckflächen neigen sich zum kühleren Gebiet hin (sie liegen dort dichter beieinander). Ein so entstandenes Druckgefälle, das in einer bestimmten Höhe am meisten ausgeprägt ist, bewirkt eine Luftbewegung (Wind) in der Höhe **vom hohen zum tiefen Druck** hin. Dort, wo die Luft in der Höhe zum tieferen Druck abfließt, sinkt am Boden der Luftdruck (Luftabtransport), während er in dem Gebiet, wo die Luft hinströmt (Luftzufuhr), am Boden ansteigt. Dadurch entsteht in Bodennähe ein umgekehrtes Druckgefälle mit einer Luftströmung vom hohen zum tiefen Druck oder vom kälteren zum wärmeren Gebiet (vgl. Abschnitt 11.7.1 „Thermische Lokalwinde", a) Land- und Seewind).

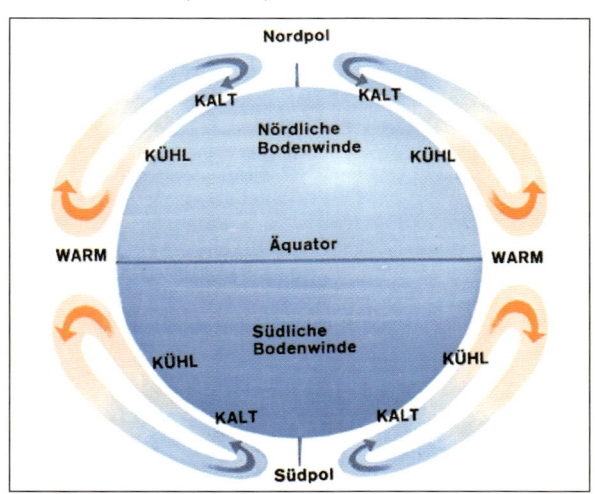

Bild 11.1 Luftzirkulation auf stillstehender Erde

Aufsteigende Luft über warmen Gebieten und absinkende Luft über kalten Gebieten (vertikale Luftströmungen) stellen eine Verbindung zu den horizontalen Strömungen in der Höhe und am Boden her.

Würde unsere Erde stillstehen und eine glatte Oberfläche haben, so hätten wir eine sehr einfache Luftzirkulation. Die großen Temperaturunterschiede zwischen den heißen äquatorialen Gebieten und den sehr kalten Polargebieten würden zu einem Zirkulationssystem führen, wie wir es eben besprochen haben (siehe Bild 11.1).

11.2 Die allgemeine Zirkulation

Unter „Allgemeiner Zirkulation" versteht man die Gesamtheit der in der Atmosphäre auftretenden horizontalen und vertikalen großräumigen Strömungssysteme. Die Atmosphäre tendiert dazu, über der gesamten Erde eine gleichmäßige Luftdruckverteilung zu erhalten. Wird dieses Druckgleichgewicht gestört, so beginnt die Luft sofort, von Gebieten mit höherem Druck zu Gebieten mit tieferem Druck zu strömen. Am Äquator wird die Erde stärker erwärmt als in den nördlichen und südlichen Regionen. Deshalb steigen dort ständig erwärmte Luftmassen auf und es entsteht eine Zone tiefen Luftdrucks am

Boden. Kühlere, schwerere Luft aus dem Norden und Süden dringt am Boden in diese Zone tiefen Luftdrucks am Äquator vor, um den Luftdruck wieder auszugleichen. Die kühlere Luft aus nördlichen und südlichen Breiten wird auf ihrem Weg zum Äquator natürlich erwärmt und steigt dort sofort wieder auf. Aufgrund der starken Erwärmung haben die Druckflächen am Äquator in der Höhe einen sehr viel größeren Abstand als über den kalten Polgebieten. Man könnte auch sagen, in der Höhe besteht über dem Äquator höherer Luftdruck als über den Polgebieten. Es besteht also ein **Druckgefälle**, das in der Höhe vom Äquator aus auf beiden Halbkugeln der Erde **polwärts** gerichtet ist. Die aufgestiegene Luft in den äquatorialen Breiten setzt sich deshalb dem Druckgefälle folgend in der Höhe nach Norden in Bewegung, sinkt in den Polgebieten wieder ab und macht sich am Boden wieder auf den Weg zum Äquator. Der Kreislauf ist geschlossen!

Da sich unsere Erde dreht, trifft dieses theoretische Zirkulationsmodell, das sich auf einen stillstehenden Erdball bezieht, leider nicht in allen Punkten zu. Die **Erddrehung** lenkt alle Luftbewegungen auf der Nordhalbkugel **nach rechts** ab; auf der Südhalbkugel ist die Ablenkung **nach links** wirksam (vgl. auch Abschnitt 11.3 „Faktoren, die den Wind beeinflussen"). Der Einfachheit halber wollen wir unsere Betrachtungen ab sofort nur noch auf die nördliche Hemisphäre beschränken.

In der Höhe werden die vom Äquator aus nach Norden wehenden Winde nach rechts abgelenkt. Nachdem sie ungefähr ein Drittel ihres Weges zum Pol zurückgelegt haben, sind sie so weit abgelenkt, dass sie nicht mehr in Richtung Nord, sondern in Richtung Ost wehen (Westwind). Hier – in ca. 30° bis 40° nördlicher Breite – sammeln sich große Luftmassen an, die am Boden einen **Hochdruckgürtel** um den ganzen Erdball entstehen lassen. Ein Teil der sich dort ansammelnden Luft sinkt ab und strömt am Boden in Richtung Süden und Norden fort, kühlt sich dabei ab und sinkt über den kalten Polargebieten ab. Deshalb bildet sich hier auch am Boden ein Gebiet hohen Drucks aus. Die polare, sehr dichte und kalte Luft beginnt nun am Boden ihren Weg nach Süden. Sie wird dabei ebenfalls nach rechts abgelenkt, fließt bald in südwestliche Richtungen **(nordöstliche Winde)** und trifft auf wärmere Luft, die in Bodennähe aus dem Gebiet zwischen 30° und 40° nördlicher Breite nach Norden fließt. Auch diese Luft unterliegt der Rechtsablenkung durch die Erddrehung und fließt nun in nordöstliche Richtungen **(südwestliche Winde)**.

Solche gegeneinander wehenden (konvergierenden) Winde verursachen aufsteigende Luftbewegungen (die wärmere Luft aus südlichen Breiten gleitet hier an der wie ein Keil wirkenden Kaltluft aus dem Polgebiet auf). Die aufsteigende Luft kühlt sich ab, kondensiert und es treten Wolkenbildung und Niederschlag auf. In der Höhe weht die Luft wieder auseinander (Divergenz). Beide Vorgänge – Konvergenz am Boden und Divergenz in der Höhe – sind verantwortlich für aufsteigende Luft.

Dieser Vorgang spielt sich in ungefähr **60° nördlicher Breite** ab. Grundverschiedene Luftmassen aus den Polgebieten und den südlicheren Breiten treffen hier aufeinander und bilden die so genannte **Polarfront**. Die an der Polarfront aufsteigende Warmluft aus dem Süden verursacht die Bildung einer Tiefdruckrinne in den unteren Höhen. Sie wird auch als **Tiefdruckrinne der gemäßigten Breite** bezeichnet. Hier bilden sich häufig nach Osten wandernde Tiefdruckgebiete (Zyklonen), die das Wetter in Europa stark beeinflussen (vgl. folgende Kapitel).

Auseinander wehende Winde (divergierende Winde) verursachen immer absinkende Luftbewegungen, die am Boden hohen Luftdruck durch Luftzufuhr erzeugen. Solche Absinkvorgänge, mit auseinander wehenden Winden nach Südwest zum Äquator und nach Nordost zur Polarfront hin, finden in ca. **30° nördlicher Breite** statt. Sie erwärmen die Luft und sorgen für Wolkenauflösung. So bildet sich hier in den unteren Höhen ein Hochdruckgürtel, der als **subtropischer Hochdruckgürtel** bezeichnet wird und den ganzen Erdball umspannt.

Am **Äquator** finden wir noch einmal – wie schon in der Polarfront in 60° nördlicher Breite – konvergierende (gegeneinander wehende) Winde vor. Es sind der **Nordostpassat** der nördlichen Halbkugel und der **Südostpassat** der südlichen Halbkugel. Diese beiden Passatströmungen nehmen auf ihrem Weg zum Äquator sehr viel Feuchtigkeit auf und steigen an der Konvergenzlinie (Äquator) auf, wobei sie am Boden die **äquatoriale Tiefdruckrinne** bilden.

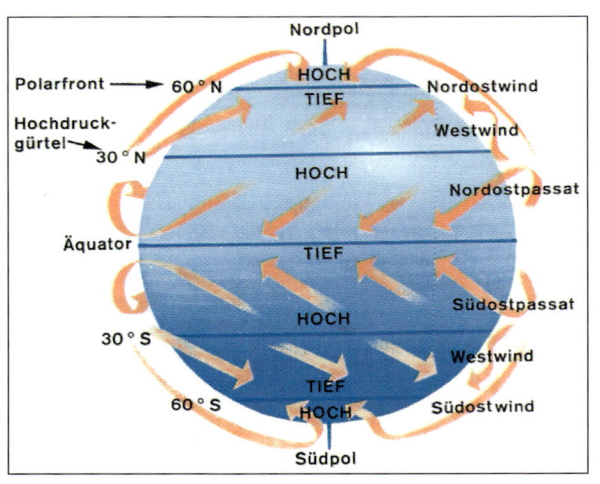

Bild 11.2 Die allgemeine Zirkulation der Luft auf sich drehender Erde

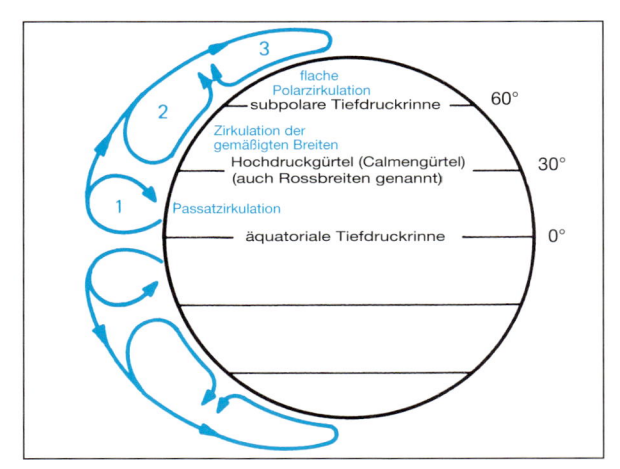

Bild 11.3 Die drei Zirkulationsräder

11 Der Wind, Hoch- und Tiefdruckgebiete

Es ergeben sich hier beim Aufsteigen der sehr warmen und feuchten Luft hochreichende **Cb-Wolken** mit **starken Gewitterschauern**, die eine **große Gefahr** für die Fliegerei darstellen **(Obergrenzen der Cb reichen bis 60 000 ft)!**

Abschließend sei noch bemerkt, dass sich aus dieser allgemeinen Luftzirkulation drei so genannte **Zirkulationsräder** (siehe Bild 11.3) ergeben. In den Tiefdruckzonen am Äquator und in den gemäßigten Breiten, also in 0° und 60° nördlicher Breite, steigt die Luft auf, während sie in den Hochdruckzonen am Pol und in ca. 30° nördlicher Breite (subtropischer Hochdruckgürtel) absinkt. Daraus resultieren in der Senkrechten in Verbindung mit diesen Druckgebieten die erwähnten drei Zirkulationsräder:

1. eine sehr hochreichende **Passatzirkulation** zwischen dem Äquator und 30° N, auch **Hadley-Zirkulation** genannt;
2. eine hochreichende Zirkulation der **gemäßigten Breiten** zwischen 30° N und 60° N, auch **Ferrel-Zirkulation** genannt;
3. eine flache **Polarzirkulation** zwischen 60° N und dem Pol.

11.3 Faktoren, die den Wind beeinflussen

a) Die Druckgradientkraft

Die Geschwindigkeit des Windes ist von der Größe des **Druckgefälles**, dem die einzelnen Luftteilchen ausgesetzt sind, abhängig. Ein Druckgefälle zwischen hohem und tiefem Druck bezogen auf eine bestimmte Strecke wird auch **Druckgradient** genannt (Gradient = Änderung einer Größe). Der Druckgradient ist die Bezeichnung für die Neigung der Druckflächen zur Horizontalen. Auf unseren Bodenwetterkarten kann man ein Druckgefälle, also den Druckgradienten, leicht an den Isobaren (Linien gleichen Luftdrucks) ablesen. Liegen die Isobaren weit auseinander, so handelt es sich um ein flaches Druckgefälle. Die **Druckgradientkraft** ist klein und die Windgeschwindigkeit entsprechend gering. Gleiches gilt in den Höhenwetterkarten. Dort findet man auch Linien. Es sind aber keine Linien gleichen Drucks, sondern Linien gleicher Höhe einer Druckfläche, diese bezeichnet man als **Isohypsen** (vgl. Abschnitt 17.2.1 „Aktuelle Höhenwetterkarten").

Sollten auf einer Wetterkarte die Isobaren (Isohypsen) eng beieinander liegen, handelt es sich um ein großes Druckgefälle mit starker Gradientkraft und hohen Windgeschwindigkeiten. Die Druckgradientkraft wirkt senkrecht zu den Isobaren in Richtung des tiefen Drucks. Um einen horizontalen Druckgradienten abzuschwächen, muss eine Druckänderung stattfinden, der dem überlagerten Druckgebiet entgegenwirkt. Bei tiefem Druck muss der Druck steigen, bei hohem Druck fallen. Eine Verstärkung des Druckgradienten erfordert die umgekehrte Druckänderung.

> **Großer Abstand der Isobaren (Isohypsen): die Gradientkraft ist klein = geringe Windgeschwindigkeit!**
> **Kleiner Abstand der Isobaren (Isohypsen): die Gradientkraft ist groß = hohe Windgeschwindigkeit!**

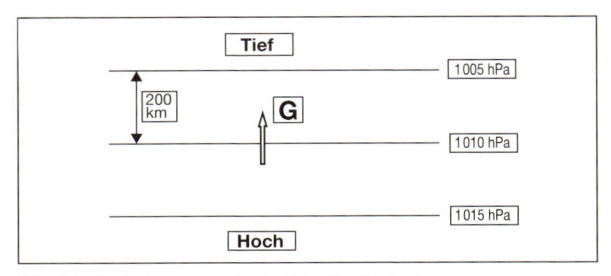

Bild 11.4 Großer Isobarenabstand – kleine Gradientkraft

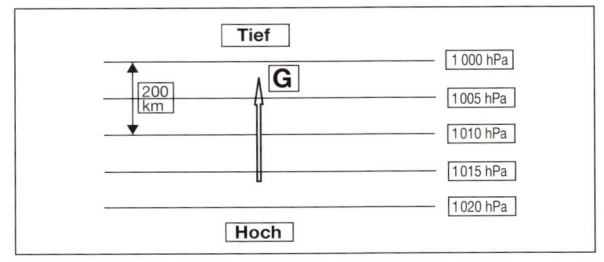

Bild 11.5 Kleiner Isobarenabstand – große Gradientkraft

Die Luft würde also bei Druckunterschieden **aufgrund der Gradientkraft direkt** von Gebieten mit hohem Druck in Gebiete mit tiefem Druck abfließen. Doch das tut sie keinesfalls. Die durch die Gradientkraft eingeleitete Bewegung der Luft unterliegt nämlich noch einer anderen Kraft. Sie wird durch die Erdrotation verursacht und heißt **Corioliskraft**.

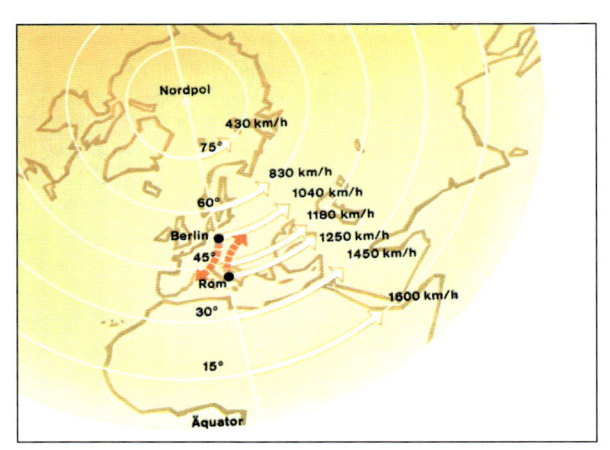

Bild 11.6 Einfluss der Erddrehung auf eine Luftmasse, die von Rom nach Norden und von Berlin nach Süden zieht.

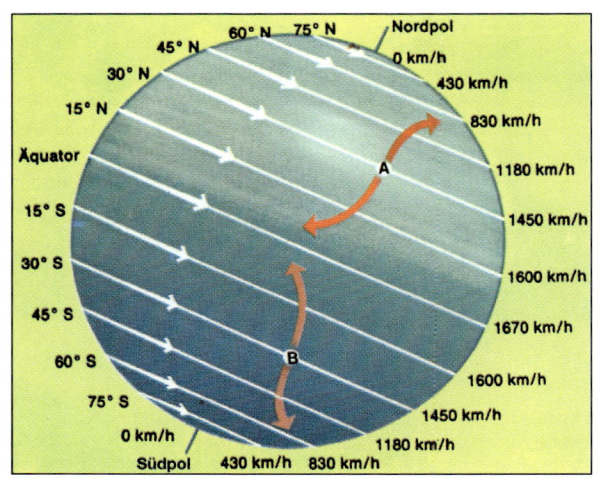

Bild 11.7 Umfangsgeschwindigkeit der Erdoberfläche an verschiedenen Breitenkreisen

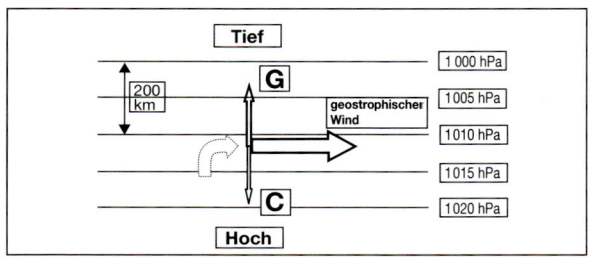

Bild 11.8 Geostrophischer Wind

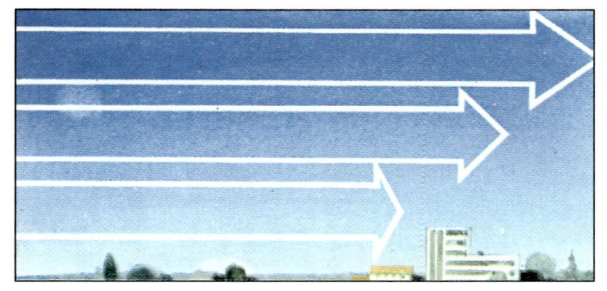

Bild 11.9 Reibungseinfluss auf den Wind in Bodennähe

b) Die Corioliskraft (ablenkende Kraft durch Erdrotation)

Alle flüssigen, festen und gasförmigen Teilchen werden bei Bewegungen auf der Nordhalbkugel durch die so genannte **Corioliskraft nach rechts abgelenkt.** Die Größe dieser Kraft ist von der Geschwindigkeit des in Bewegung geratenen Teilchens und der geografischen Breite abhängig. Die Ursache der Ablenkung nach rechts (Nordhalbkugel) lässt sich an einem einfachen Beispiel recht gut erklären:

Nehmen wir einmal an, dass sich eine bestimmte Luftmasse durch Druckunterschiede aus der Gegend von Rom (42° N) in Richtung Norden in Bewegung setzt. Berlin liegt genau nördlich von Rom auf der geografischen Breite von 52° N. Berlin hat aber einen kleineren Abstand von der Erdachse als Rom und wird deshalb mit geringerer Geschwindigkeit in Ostrichtung gedreht (kleinere Umfangsgeschwindigkeit).

Alle Orte, die auf der geografischen Breite von Rom liegen, bewegen sich durch die Erdrotation mit ca. 1 250 km/h in östliche Richtung. Auf der Höhe von Berlin beträgt die Umfangsgeschwindigkeit aber nur ca. 1 040 km/h. Die aus der Gegend von Rom nach Norden strömende Luftmasse hat also eine um ca. 210 km/h höhere Ostgeschwindigkeit als die Luftmasse im Berliner Raum. Trifft die nach Nord strömende Luftmasse auf der geografischen Breite von Berlin ein, so befindet sie sich daher weiter östlich. Sie ist nach rechts abgelenkt worden und fließt aus westlichen Richtungen auf der geografischen Breite von Berlin ein (Westwind).

Bei umgekehrten Druckverhältnissen (hoher Druck im Norden/tiefer Druck im Süden) würde eine Luftmasse aus dem Berliner Raum nach Süden strömen. Sie würde auf der geografischen Breite von Rom durch die Rechtsablenkung westlich von Rom ankommen (Ostwind).

Die Corioliskraft wirkt immer senkrecht zur Bewegungsrichtung der Luft, die ja eigentlich dem Druckgefälle vom hohen zum tiefen Druck folgen will (Gradientkraft). Sie will also senkrecht zu den Isobaren (Linien gleichen Drucks) zum tiefen Druck hinströmen. Die Corioliskraft bewirkt aber nun die schon besprochene Ablenkung nach rechts. Die Luft wird so lange nach rechts abgelenkt, bis sich schließlich die Gradientkraft und die Corioliskraft im Gleichgewicht befinden (beide sind gleich groß) und die Luft **isobarenparallel** strömt. Die Corioliskraft verhindert dadurch den direkten Druckausgleich zwischen Hoch- und Tiefdruckgebiet. Diese isobarenparallele Strömung tritt nur oberhalb der Grundschicht über 5 000 ft (1 500 m) auf, wo die Winde nicht mehr der Reibungskraft durch die Erdoberfläche unterliegen (vgl. Abschnitt 11.3 c) „Die Reibungskraft").

Handelt es sich dabei um gerade, parallel zueinander verlaufende Isobaren, so wird dieser Wind als **geostrophischer Wind** bezeichnet (siehe Bild 11.8).

Bei gekrümmten Isobaren wird zusätzlich zur Gradientkraft noch die Zentrifugalkraft wirksam und der den Isobaren folgende Wind wird dann **Gradientwind** genannt.

Da sowohl der geostrophische als auch der Gradientwind isobaren-/isohypsenparallel weht, kann er bestehende Druckunterschiede nicht ausgleichen.

11 Der Wind, Hoch- und Tiefdruckgebiete

c) Die Reibungskraft

Die Geschwindigkeit des Windes nimmt mit Annäherung an die Erdoberfläche **durch Reibungseinfluss** immer mehr ab. Die Reibung wirkt in der so genannten **Grundschicht (Reibungsschicht) bis zu einer Höhe von ca. 1 500 m.** Über unebenem Gelände sind die Reibungskräfte natürlich größer als z. B. über glatten Wasserflächen.

Die **Reibung** des Windes mit dem Boden stellt **eine Kraft** dar, **die entgegengesetzt zur Windrichtung wirkt.** Deshalb verringert sich die Windgeschwindigkeit mit Annäherung an den Erdboden. Verringert sich aber die Windgeschwindigkeit, so wird auch die Corioliskraft, die den Wind nach rechts ablenkt, kleiner.

Die **Gradientkraft,** die den Wind direkt zum tiefen Druck hin zwingen will, **gewinnt jetzt das Übergewicht und lenkt die Strömung in den bodennahen Schichten (Grundschicht bis ca. 1 500 m) nach links in Richtung des tiefen Drucks ab** (siehe Bild 11.9). Je rauer der Untergrund, desto größer ist die Ablenkung zum tiefen Druck. Aus diesem Grund wird der Wind über See nur geringfügig (ca. 10–15°) abgelenkt, während über hügeligem Gelände (Mittelgebirgsraum) die Ablenkung bis 45° betragen kann. Die Reibungskraft ändert sich proportional zum Quadrat der Windgeschwindigkeit.

Neben der vorgenannten Kräften sind Richtung und Stärke des bodennahen Windes abhängig von der Isobarenrichtung, dem Isobarenabstand, der Intensität der Reibung, der Orographie und von der Schichtung der Luft. Die ersten Faktoren haben wir schon besprochen. Die Orographie kann zu geführten und ggf. verstärkten Winden in Tälern führen, die Schichtung beeinflusst den Wind durch Vertikalaustausch.

11.4 Tagesgang des Bodenwindes

Der Wind unterliegt wie die Temperatur häufig einem Tagesgang, der besonders bei sommerlichen Hochdrucklagen deutlich wird. Nachts und morgens weht ein schwacher Wind, der dem meist geringen Druckgefälle am Boden entspricht. Durch die Erwärmung am Vormittag wird die Luft labilisiert und Vertikalaustausch setzt ein. Dadurch frischt der Wind auf und wird mit einem Maximum am Nachmittag böig. Bei Kaltluft kann das schon kurz nach Sonnenaufgang geschehen. Zum Abend wird sich durch Abkühlung am Boden eine Inversion bilden und der Wind schwächt sich wieder deutlich ab.

11.5 Bestimmung des Höhenwindes (Merkregeln)

Wie wir eben gesehen haben, bewirkt die Reibung des Windes mit der Erdoberfläche innerhalb der Grundschicht (bis 1 500 m), dass er die **isobarenparallele Richtung verlässt.** Je mehr wir uns der Erdoberfläche nähern, umso größer wird die Ablenkung aus dieser Richtung (geringere Corioliskraft).

> **Merkregeln:**
> - Der **Wind dreht,** je mehr man sich dem Erdboden nähert, **nach links** und wird **schwächer!**
> - Normalerweise dreht der Wind vom **Erdboden** aus **bis** zu einer Höhe von **3 000 ft (1 000 m)** um ca. 30° nach rechts!
> - In ca. 4 500 ft (1 500 m) – an der Obergrenze der Grundschicht – hört der Reibungseinfluss auf. Der Wind weht als so genannter **geostrophischer** oder **Gradientwind isohypsenparallel!**
> - Die Windgeschwindigkeit **verdoppelt sich** bis ca. 1 500 ft (500 m) und kann sich bis ca. 4 500 ft (1 500 m) aufgrund des nachlassenden Reibungseinflusses verdreifachen!

11.6 Der Wind in Hoch- und Tiefdruckgebieten und das Barische Windgesetz

Das Zusammenspiel der drei den Wind beeinflussenden Kräfte (Druckgradientkraft, Corioliskraft und Reibungskraft) ergibt für die Nordhemisphäre bezüglich der Luftbewegungen folgendes Bild:

> 1. Der Wind umkreist **Hochdruckgebiete** (Antizyklonen) **im Uhrzeigersinn (Nordhalbkugel).** Er weht **am Boden** (wegen der Reibung) aus dem Hoch **heraus!**

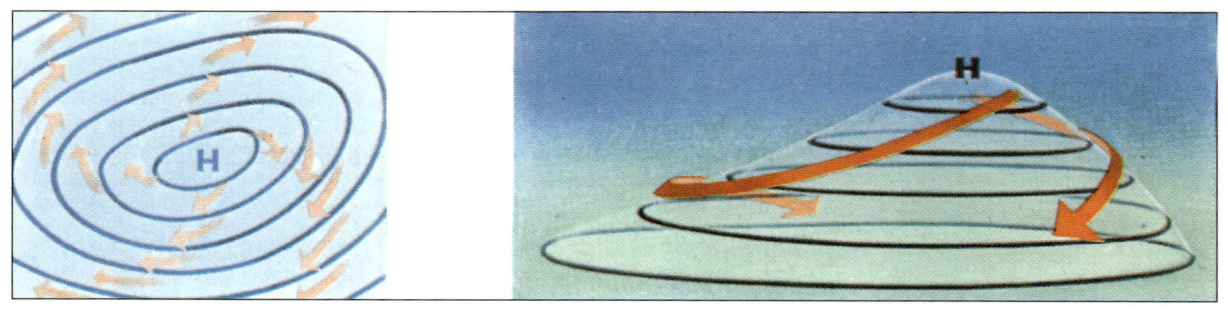

Bild 11.10 Isobaren und Wind im Hochdruckgebiet

> 2. Der Wind umströmt **Tiefdruckgebiete** (Zyklonen) **entgegen dem Uhrzeigersinn (Nordhalbkugel).** Er fließt **am Boden** (wegen der Reibung) **in das Tief hinein!**

Aus diesen Luftbewegungen wird das so genannte **Barische Windgesetz** abgeleitet (siehe Bild 11.11). Es lautet:

> **Kehrt man dem Wind den Rücken zu, so liegt in Blickrichtung des Beobachters vorne links das Tief und rechts hinter dem Beobachter das Hoch!**

Zur Erklärung der Zeichnung sei Folgendes gesagt: Durch die Reibung des Windes mit dem Erdboden wird der isobarenparallel strömende Gradientwind (über 1 500 m) am Boden nach links in Richtung des tiefen Drucks abgelenkt. Deshalb weht er hier (am Boden) **spiralförmig aus dem Hoch heraus** und ebenfalls **spiralförmig in das Tief hinein.** Der zwischen den beiden Druckgebilden stehende Beobachter hat dem Wind den Rücken zugekehrt. **Für ihn liegt links vorne das Tief und rechts hinten das Hoch.**

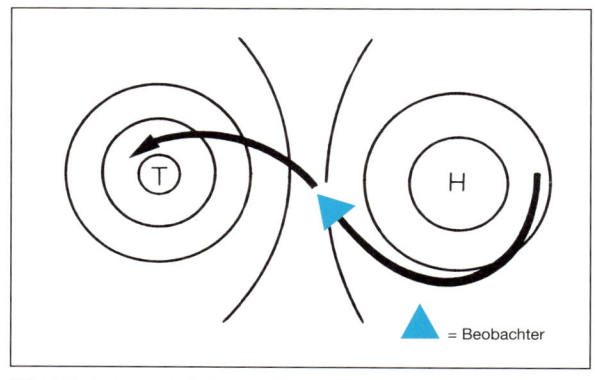

Bild 11.11 Strömung der Luft vom Hoch zum Tief in Bodennähe (Nordhalbkugel)

11.7 Lokale Windsysteme

In vielen Gebieten der Erde bilden sich bei bestimmten Wetterlagen durch orographische Einflüsse **lokale Windsysteme** aus, die stark von den großräumigen Luftströmungen abweichen. Sie stellen nicht selten eine Gefahrenquelle für die Fliegerei – besonders die Sportfliegerei – dar und müssen uns deshalb bekannt sein. Es handelt sich vor allem um thermisch bedingte Winde wie den **Land- und Seewind** oder den **Berg- und Talwind** und speziell an Gebirgen auftretende Winde wie **Mistral, Bora** und **Föhn.** Auch der feuchtwarme **Scirocco** in Italien und die afrikanischen Küstenwinde **Ghibli** und **Khamsun** sind charakteristische Lokalwinde, die in den verschiedenen Ländern, in denen sie auftreten, anders benannt werden.

11.7.1 Thermische Lokalwinde

a) Der Land- und Seewind

Durch unterschiedliche Erwärmung von Land- und Wasserflächen entsteht an den Küsten von großen Seen oder Meeren eine **flache Luftzirkulation** (tagsüber bis ca. 500 m und nachts bis ca. 150 m Höhe), die **Windgeschwindigkeiten von 10 bis 20 Knoten** hervorbringen kann.

11 Der Wind, Hoch- und Tiefdruckgebiete

Tagsüber wird das Land stärker erwärmt als die benachbarte Wasserfläche. Warme Luft steigt über dem Land auf und lässt dort am Boden ein Gebiet tiefen Drucks entstehen, in das kühlere Luft vom Wasser her nachströmt. Durch die aufsteigende Luft bildet sich über dem Boden in einer gewissen Höhe ein Hoch aus und es entsteht ein Druckgefälle, das zum Meer hin geneigt ist. Die aufsteigende Luft fließt deshalb in der Höhe in Richtung des Wassers ab, sinkt dort wieder nach unten und erhöht den Luftdruck über dem Meeresspiegel. So entsteht in Bodennähe ein umgekehrtes Druckgefälle, das vom Wasser zur Küste hin geneigt ist. Der daraus resultierende Bodenwind weht von der See zum Land und wird als **Seewind** bezeichnet (siehe Bild 11.12).

Nachts entsteht eine **umgekehrte Zirkulation.** Die küstennahen Landflächen kühlen sich durch Ausstrahlung schneller und stärker ab als das Meer. Am Boden weht der Wind nun vom Land zur See hin. Aus diesem Grunde wird er **Landwind** genannt (siehe Bild 11.13). Wegen der kurzen zurückgelegten Strecke zwischen Land und Meer, wirkt sich die Corioliskraft nicht aus, die sonst zu einer küstenparallelen Strömung führen würde.

Bild 11.12 Der Seewind (tagsüber)

Bild 11.13 Der Landwind (nachts)

b) Der Berg- und Talwind

Im Gebirge wird **am Tage** die Luft stärker erwärmt als über einer angrenzenden Ebene. Dadurch ergibt sich ein lokales Tief (Hitzetief) im Bergland. In Bodennähe entsteht also (ähnlich wie beim Land- und Seewind) ein **Druckgefälle in Richtung des Gebirges,** das den **Talwind** entstehen lässt (bergaufwärts wehend). Auch dieser lokale Wind kann Geschwindigkeiten von 10 bis 20 Knoten erreichen und darf nicht mit dem Hangwind verwechselt werden, der unter c) „Der Hangwind" besprochen wird.

Nachts kommt es, wie beim Land- und Seewind, zu einer umgekehrten Luftströmung. Die Luft kühlt sich im Bergland stärker als über der Ebene ab. Die Druckverhältnisse kehren sich um und es beginnt der **Bergwind** zur Ebene hin zu wehen (talauswärts wehend).

c) Der Hangwind

An Gebirgshängen aufliegende Luft wird **am Tage** durch Sonneneinstrahlung stärker erwärmt als Luft in der gleichen Höhe über Tälern. Sie wird durch die Erwärmung leichter (dünner) als die umgebende Luft und steigt am Hang auf. So entsteht eine **hangaufwärts** gerichtete Luftströmung, die als **thermischer Hangaufwind** bezeichnet wird.

Nachts tritt auch hier wieder eine Umkehrung des Vorgangs ein. Die an den Hängen aufliegende Luft wird durch Ausstrahlung stark abgekühlt, wird dichter und beginnt **hangabwärts** als so genannter **Hangabwind** in Richtung der Täler zu fließen.

Ist die Luft tagsüber genügend feucht und steigt als Hangaufwind bis zum Kondensationsniveau (Taupunkt) auf, **so können sich Wolken bilden, die die Berggipfel vollständig verhüllen.**

11.7.2 Orographische Lokalwinde

a) Der Mistral

Bei nordwestlichen Luftströmungen bildet sich zwischen der Alpenwestseite und dem Ostrand des französischen Zentralmassivs (Cevennen) im dort sehr engen Rhônetal durch Düsenwirkung ein Lokalwind aus, der **Mistral** genannt wird. Der aus nordwestlichen Richtungen in das Tal eintretende Wind wird **durch den Düseneffekt** (Beschleunigung der Strömung) auf Sturmstärke beschleunigt, durch das Tal geführt und weht auf das Mittelmeer hinaus. Dabei treten in Bodennähe nicht selten **Windgeschwindigkeiten bis über 70 Knoten** auf, die für die Fliegerei eine **große Gefahr** darstellen (besonders bei Verwirbelungen an bodennahen Hindernissen).

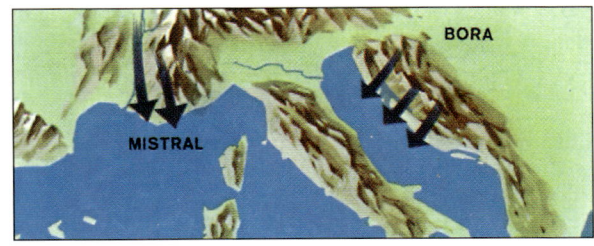

Bild 11.14 Mistral und Bora

b) Die Bora

Die Bora ist ein **sturmartiger Fallwind,** der vom dalmatinischen Kalkgebirge (Karst) herunter an der Adriaküste auftritt. Nachdem nordöstliche Luftströmungen den Ostrand der Alpen passiert haben, wehen sie über das der kroatischen Adriaküste vorgelagerte Karstgebirge und fallen als orkanartiger Wind zur Küste ab. Dabei können Spitzenböen bis über **70 Knoten** auftreten. Obwohl die Luft vom Gebirge zur Adriaküste trockenadiabatisch absinkt, kommt sie dort sehr viel kälter als die hier lagernde Luft an.

c) Der Föhn

Der Föhn ist ein **warmer, trockener Fallwind,** der vor allem in den **nördlichen Alpentälern** und im **Alpenvorland** auftritt (Südföhn). Die Meteorologen bezeichnen aber nicht nur den an den Alpen auftretenden Fallwind als Föhn, sondern haben dieses Wort für alle ähnlichen Erscheinungen an anderen Gebirgen übernommen.

Doch nun zum eigentlichen Föhnprozess. Am Beispiel des Alpenföhns lässt er sich recht anschaulich erklären. Fällt auf der Alpennordseite der Luftdruck aufgrund eines herannahenden Tiefs von Westen stark ab und bleibt er auf der Südseite höher, so bildet sich eine Luftströmung vom hohen Druck im Süden zum tiefen Druck im Norden, die die Alpen als südlicher Wind überqueren muss.

Die Überströmung des Gebirges erfolgt ganz ähnlich wie das Überströmen bei einem Wasserwehr. Die von Süden her anströmende milde und feuchte Luft wird abgeblockt und staut sich vor dem Gebirge. Da von Süden immer mehr Luft nachströmt, weicht die angestaute Luft nach oben aus, sodass die ganze luvseitige Luftmasse angehoben wird. Wenn das Gebirge hoch genug und die aufsteigende Luft feucht genug ist, wird durch diese Hebung die großräumige Staubewölkung und der meist sehr ergiebige Stauniederschlag verursacht.

Die Luft oberhalb der Kammhöhe des Gebirges wird dagegen nicht zurückgehalten. Sie strömt beschleunigt über das Hindernis hinweg und stürzt auf der Leeseite als **„schießende Strömung"** den Abhang hinunter ins Tal. Wenn auf der Luvseite viel Niederschlag gefallen ist und die Luft dadurch einen großen Teil ihrer Feuchtigkeit verloren hat wird sich die Bewölkung aufgrund der Abwärtsbewegung und der damit verbundenen Erwärmung sehr rasch auflösen. Die Wolkenwand über dem Gebirge, die von der Leeseite aus sichtbar ist, wird häufig auch als **„Föhnmauer"** bezeichnet. Bis die den Leeabhang hinabstürzende Luftmasse den Talgrund als Föhnwind oder Föhnsturm erreicht, erwärmt sie sich trockenadiabatisch, das heißt um 1 °C pro 100 m Höhenverlust. Ein kleines Rechenbeispiel macht deutlich, warum der Südföhn als trockener und warmer Wind empfunden wird.

Nehmen wir einmal an, dass die Luft in Kammhöhe (2 500 m) eine Temperatur von +5 °C besitzt. Nach dem trockenadiabatischen Abstieg auf der Leeseite bis zum Talgrund (500 m) hat sich die Föhnluft um 20 °C erwärmt und kommt dort mit 25 °C als trockenwarmer Fallwind an.

In der Höhe entsteht auf der Leeseite (Nordseite) oft eine so genannte **Wellenströmung** (die Luftströmung in der Höhe gerät durch das Überströmen des Hindernisses in Schwingungen), die die Bildung von **Linsenwolken (Altocumulus lenticularis)** verursacht. Im Volksmund werden diese in mittleren Höhen auftretenden Wolken auch als **Föhnfische** bezeichnet.

Diese linsenförmigen Lenticularis-Wolken bleiben über einen längeren Zeitraum mit gleichem Abstand zum überströmten Gebirge stehen und deuten immer auf eine Wellenströmung hin. Das Besondere der Lenticularis-Wolken besteht darin, dass sie von der Luft sehr schnell durchströmt werden. Dabei bilden sie sich im aufsteigenden Wellenast (Luvseite) ständig neu (scharfe Berandung) und lösen sich im Abwind der Welle auf (meist faserige, ausgefranste Berandung).

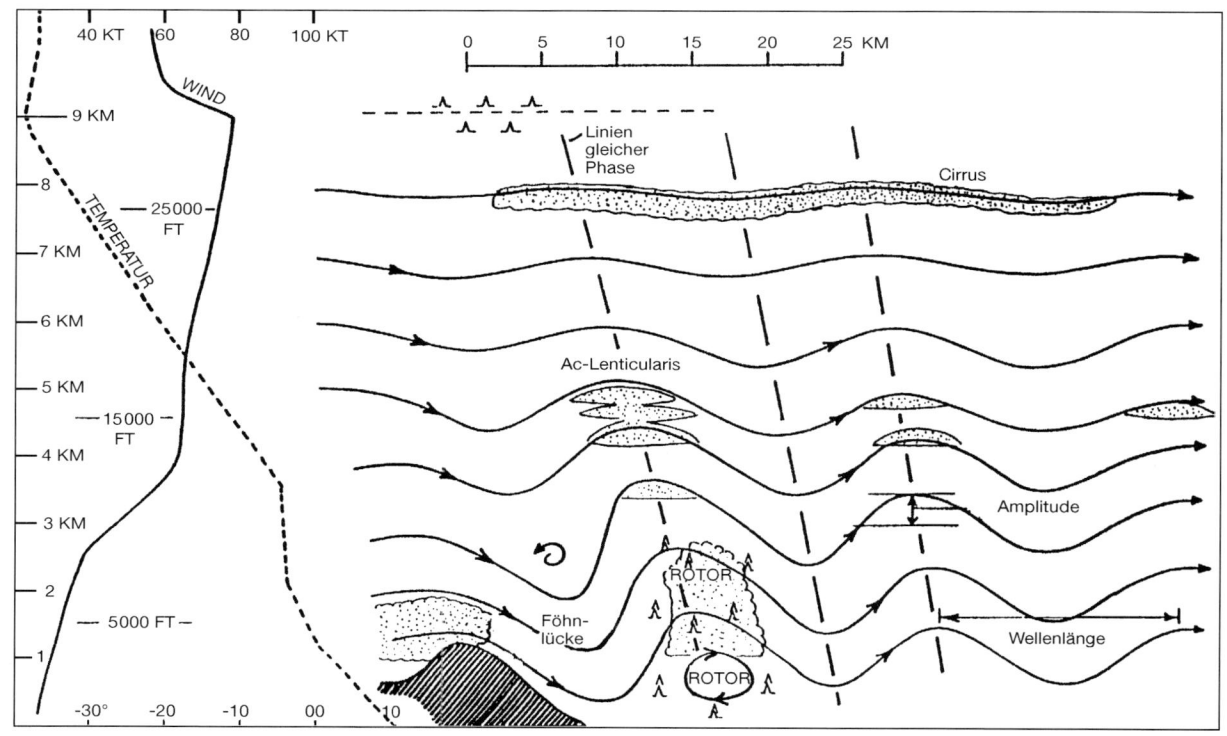

Bild 11.15 Schematische Darstellung des Föhns

11 Der Wind, Hoch- und Tiefdruckgebiete

Bild 11.16 Altocumulus lenticularis

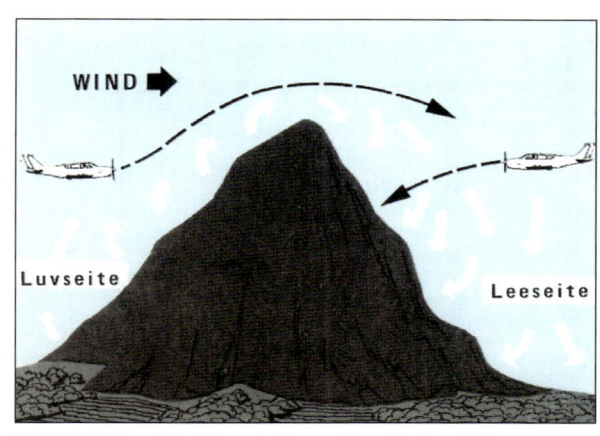

Bild 11.17 Auf- und Abwinde an der Luv- und Leeseite eines Gebirges

Bei der Überströmung eines Gebirges treten insbesondere für den Sichtflieger eine Reihe von **Gefahren** auf:

1. **Luv- und Leewirkung des Windes (siehe Bild 11.17).**

   Fliegt ein Flugzeug Berge oder eine Gebirgskette von der Luvseite her an, würde es zwar theoretisch durch den Aufwind begünstigt werden, die sich bildende Staubewölkung verhindert aber in der Regel das Ausnutzen der Aufwinde. Auf der **Leeseite** trifft man immer (unter Umständen sehr gefährliche) **Abwinde/Fallwinde** an! Diese Fallwinde sind bei Föhn besonders stark ausgeprägt.

2. Die **Staubewölkung** auf der Luvseite reicht meist sehr weit vor das Gebirge und liegt in der Regel bereits an den Vorgebirgen auf. Eine Alpenüberquerung nach Sichtflugregeln ist dann nicht möglich! Im Bereich des **Stauniederschlags** muss man mit sehr schlechten Sichten und tiefen, vielfach zum Teil aufliegenden Wolken rechnen.

3. Durch die hohen Windgeschwindigkeiten im Lee und durch die Ausbildung von Leewellen kommt es sowohl in Bodennähe als auch im Bereich der **Rotoren** (siehe Bild 7.9 und Bild 11.15) zu **extrem starker Turbulenz,** die außer von wellenfliegenden Segelfliegern – unbedingt gemieden werden müssen! Dabei sind die Rotoren keinesfalls immer durch die walzenförmigen, zerrissen aussehenden Rotorwolken sichtbar.

4. In den **Leewellen** selbst treten mitunter – wenn auch in meist sehr ruhiger Luft – **starke Auf- und Abwinde** auf (10–15 m/s), die das Leistungsvermögen eines Motorflugzeugs übersteigen.

d) Der Scirocco

Der Scirocco ist ein **feuchtwarmer südlicher Wind,** der seinen Ursprung in der Sahara hat. Auf seinem Weg nach Norden über das Mittelmeer nimmt er meist sehr viel Feuchtigkeit auf und trifft in Italien als unangenehm empfundener, feuchtwarmer Südwind ein. Wird diese Strömung an Hindernissen oder Fronten gehoben und abgekühlt, so setzt Wolkenbildung mit sehr starken Niederschlägen ein, die besonders in Norditalien (Po-Ebene) schwere Überschwemmungen verursachen können. Der Scirocco wird nicht durch die Orographie, sondern durch eine besondere Druckverteilung ausgelöst.

11.7.2.1 Auswirkungen orographischer Lokalwinde auf die Ballonfahrt

Durch starke nächtliche Abkühlung kann sich besonders im Winter eine kräftige Bodeninversion bilden. Durch die Ausbildung eines kleinen Kältehochs sind die Bodenwinde schwach und variabel. Dieses Kaltlufthoch ist besonders morgens noch in der Lage, einsetzende Föhnwinde davon abzuhalten, bis zum Erdboden vorzudringen. Sind am Himmel aber kleine Cumulus-Wolkenfetzen zu beobachten, muss in dieser Höhe unbedingt mit Rotoren gerechnet werden. Bei einer Ballonfahrt kann man nach ruhigen Start oberhalb der Inversion in einen Rotor geraten. Die Folge sind kräftige Böen, welche die Hülle verformen, die aufgeheizte Luft aus dem Ballon drücken und die Tragkraft dadurch deutlich vermindern.

Ist der Föhn noch nicht aktiv, aber auf Grund der Wetterlage zu erwarten, tritt ein weiterer Gefahrenpunkt auf. Die morgendliche Situation ist wie im Absatz vorher beschrieben; während der Fahrt setzt nun aber Föhn ein. Durch Erwärmung wird die Bodeninversion aufgelöst und der starke, böige Föhnwind kann sich bis zum Boden durchsetzen. Eine Landung bei diesen Verhältnissen ist gefährlich und mit hohem Risiko verbunden.

Auch ohne ausgeprägte Stau- oder Föhnerscheinungen sind Fahrten im Bergland nicht ohne Probleme. Fährt ein Ballon im Luv eines Berges wird er vom hier herrschenden Aufwind dynamisch gehoben. Im Lee hingegen wird er sinken und zusätzlich muss mit Leeturbulenz gerechnet werden.

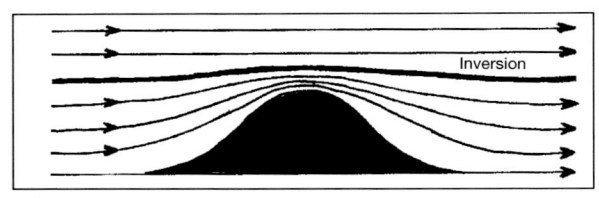

Bild 11.18 Drängung von Stromlinien über einem Berg

Strömt Luft über ein Hindernis, werden die Stromlinien über dem Kamm zusammengedrängt. Dies gilt besonders, wenn oberhalb des Gipfels eine Inversion liegt, die als Sperrschicht kaum Vertikalbewegungen zulässt. Im Bereich der starken Drängung der Stromlinien kommt es zu starken Winden, die zur Verformung der Hülle und daraus resultierend zur Verminderung oder sogar zum Verlust der Tragkraft führen können. Gleichzeitig wird der Ballon aber beschleunigt und erfährt ein dynamisch verursachtes Steigen.

Stromliniendrängung und damit verbundene Verstärkung des Windes findet man auch in Tälern. Im Bereich der divergierenden Strömung am Talausgang bilden sich häufig Luftwirbel und Turbulenzen.

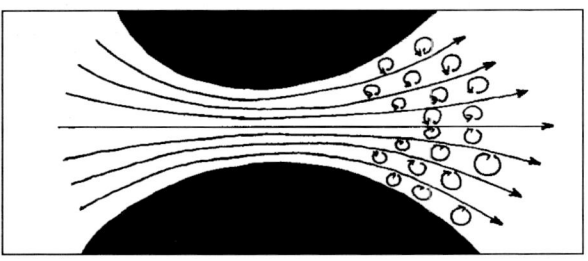

Bild 11.19 Drängung von Stromlinien in einem Tal mit Wirbelbildung am Ausgang

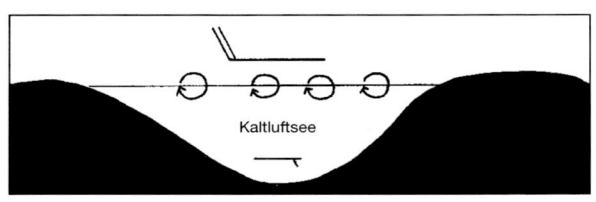

Bild 11.20 Turbulenzbildung im Grenzbereich von Kaltluftseen und freier Höhenströmung

Die weiter oben genannte markante Abkühlung durch Ausstrahlung tritt besonders in Senken und Becken auf, da sich hier die Kaltluft zu Kaltluftseen sammelt. Im Grenzbereich zwischen schwachwindiger Kaltluft und der freien Höhenströmung ändern sich Windrichtung und -geschwindigkeit meist deutlich. Durch die auftretenden Windscherungen kommt es daher auch ohne Föhnsituation beim Verlassen solcher Becken zu Turbulenz.

Flusstäler erzeugen mit ihren beiderseitigen Hängen eine von der Normalströmung unabhängige Windrichtung. Fährt ein Ballon in niedrigen Höhen in einem Flusstal, wird er von diesem Wind geführt. Steigt der Ballon jedoch weiter nach oben und fährt in die ungestörte Höhenströmung, wird es im Grenzbereich beider Strömungen zu deutlichen Änderungen von Windrichtung und -geschwindigkeit kommen. Die auftretenden Windscherungen haben Turbulenz zur Folge.

12 Luftmassen und Fronten

12.1 Luftmassen

12.1.1 Entstehung von Luftmassen

Durch die unterschiedliche Sonneneinstrahlung in den verschiedenen geographischen Breiten (senkrechter Sonnenstand am Äquator/Schrägeinstrahlung in den höheren Breiten) – vgl. auch Kapitel 5 „Der Wärmehaushalt der Atmosphäre" – und durch ungleiche Erwärmung von Land- und Wasserflächen (Kontinente/Ozeane) entstehen innerhalb der Troposphäre Luftmassen mit einheitlichen Eigenschaften bezüglich der Temperatur und Feuchtigkeit. Entscheidend sind dabei nicht die Werte am Boden, die örtlich durchaus differieren können, sondern die vertikale Verteilung von Temperatur und Feuchte.

Unter einer Luftmasse versteht man ein Luftvolumen mit großen Ausmaßen, etwa der Größe eines kleinen Kontinentes oder eines großen Landes, das gleiches Verhalten zeigt. Grundsätzlich nimmt eine Luftmasse die physikalischen Eigenschaften des Ursprungsgebietes an, über dem sie einige Zeit gelagert hat.

> So bilden sich in den **Polarregionen** sehr **kalte,** in den **Tropen** sehr **warme,** über **Meeren und Ozeanen** sehr **feuchte** und über **Kontinenten trockene Luftmassen** aus.

Sie verlagern sich im Rahmen der schon behandelten allgemeinen Zirkulation vom Ursprungsgebiet in andere Regionen und legen dabei manchmal sehr lange Wege zurück. Dabei modifizieren sich ihre Eigenschaften – besonders in den unteren Schichten – durch Erwärmung oder Abkühlung vom Erdboden aus. **Über Wasserflächen** nehmen sie **Feuchtigkeit** auf und über **Kontinenten trocknen** sie aus.

Die ursprünglich über dem Lagerungsgebiet erworbenen Eigenschaften einer Luftmasse (Temperatur und Feuchtigkeit) bleiben jedoch bei Verlagerungen – vor allem in den höheren, nicht vom Erdboden beeinflussten Schichten – über einen längeren Zeitraum erhalten. Sie verwischen oder ändern sich erst dann wesentlich, wenn eine Luftmasse sich weit vom Ursprungsgebiet entfernt oder andersartigen Untergrund überquert. Eine polare oder arktische Luftmasse, die nach Süden in unsere gemäßigten Breiten vordringt, wird ihre sehr niedrigen Temperaturen nicht bis dorthin beibehalten. Sie wird aber von uns noch immer als sehr kalte Luftmasse empfunden werden, die einen Temperatursturz verursacht.

Kommen bei uns Luftmassen aus den nördlichen Breiten an, so wird sich generell eine Abkühlung einstellen. Luftmassen aus südlichen Breiten hingegen bringen immer eine Erwärmung mit sich.

> - **Luftmassen,** die lange Wege über Wasserflächen (Ozeane) zurückgelegt haben, weisen einen maritimen Charakter auf – sie sind also sehr feucht!
> - **Luftmassen,** die längere Zeit über einen Kontinent geführt wurden, nehmen kontinentalen Charakter an – sie trocknen aus!

Die Veränderungen einer Luftmasse während ihrer Verlagerung nennt man **Luftmassentransformation.**

12.1.2 Eigenschaften von Kalt- und Warmluftmassen

a) Kaltluftmassen

Kaltluftmassen stammen aus Gebieten mit tiefen Temperaturen. Sie sind also sehr kalt und können grundsätzlich nicht viel Feuchtigkeit aufnehmen. Schon bei einer geringen Zufuhr von Wasserdampf kann Feuchtigkeitssättigung erreicht werden. Wandert eine solche Luftmasse nach Süden, so wird sie von unten her erwärmt. Dabei **entfernt sich die Temperatur vom Taupunkt** und die relative Luftfeuchtigkeit wird geringer. Aus diesem Grunde haben wir immer **gute Sichten** bei aus Norden einströmender Kaltluft.

Je mehr die Kaltluft nach Süden vordringt, umso stärker wird sie vom Erdboden her erwärmt und wird dadurch labilisiert. Das heißt, sie steigt vom Boden her in die kältere Höhenluft auf. Kaltluft aus der Höhe sinkt dann nach unten ab, wird ebenfalls erwärmt und steigt wieder auf. Es tritt eine laufende vertikale Umwälzung in der Luftmasse ein, die einerseits beim Aufstieg mit Quellwolkenbildung und andererseits beim Absinken mit Wolkenauflösung verbunden ist. Die großen vertikalen Umwälzungen in der Kaltluft verursachen böige, sehr turbulente Winde, die sowohl am Boden als auch in der Höhe auftreten. Aus den sich bildenden Cumulus/Cumulonimbus-Wolken (thermische Konvektion) können schauerartige Niederschläge fallen (Regen-, Schnee-, Hagel- oder Graupelschauer oder sogar Gewitter).

Zusammenfassung der Eigenschaften von Kaltluftmassen:

Wolken:	Cumulus (Cu) und Cumulonimbus (Cb);
Wolkenuntergrenzen:	relativ hoch, ausgenommen in Niederschlagsgebieten;
Sicht:	sehr gut, ausgenommen bei Niederschlägen;
Stabilität:	labil, ausgeprägte thermische Turbulenz in niedrigen Höhen;
Niederschlag und Wetter:	Schauerniederschlag; entweder als Regen, Schnee, Hagel oder Graupel. Gewitter möglich!

b) Warmluftmassen

Warmluftmassen kommen bei uns fast nur aus südlichen Breiten an. Sie haben relativ hohe Temperaturen und können daher sehr viel Feuchtigkeit aufnehmen. Auf ihrem Weg in unsere Breiten müssen sie Gebiete überqueren, die kälter als ihr Ursprungsgebiet sind. Die unteren Schichten der Warmluftmasse werden dadurch abgekühlt, werden also dichter und zeigen keinerlei Tendenz zum Aufsteigen in höhere Schichten. Sie sind also **stabil**, da der Schichtungsgradient in der Warmluftmasse kleiner als in normal temperierter oder kalter Luft ist. Der geringe Schichtungsgradient in Warmluftmassen sorgt fast immer dafür, dass feuchtadiabatisch (mit Feuchtigkeit gesättigte) aufsteigende oder aufgleitende Luft sich im stabilen Gleichgewicht befindet. Deshalb bilden sich bei Hebungsvorgängen nur **Schichtwolken (Stratus-Arten)**, aus denen oft Dauerniederschläge fallen.

Da bei stabiler Luftschichtung keine vertikalen Luftbewegungen (Konvektion) möglich sind, treten auch bei höheren Windgeschwindigkeiten nur gleichmäßige horizontale Strömungen ohne Turbulenz auf.

Die schon erwähnte Abkühlung der unteren Schichten von Warmluftmassen, die nach Norden wandern, verringert die Taupunktdifferenz (Spread) in der bodennahen Luft; so führt sie zu **schlechter Sicht** durch Dunst- oder Nebelbildung. Zusätzlich konzentrieren sich in unserem Gebiet Staubteilchen und Rauch von Industrieanlagen aufgrund des fehlenden vertikalen Austauschs in den unteren Höhen, die die Sichtverhältnisse in Warmluftmassen noch mehr verschlechtern. In maritimer, also sehr feuchter Warmluft aus dem Azorenraum, beträgt die Sicht oft weniger als 4 km.

Zusammenfassung der Eigenschaften von Warmluftmassen:

Wolken:	Stratus (St), Nimbostratus (Ns) oder Stratocumulus (Sc);
Wolkenuntergrenzen:	niedrig;
Sicht:	mäßig bis schlecht, Dunst- oder Nebelbildung möglich;
Stabilität:	stabil, gleichmäßiger Wind ohne nennenswerte Turbulenz;
Niederschlag:	Sprühregen, Regen.

12.1.3 Klassifizierung der Luftmassen für Europa

Alle in Europa auftretenden Luftmassen können wir zuerst einmal grob nach folgendem Schema einteilen:

1. **Von Norden** in unser Gebiet einströmende Luftmassen werden als **kalt (k), von Süden** eindringende Luftmassen werden als **warm (w)** empfunden.
2. Luftmassen, die **vom Westen** über den Atlantik **auf den Kontinent** geführt werden, enthalten viel **Feuchtigkeit**. Da sie vom Meer her einströmen, nennt man sie **maritime** Luftmassen **(m)**.
3. **Vom eurasischen Kontinent,** also aus östlichen Richtungen einströmende Luftmassen sind meist sehr trocken und haben **kontinentalen** (continental) Charakter **(c)**.
4. Das Ursprungsgebiet einer Luftmasse wird auf den Karten (siehe Bild 12.1) mit folgenden Symbolen dargestellt:

    A = arktische Luftmasse   **P = p**olare Luftmasse   **T = t**ropische Luftmasse

    m = maritime Luftmasse   **c = c**ontinental = kontinentale Luftmasse

    Zwei zusätzliche Symbole werden für die Temperatur von Luftmassen verwendet:

    k = kalte Luftmasse   **w = w**arme Luftmasse

12 Luftmassen und Fronten

Dabei spielt weniger die aktuelle (wahre) Temperatur der Luftmasse eine Rolle als vielmehr der Temperaturunterschied zwischen der Luft und der Erdoberfläche, über die sie hinwegströmt. Strömt z. B. bei uns arktische Luft **(A)** aus nördlichen Breiten ein, so wird sie im Normalfall immer kälter als der Erdboden oder die Wasseroberfläche bei uns sein. Sie wird deshalb als kalt **(k)** klassifiziert.

Doch nun zu den **Feinheiten der Luftmasseneinteilung.** Die eben behandelten Symbole tauchen niemals alleine auf den Karten auf. Sie werden immer so kombiniert, dass man daraus genau das Ursprungsgebiet der Luftmasse, ihren zurückgelegten Weg und die Temperatur gegenüber der Erdoberfläche erkennen kann:

- Vom Nordwesten strömen bei uns fast immer maritim beeinflusste Polarluftmassen aus den nördlichen Breiten ein. Sie werden symbolisiert mit **mP (maritim/Polar)**.
- Aus dem Nordosten kommen normalerweise kontinental beeinflusste Polarluftmassen aus den nördlichen Breiten bei uns an. Sie werden symbolisiert mit **cP (continental/Polar)**.

Die beiden eben erwähnten Luftmassen sind fast immer kälter als der Erdboden in unseren Breiten. Sie werden deshalb als kalt (mit dem Symbol **k**) klassifiziert:

mPk (maritim/Polar/kalt) oder **cPk (continental/Polar/kalt)**.

- Auf direktem Wege zu uns gelangende arktische Kaltluft wird – kommt sie aus Norden oder Nordwesten – als maritime Arktikluft bezeichnet, mit dem Symbol: **mA (maritim/Arktik)**.
- Gelangt sie jedoch von Nordosten in unser Gebiet, dann wird sie kontinentale Arktikluft genannt. Symbol: **cA (continental/Arktik)**.

Die Bezeichnung der Luftmassen erfolgt also immer nach folgenden Kriterien:

1. Welchen Ursprungsort hat die Luftmasse?
2. Welchen Weg hat sie zurückgelegt?
3. Welche Gebiete (Kontinente/Ozeane) hat sie überquert?

Kalte Luftmassen aus polaren Regionen können unser Gebiet auch auf großen Umwegen über subtropische Gebiete erreichen. Man spricht dann von **gealterter Polarluft**.

Hat die Luftmasse auf ihrem Weg zum Beispiel zuerst den Nordatlantik, später die Azoren überquert und gelangt dann in unsere Regionen, so nennt man sie **maritime gealterte Polarluft**.

Ist solche Luft jedoch beispielsweise aus den polaren Regionen über Sibirien und später über den Schwarzmeerraum geführt worden und stößt von dort in unser Gebiet vor, dann bezeichnet man sie als **kontinental gealterte Polarluft**.

Eine ähnliche Klassifizierung wird für Warmluftmassen aus tropischen Gebieten angewendet, die aus dem Süden zu uns gelangen:

- Aus dem Südwesten strömt maritime Tropikluft nach Europa ein. Symbol: **mT (maritim/Tropik)**.
- Aus dem Südosten dringen kontinentale Tropikluftmassen über den Nahen Osten und den Balkan zu uns vor. Symbol: **cT (continental/Tropik)**.
- Manchmal stößt auch Tropikluft aus dem Wüstengebiet der Sahara nach Europa vor. Hat sie ihren Weg über das Mittelmeer genommen, so kommt sie sehr feucht und sehr schwül als maritime Sahara-Tropikluft, vor allem in Italien an (vgl. Abschnitt 11.7.2 „Orographische Lokalwinde"). Symbol: **mT$_S$ (maritim/Tropik/Sahara)**.
- Wird die Sahara-Tropikluft jedoch über den Balkan nach Europa geführt, so strömt sie hier trocken und heiß als so genannte kontinentale Sahara-Tropikluft ein. Symbol: **cT$_S$ (continental/Tropik/Sahara)**.

Warmluft aus den tropischen Regionen kann (wie die Kaltluft aus den Polargebieten) aber auch auf Umwegen zu uns gelangen:

- Nimmt sie zum Beispiel ihren Weg über den Ostatlantik in den isländischen Raum und gelangt später über Großbritannien nach Mitteleuropa, so spricht man von **maritimer gemäßigter Tropikluft.**
- Zum Schluss sei noch die so genannte **kontinentale gemäßigte Tropikluft** genannt. Sie entsteht in Europa über dem Kontinent. Sie weist keine speziellen Wanderwege auf und ist nur in ihrem Entstehungsgebiet wirksam.

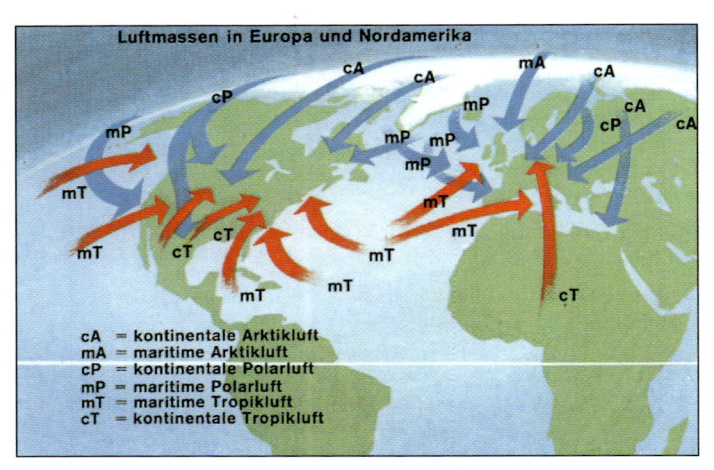

Bild 12.1 Luftmassen in Europa und Nordamerika (vereinfacht)

12.1.4 Übersicht der Luftmassen in Europa

Symbol	Ursprungsgebiet	Weg	Eigenschaften
cP	Skandinavien, Sibirien	Osteuropa	kalt, trocken
mP	Grönland, Island	Nordatlantik	kühl, feucht
cA	Nordsibirien	Russland	extrem kalt, trocken
mA	Arktis	Nördliches Eismeer	sehr kalt, feucht
cT	Afrika, Naher Osten	Südosteuropa	warm, trocken
mT	Azoren	Westeuropa	warm, feucht
cT_S	Sahara	Balkan	heiß, trocken
mT_S	Sahara	Mittelmeer	heiß, feucht (schwül)

Die häufigsten in Mitteleuropa vorkommenden Luftmassen sind die kontinentale Polarluft (cP), maritime Polarluft (mP), kontinentale Tropikluft (cT) und maritime Tropikluft (mT).

12.1.5 Auswirkungen verschiedener Luftmassen

Luft, die aus dem Mittelmeer oder der Biscaya nach Mitteleuropa strömt, ist sehr feucht. Gerät diese Luft im Sommer über das erhitzte Festland, wird sie labilisiert und es kommt zu verbreiteten Gewittern.

Hochreichend labile Luft führt besonders im Sommer zu starker, fast geschlossener Quellbewölkung (Cu, Cb), aus der Schauer und Gewitter fallen. Hinweis: geschlossene Quellbewölkung (8/8) ist nicht möglich, da zu aufsteigender Luft auch immer absinkende Luft gehört. Absinkende Luft hat aber immer Wolkenauflösung zur Folge, sodass auch bei starker Bewölkung immer Lücken vorhanden sind.

Luft, die im Winter von der Nordsee nach Norddeutschland strömt, ist feucht und relativ warm (Nordsee ist wärmer als Festland). Diese Luft wird über Land häufig bis unter ihren Taupunkt abgekühlt, die Folge ist Nebel oder tiefer Stratus.

Die Wettererscheinungen einer Luftmasse hängen nicht nur von den vorher genannten Merkmalen wie Herkunft und Zugbahn ab, sondern auch von den Einflüssen des vorherrschenden Druckgebiets. So kann bei der gleichen Luftmasse und Hochdruckeinfluss wolkenarmes Wetter herrschen, unter Tiefdruckeinfluss jedoch wolkenreiches Wetter, z. T. sogar noch mit Niederschlägen.

12 Luftmassen und Fronten

12.2 Fronten

12.2.1 Definition und allgemeine Beschreibung

Treffen zwei verschieden temperierte Luftmassen aufeinander, so vermischen sie sich nicht, sondern es bildet sich eine mehr oder weniger scharfe Grenzschicht zwischen ihnen aus, die man **Front** nennt.

> Eine **Front** ist also die **Grenzschicht zwischen zwei verschiedenartigen Luftmassen mit aktivem Wettergeschehen.**

Diese Grenzschicht verläuft nicht senkrecht (vertikal), sondern die kältere Luft liegt an einer Front immer wie ein Keil unter der Warmluft. Normalerweise bewegen sich solche Fronten entlang der Erdoberfläche und eine Luftmasse wird durch eine andere ersetzt. Verdrängt bei solchen Vorgängen eine Warmluftmasse eine Kaltluftmasse, so spricht man von einer **Warmfront** (umgekehrter Vorgang = **Kaltfront**).

Manchmal kommt es vor, dass sich eine Front nicht verlagert. Die Kaltluft liegt wie ein Keil unter der Warmluft und es ist keinerlei Veränderung zu beobachten. In solchen Fällen spricht man von einer **stationären Front**. An der Frontfläche (Grenzschicht der Luftmassen) bilden sich aufgrund der unterschiedlichen Temperatur- und Feuchtigkeitsverhältnisse der Luftmassen dichte Wolkenfelder, aus denen Niederschlag fällt.

> **Merke:** Je größer die Unterschiede der beteiligten Luftmassen, umso **wetterwirksamer** ist die Front! Trifft z. B. eine trockene Kaltluftmasse auf eine feuchtwarme maritime Luftmasse, so werden Wolken und Niederschlag sehr groß sein.

12.2.2 Die Warmfront

Schnell strömende Warmluft wird wegen ihrer geringen Dichte von der vorgelagerten, trägeren Kaltluft angehoben. In einem sehr flachen Winkel (im Idealfall 1:100) gleitet die meist sehr feuchte Warmluft auf, kühlt sich ab und erreicht schnell das Kondensationsniveau. In stabil geschichteter Warmluft bilden sich mächtige Schichtwolken (Nimbostratus Ns), die lang anhaltende, ergiebige Niederschläge (Landregen) verursachen. Fliegt man auf eine sich meist von Westen nähernde Warmfront zu, so ist sie an folgenden Merkmalen gut erkennbar:

> **Aufgleitbewölkung in der Reihenfolge: Cirrus (Ci), Cirrostratus (Cs), Altostratus (As) und Nimbostratus (Ns) oder Stratus (St) mit tiefen Fetzen!**

Einzelne Cirruswolken verdichten sich und gehen in Cirrostratus über. Der Cirrostratus sinkt mit weiterer Annäherung an die eigentliche Front in dichteren Altostratus über, aus dem die ersten Regentropfen fallen. Jetzt heißt es aufpassen!

> Die Wolkendecke wird immer mächtiger und geht in Nimbostratus und später Stratus über, der fast bis zum **Erdboden** reicht. **Starker Landregen** setzt ein. Im Winter ist mit **starkem Schneefall** und **Schneeregen** zu rechnen, der **Sichtflüge unmöglich** macht! Vielfach geht der Schnee auch vorübergehend in **gefrierenden Regen mit starker Vereisung** über.

Die ausgedehnten Schichtwolkenfelder können aber auch täuschen: Ist die aufgleitende Warmluft feuchtlabil, so können in den Schichtwolken **Cumulonimbus (Cb)** eingelagert sein, die nicht zu sehen sind. Dann muss mit starker Turbulenz und Gewittertätigkeit mit zusätzlichen heftigen Schauern gerechnet werden! Zum Glück sind Warmfrontgewitter selten und treten nur im Sommer auf.

Die Aufgleitbewegung der Warmluft an der Frontfläche (Grenzschicht der verschiedenen Luftmassen) vollzieht sich sehr gleichmäßig. Sie gewinnt etwa **300 m (1 000 ft) Höhe pro 30 km Distanz.** Das entspricht dem schon erwähnten Neigungswinkel 1:100. Die an der Warmfrontfläche in ca. 25 000 bis 36 000 ft (8 000 bis 11 000 m) Höhe auftretenden Cirren **(Vorboten der Warmfront)** erscheinen demnach etwa 800 bis 1 000 km vor der Bodenfront, also der Stelle, wo die Frontfläche den Erdboden berührt. Die etwas dichter werdende Schichtbewölkung (Cs, As) findet sich etwa 400 bis 800 km vor der Front. Da sich eine Warmfront nur langsam mit Geschwindigkeiten von 15 bis 40 km/h (8 bis 20 kt) am Boden vorwärts bewegt, kann es an irgendeinem Ort, wo Cirren am Himmel auftauchen, noch ein bis zwei Tage dauern, bis die Warmfront diesen Ort erreicht.

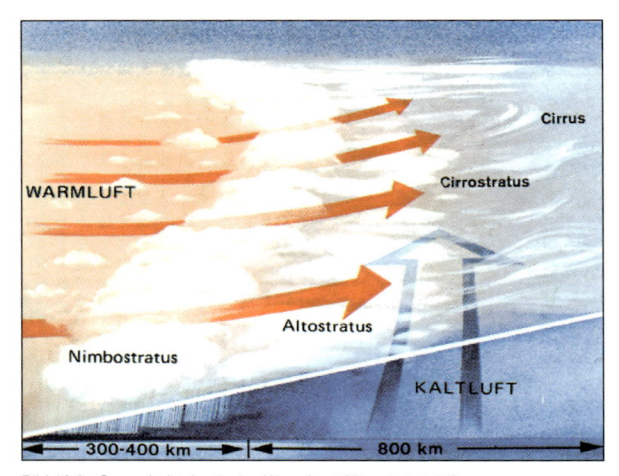

Bild 12.2 Querschnitt durch eine Warmfront (Warmluft stabil)

Das **Niederschlagsgebiet vor der Bodenwarmfront kann 300 bis 400 km breit** sein und erreicht kurz vor Frontdurchgang seine größte Intensität. Mit dem Frontdurchgang hat die Warmluftmasse die Kaltluftmasse am Boden ersetzt und die Temperatur steigt sprunghaft an. Nach dem Frontdurchgang lässt der Niederschlag nach und die Bewölkung löst sich allmählich auf.

12.2.3 Die Kaltfront

Sich langsam fortbewegende Warmluft wird von schneller strömender Kaltluft verdrängt. Die Kaltluft ist dichter (schwerer) und schiebt sich wie ein Keil unter die vorgelagerte Warmluft, die dadurch zum Emporstrudeln veranlasst wird. Der Kaltluftkeil wirkt wie ein Schneepflug. Er dringt unter die leichtere Warmluft und hebt diese plötzlich empor. Dieser Vorgang verursacht eine schnelle Abkühlung der an der Frontfläche aufsteigenden Warmluft.

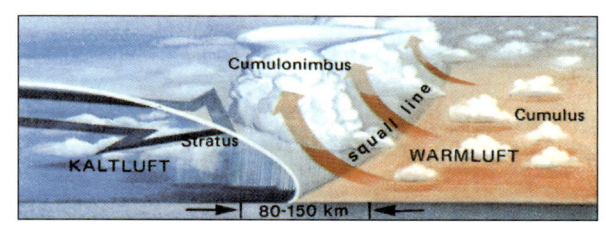

Bild 12.3 Querschnitt durch eine Kaltfront mit feuchtlabiler Warmluft

Die Geschwindigkeit der Kaltluft und die feuchtlabile Schichtung der vorgelagerten Warmluft führen nach Erreichen des Kondensationsniveaus zur Ausbildung von hochreichender Quellbewölkung (Cb), die auch Gewittererscheinungen zeigen kann.

Am Boden bleibt die Front (siehe Bild 12.3) durch Reibung etwas zurück; es bildet sich ein **Kaltluftkopf** aus. Deshalb ist die Frontfläche bei einer Kaltfront steiler geneigt als bei einer Warmfront. Die Neigung beträgt etwa 1:50 bis 1:80. Die steilere Neigung der Frontfläche lässt ein schmales Wetterband **(ca. 80 bis 150 km breit)** von hochreichenden Quellwolken **(Cu/Cb)** mit **starker Turbulenz und heftigen Schauern** – unter Umständen **Hagel** – an der Vorderseite der Front entstehen.

Nicht selten bildet sich an der gesamten Front eine **markante Gewitterlinie** (squall line), die in der warmen Jahreszeit schon **100 bis 200 km vor der Kaltfront** beginnen kann.

> Solche **Frontgewitter** sind aufgrund der darin auftretenden extremen Turbulenz, der starken und böigen Bodenwinde und der heftigen Schauerniederschläge **(Hagel)** eine der größten **Gefahren für den Flieger!** Sie erstrecken sich bei uns oft in einer Linie von **500 bis 800 km Länge** quer durch Mitteleuropa. Sie ziehen meist von Nordwesten nach Südosten. Ein **Umfliegen** einer solchen **squall line** ist also in den meisten Fällen **unmöglich!** Kaltfrontgewitter entwickeln sich im Gegensatz zu Wärmegewittern unabhängig von der Tageszeit. Gewitter an einer Kaltfront werden häufig durch Altocumulus castellanus-Wolken (siehe Bild 8.4) mehrere Stunden vor dem Eintreten angekündigt. Die Wolken zeigen bereits die einsetzende Labilität in der Höhe.

12 Luftmassen und Fronten

Kaltfronten bewegen sich fast doppelt so schnell vorwärts wie Warmfronten (ca. **30 bis 60 km/h** oder 15 bis 30 kt). Das schmale Schlechtwettergebiet der Kaltfront, nur 80 bis 150 km breit, wird deshalb innerhalb weniger Stunden einen bestimmten Ort überquert haben.

> Es lohnt sich also immer, den für eine Flugdurchführung **gefährlichen Kaltfrontdurchgang** abzuwarten!

Ist die von Kaltluft hochgeschobene Warmluft feuchtstabil geschichtet, dann bilden sich an der Kaltfrontfläche mächtige Schichtwolken in Form von **Nimbostratus (Ns),** aus denen ergiebige Niederschläge fallen. Das Wolkenbild entspricht dann dem der Warmfront, in umgekehrter Folge. Die stabile Form der Kaltfront wird meist im Winter angetroffen.

Nach dem Durchgang der Kaltfront bessert sich das Wetter rasch und es wird merklich kühler, weil die Kaltluft hinter der Frontfläche die Warmluft am Boden ersetzt. Die Sicht ist in der labilen Kaltluft sehr gut. Es treten böige Winde auf und aus aufgelockerter Quellbewölkung fallen vereinzelte Schauer, die gut zu umfliegen sind.

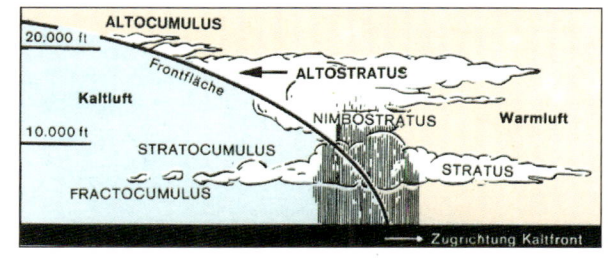

Bild 12.4 Querschnitt durch eine Kaltfront mit feuchtstabiler Warmluft

13 Wettererscheinungen in Tiefdruck- und Hochdruckgebieten (Zyklonen/Antizyklonen)

13.1 Tiefdruckgebiete (Zyklonen)

Die beiden Bezeichnungen **Tiefdruckgebiet** (auch Tief) und **Zyklone** werden wahlweise für Gebiete auf Wetterkarten verwendet, die **tiefen Luftdruck** aufweisen. Mit dem Begriff **zyklonal** wird der Einfluss von **tiefem Druck** auf das Wettergeschehen beschrieben. Es muss dabei nicht unbedingt ein Tief in der Nähe sein, es genügt häufig, dass die Isobaren so gekrümmt sind, dass im Krümmungsmittelpunkt tieferer Druck herrscht, als in der Umgebung.

a) Die Frontalzone (Polarfront)

Erinnern wir uns noch einmal an die allgemeine Zirkulation auf der Nordhalbkugel. Europa liegt dabei in der Zone einer bis zum Boden durchgreifenden, warmen West-Ost-Strömung, auch **Westdrift** genannt. Im Norden wird diese Strömung von einer kalten und flachen polaren Ost-West-Strömung begrenzt.

In der Nähe der Erdoberfläche bildet sich dadurch in ungefähr 60 Grad nördlicher Breite eine Übergangszone (Luftmassengrenze) zwischen der im Süden warmen und der im Norden kalten Luft, die parallel und entgegengesetzt strömt. Diese **Luftmassengrenze** ist normalerweise im Gleichgewicht, das heißt, sie zeigt keinerlei Tendenz zur Verlagerung, und es treten keine besonderen Wettererscheinungen in ihr auf.

Mit der Höhe nimmt der Luftdruck in der kalten Luft im Norden stärker ab als in der warmen südlichen Luft. Herrscht am Boden in beiden Luftmassen der gleiche Luftdruck, so entsteht mit zunehmender Höhe ein immer größer werdendes Druckgefälle zur kalten Luft nach Norden hin. Daraus resultiert eine ausgeprägte West-Ost-Höhenströmung mit sehr hohen Windgeschwindigkeiten, die an der Tropopause über der Polarfront in den **Polarfront-Strahlstrom** (Polarfront-Jetstream) übergeht. Nicht selten treten im Polarfront-Jetstream Windgeschwindigkeiten von weit über 100 kt auf.

Kommen sich die beiden Luftmassen aus irgendeinem Grunde zu nahe und ist der Temperaturunterschied besonders groß, dann verschärft sich die sonst im Gleichgewicht befindliche Übergangszone zu einer Frontalzone, die auch **Polarfront** genannt wird. An ihr bilden sich die häufig unser Wetter beeinflussenden wandernden Zyklonen (wandernde Tiefdruckgebiete), die in der Westdrift der gemäßigten Breiten vom Nordatlantik, vor allem aus dem isländischen Raum, zu uns gelangen.

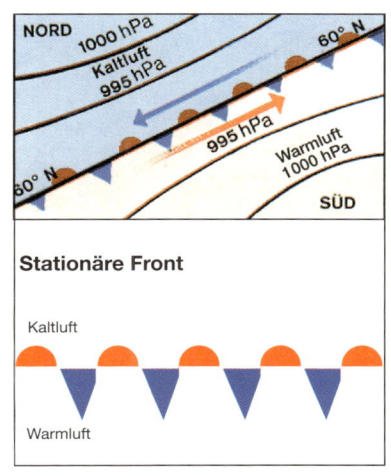

Bild 13.1.a Stationäre Polarfront

Eine Erklärung für die Bildung dieser Zyklonen an der Polarfront hat der norwegische Meteorologe Bjerknes im Jahre 1922 entwickelt. Sie wird **Polarfront-Theorie** genannt und veranschaulicht anhand einer so genannten **Idealzyklone** (Modellzyklone) sehr deutlich die Entstehung eines Tiefdruckgebietes an der Polarfront und die daraus resultierenden Wettererscheinungen.

b) Die Entstehung eines Tiefdruckgebietes (Zyklone) an der Polarfront

Sollte sich die eben erwähnte Übergangszone in ca. 60° nördlicher Breite aufgrund eines Kaltluftvorstoßes aus dem Norden zu einer Frontalzone verschärft haben, so kann es durch große Temperaturgegensätze und Windsprünge zu einer Wellenbildung an der sonst geradlinig verlaufenden Polarfront kommen. Die von Norden nach Süden vorstoßende Kaltluft schiebt sich dabei wie ein Keil mit einer Neigung von ungefähr 1:100 unter die im Süden strömende Warmluft; sie stößt von Nordosten gegen die bis dahin gerade verlaufende Frontfläche vor und drängt sich in die von Westen nach Osten verlaufende Warmluftströmung. Die Warmluftströmung südlich der Polarfront erfährt dadurch etwas weiter östlich ebenfalls eine Änderung der Strömungsrichtung in Richtung Nordost gegen die Frontfläche und gleitet an der im Norden liegenden Kaltluft auf (= **Warmfront**). Im Westen hingegen hebt die aus Richtung Nordost nach Süden keilförmig wie ein Schneepflug vordringende Kaltluft die Warmluft vom Boden ab (= **Kaltfront**). Eine Front ist also eine Luftmassengrenze mit aktivem Wettergeschehen.

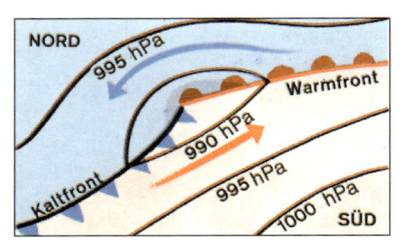

Bild 13.1.b Eine Welle bildet sich an der Polarfront

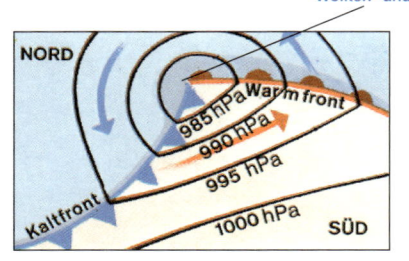

Bild 13.1.c Aus der Welle entwickelt sich ein Tief

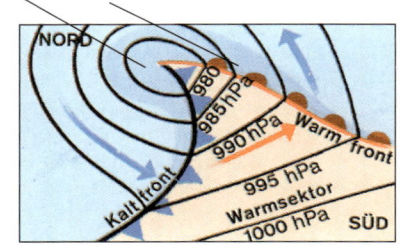

Bild 13.1.d Voll entwickelte Zyklone

Bilder 13.1.a – d Entstehung eines Tiefdruckgebietes (Zyklone) an der Polarfront

Dieser eben beschriebene Vorgang spielt sich in der Tiefdruckrinne der gemäßigten Breiten ab (vgl. Abschnitt 11.2 „Die allgemeine Zirkulation"), die ja ebenfalls in ca. 60° N verläuft. Nachdem sich in der Front eine Welle gebildet hat, entwickelt sich ein Tiefdruckgebiet mit einem zyklonalen Windsystem (gegen den Uhrzeigersinn), das man als trichterförmigen Luftwirbel betrachten kann. An der Vorderseite (Ostseite) der Zyklone bildet sich durch Aufgleiten von Warmluft über Kaltluft eine Warmfront mit großem Niederschlagsgebiet und an der Rückseite (Westseite) durch die keilförmig gegen die Warmluft vordringende Kaltluft eine Kaltfront mit einem schmalen Schlechtwetterband. Dort, wo die beiden Fronten zusammenlaufen, befindet sich das Zentrum des entstandenen Tiefdruckgebietes. Das durch eine so genannte **Initialwelle** an der Polarfront entstandene Tiefdruckgebiet verlagert sich in der dort herrschenden starken West-Ost-Höhenströmung (Westdrift) mit immer mehr abfallendem Druck im Zentrum nach Osten und weitet sich aus.

c) Die Idealzyklone – Das Wettergeschehen in einem Tiefdruckgebiet

Anhand der schon erwähnten Idealzyklone (Modellzyklone) lassen sich die für den Flieger wichtigen Wettererscheinungen in einem wandernden Tiefdruckgebiet sehr gut erklären.

Unter dem Begriff **Idealzyklone** versteht man den Entwicklungszustand eines Tiefdruckgebietes, bei dem der Warmsektor (Bereich zwischen der vorderseitig auftretenden, sich langsam fortbewegenden Warmfront und der nachfolgenden, sich schnell fortbewegenden Kaltfront) schon auf die Hälfte der ursprünglichen Ausdehnung zusammengeschrumpft ist.

Bewegt sich eine solche Idealzyklone von Westen nach Osten auf unser Gebiet (Mitteleuropa) zu, sodass das Tiefdruckzentrum nördlich von uns vorbeizieht, dann haben wir mit einem Wettergeschehen in folgender Reihenfolge zu rechnen:

1. Vorderseitenwetter
2. Durchgang der Warmfront
3. Warmsektor
4. Durchgang der Kaltfront
5. Rückseitenwetter

Bilder 13.2 und 13.3   Das Frontensystem einer Zyklone

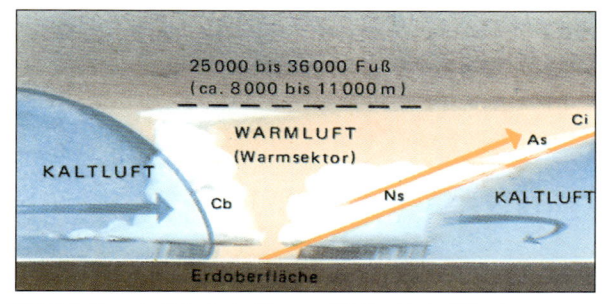

Bild 13.2   Querschnitt durch eine Warm- und Kaltfront in der Nähe des Tiefdruckzentrums, wo die Fronten nahe zusammen sind.

Bild 13.3   Isobaren und Fronten der Idealzyklone

1. Das Vorderseitenwetter

Das Vorderseitenwetter des zyklonalen Wettergeschehens macht sich durch stetigen (gleichmäßigen) Druckfall und Aufzug von Cirrus-Bewölkung bemerkbar, die sich schnell zu einer immer dicker werdenden Aufgleitbewölkung in Form von Cirrostratus und Altostratus verdichtet.

Die Untergrenze der Aufgleitbewölkung sinkt mit Annäherung der Warmfront mehr und mehr ab; aus dem tieferen Altostratus fallen ungefähr 300 km vor der Front die ersten Regentropfen.

- Die Temperatur steigt langsam an und die Sicht wird schlechter.
- Der Bodenwind frischt auf, weht gleichmäßig (ohne Böen) zuerst aus südwestlichen Richtungen und dreht später auf Süd bis Südost.
- Mit Annäherung der Warmfront **sinkt die Wolkenuntergrenze** der Aufgleitbewölkung **gefährlich ab.** Der Altostratus geht langsam in eine mächtige Nimbostratusschicht über, aus der nun so starker Niederschlag fällt, dass die **Sicht** – besonders im Winter (Schneefall) – auf einen Wert, der **unter den VFR-Minima** liegt, zurückgehen kann.
- Unter dem tiefen Nimbostratus (kurz vor Frontdurchgang) bilden sich aufgrund des starken Niederschlags häufig niedriger Stratus der teilweise am Erdboden aufliegen kann und eine **große Gefahr für den VFR-Flieger** darstellt.

13 Wettererscheinungen in Tiefdruck- und Hochdruckgebieten

Bildliche Darstellung des Vorderseitenwetters (Annäherung einer Warmfront von Westen):

Bild 13.4 Aufzug von Cirrusbewölkung im Westen (ca. 800 bis 1 000 km vor der Warmfront)

Bild 13.5 Übergang in Cirrostratus

Bild 13.6 Übergang in Altostratus (ca. 300 bis 400 km vor der Warmfront)

Bild 13.7 Übergang in Nimbostratus/Stratus und Beginn des Landregens. VFR-Flüge sind jetzt nicht mehr möglich!

2. Durchgang der Warmfront

- Die ergiebigen Dauerniederschläge aus der mächtigen Nimbostratus-Bewölkung lassen nach, die sehr dichte Wolkendecke mit zum Teil extrem niedrigen Untergrenzen lockert bei ansteigenden Untergrenzen auf.
- Der Bodenwind dreht nach dem Warmfrontdurchgang von Südost auf Südwest und wird meistens etwas schwächer.
- Die Lufttemperatur bleibt fast gleich oder steigt nur unwesentlich an.
- Der Luftdruck fällt nach dem Durchgang der Front im Warmsektor nur noch sehr langsam oder bleibt konstant.

3. Warmsektor

Die Warmluft hat nun am Boden die Kaltluft ersetzt und der wärmste Teil des Tiefdruckgebietes, der **Warmsektor,** hat uns erreicht.

Im Sommer können sich nach dem Abzug der mächtigen Nimbostratus-Bewölkung der Warmfront – innerhalb des Warmsektors – durch Sonneneinstrahlung auf den feuchten Erdboden Quellwolken in Form von Cumulus bilden, die jedoch aufgrund der stabilen Schichtung über der bodennahen, durch Sonneneinstrahlung erwärmten Luft nicht sehr hoch reichen. Oft kann man im Warmsektor auch vereinzelt auftretende mittelhohe Altocumulus-Bewölkung beobachten, die für die Flugdurchführung keine besondere Bedeutung hat. Im Winter trifft man jedoch überwiegend tiefe Schichtbewölkung (St, Sc) an, aus der leichter Regen oder Sprühregen fallen kann.

4. Durchgang der Kaltfront

Die keilförmig und schnell vorstoßende Kaltluft auf der Westseite (Rückseite) der Zyklone schiebt sich wie ein Schneepflug unter die Warmluft des Warmsektors. Das dabei entstehende schmale Schlechtwetterband mit hochreichender Quellbewölkung (Cb), starker Turbulenz und heftiger Schauertätigkeit (unter Umständen Gewitter mit einer Böenwalze entlang der gesamten Front) erreicht uns nun.

- Bei Frontdurchgang tritt plötzlich ein **Windsprung** von Südwest auf Nordwest (ca. 90°) auf. Der Wind wird stark böig und kann sehr **hohe Spitzengeschwindigkeiten (bis zu 80 kt)** erreichen.
- Der Druck steigt plötzlich stark an, die Temperatur fällt rapide um mehrere Grade (Temperatursturz möglich!).
- Die Sicht ist in der labilen Kaltluft (ausgenommen in Schauern) sehr gut. Die schnell vorstoßende Kaltluft hat nun die Warmluft des Warmsektors am Boden ersetzt und das Wetter bessert sich schnell.

5. Das Rückseitenwetter

Unter dem Begriff **Rückseitenwetter** versteht man das Wettergeschehen hinter der Kaltfront einer Zyklone. In der labilen Kaltluft hinter der Kaltfront tritt bei böigen Winden aufgelockerte (in der Menge zurückgehende) Quellbewölkung (Cu) mit Schauern auf, die bei sehr guter Sicht meistens zu umfliegen sind.

- Die Temperatur nimmt noch weiter ab und der Luftdruck steigt noch weiter an.
- Der Wind bleibt auf der Rückseite des zyklonalen Geschehens stark böig und weht aus nordwestlichen Richtungen.
- Oft bildet sich auf der Rückseite ein kleines Hochdruckgebiet (Zwischenhoch) mit sehr guten Wetterbedingungen aus, das aber nur so lange wetterwirksam bleibt, bis die nächste Zyklone mit ihrem Frontensystem auf unser Gebiet übergreift.

13 Wettererscheinungen in Tiefdruck- und Hochdruckgebieten

Warmfront

Wetterelemente	Vor der Front (Vorderseitenwetter)	Beim Durchgang	Nach der Front (Warmsektorwetter)
Druck:	gleichmäßig stark fallend	Druckfall hört auf	etwa gleich bleibend
Wind:	mäßige Stärke, allgemein Süd bis Südwest, rückdrehend auf Südost	Geschwindigkeit nimmt ab; von SE auf SW drehend	schwach, in der Richtung gleich bleibend
Temperatur:	langsam und stetig ansteigend	kurzzeitig stärker ansteigend mit Ende des Niederschlags	gleich bleibend
Wolken:	Ci, Cs, As, Ns, St	tiefer NS mit St	St, Sc, im Sommer Cu
Niederschläge:	ca. 300 km Regen und/ oder Schnee, mäßig	mäßiger bis starker Niederschlag	kein Niederschlag bzw. im Winter Sprühregen
Sicht:	außerhalb des Niederschlags gut, sonst mäßig; im Schneefall schlecht	rasche Verschlechterung in Starkniederschlag	mäßig, im Winter schlecht

Kaltfront

Wetterelemente	Unmittelbar vor der Front	Beim Durchgang	Nach der Front (Rückseitenwetter)
Druck:	fällt kurzzeitig stark	plötzliches, starkes Ansteigen (Drucknase)	starker Anstieg
Wind:	auffrischend, dreht zurück auf Südwest	mäßig bis stark, plötzlicher Sprung auf Nordwest, starke Böen	weiter aus Nordwest, stark und böig
Temperatur:	gleich bleibend	plötzlicher Fall bis zu 10 °C (Temperatursturz)	noch leichtes Fallen, später gleich bleibend
Wolken:	Ac, Cu, mächtige Cb	Cb, darunter St oder sehr tiefer Ns (nur im Winter)	rasche Aufheiterung, später wechselnde Quellbewölkung, zunehmend Cu
Niederschläge:	Schauer oder Gewitter	starke Schauer, im Gewitter Graupel oder Hagel	Schauertätigkeit, im Winter Schneeschauer, im Sommer Regenschauer
Sicht:	gut bis mäßig, je nach Jahreszeit	mäßig bis schlecht	ausgezeichnet, 50–100 km, in der gereinigten Atmosphäre

13.2 Okklusion und Auflösung einer Zyklone

Da die Kaltfront des Tiefdruckgebietes fast doppelt so schnell wie die vorgelagerte Warmfront vorankommt, holt sie diese irgendwann am Boden ein. Der Warmsektor zwischen den beiden Fronten wird immer mehr eingeschnürt, und nachdem die Kaltfront die Warmfront eingeholt hat, wird schließlich die Warmluft ganz vom Boden abgehoben. Die Vereinigung von **Warm- und Kaltfront** wird **Okklusion** (lat.: occludere = zusammenklappen, verschließen) genannt (siehe Bild 13.8).

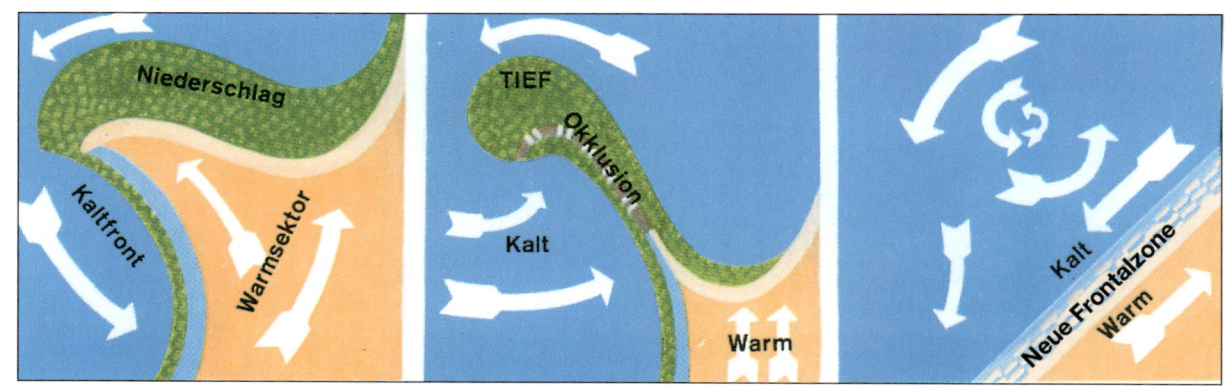

Bild 13.8 Entwicklung einer Zyklone über die Okklusion zur Auflösung

Wir müssen dabei zwischen einer Warmfrontokklusion (Okklusion mit Warmfrontcharakter) und einer Kaltfrontokklusion (Okklusion mit Kaltfrontcharakter) unterscheiden, da zwischen den Kaltluftmassen der Vorder- und der Rückseite einer Zyklone fast immer Temperatur- und somit auch Dichteunterschiede bestehen. Die Wetterbedingungen beider Okklusionsarten entsprechen meist einer Mischung aus den Bedingungen bei einer Warmfront und einer Kaltfront, wobei jeweils der „Namensgeber" dominiert.

a) Kaltfrontokklusion

Ist die rückseitige Kaltluft kälter als die vorderseitige Kaltluft –, schiebt sie sich unter die vorderseitige Kaltluft und zwingt diese, zusammen mit der Warmluft in der Höhe aufzusteigen (siehe Bild 13.9).

Dieser Okklusionstyp wird bei uns vor allem in den Sommermonaten auftreten, da dann die kalte Luft aus nördlichen Breiten (hinter der Kaltfront) auf gealterte, über dem Kontinent erwärmte Kaltluft vor der Warmfront trifft. Ihre Wettererscheinungen ähneln denen der Kaltfront.

b) Warmfrontokklusion

In der kälteren Jahreszeit bilden sich häufig Warmfrontokklusionen (Okklusionen mit Warmfrontcharakter), weil die Kaltluft vor der Warmfront durch lang anhaltende nächtliche Ausstrahlung über dem Kontinent kälter (dichter) geworden ist als die nachfolgende Kaltluftmasse hinter der Kaltfront. Sie gleitet also wie die restliche Warmluft auf die vorderseitige Kaltluft auf. Die Wettererscheinungen ähneln denen der Warmfront.

c) Die Auflösung der Zyklone

Jede Art von Okklusion hebt die Warmluft des Warmsektors der Zyklone vom Erdboden ab. Die abgehobene Warmluft kühlt sich dabei adiabatisch ab und rotiert in größeren Höhen noch einige Zeit als **Warmluftschale** gegen den Uhrzeigersinn (siehe Bild 13.8), bis ein Temperaturausgleich mit der Umgebung stattgefunden hat. Der ungleiche Temperaturverlauf innerhalb der Zyklone (Warmluft/Kaltluft), der das Schlechtwetter verursacht hatte, besteht nun nicht mehr. Die Kaltluft hat sich am Boden weit nach Süden durchgesetzt und hat die Temperatur vereinheitlicht. Unter Druckanstieg verflacht sich der noch bestehende trichterförmige Wirbel immer mehr. Die Zyklone hat sich aufgelöst (siehe Bild 13.8).

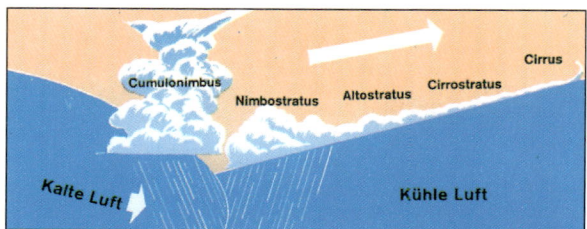

Bild 13.9   Kaltfrontokklusion

Bild 13.10   Warmfrontokklusion

13 Wettererscheinungen in Tiefdruck- und Hochdruckgebieten

13.3 Zyklonenfamilien

An der Kaltfront eines an der Polarfront entstandenen Tiefs bilden sich oft neue Wellenstörungen oder Frontalwellen, die sich nicht selten zu so genannten **Sekundärtiefs** entwickeln. Sie folgen dem ersten (alten) Tief, bilden mit ihm als Anführer eine Zyklonenfamilie und wandern dann in der Westdrift der gemäßigten Breiten vom mittleren Nordatlantik nach Europa. Bei kräftiger Westdrift kann es vorkommen, dass mehrere Zyklonenfamilien der ersten unmittelbar folgen. In solchen Fällen haben wir in Mitteleuropa über einen längeren Zeitraum mit sehr unbeständigem Wetter zu rechnen (siehe Bild 13.11).

Eine Zyklonenfamilie besteht meistens aus einer **Serie** von **drei bis vier Tiefdruckgebieten,** die sich in der Westdrift vom Atlantik (isländischer Raum) her nach Europa fortbewegen. Sie bilden sich auf der Nordhalbkugel immer wieder an bestimmten Stellen, die man zyklogenetische Punkte nennt. Ein für das mitteleuropäische Wettergeschehen wichtiger zyklogenetischer Punkt liegt im mittleren Nordatlantik (isländischer Raum). Von hier aus setzen sich die Tiefdruckgebiete in Richtung Europa in Bewegung. So erreicht das erste Glied einer Zyklonenfamilie meist unseren Raum schon im okkludierten Zustand als Kaltfront- oder Warmfrontokklusion, während sich das letzte Glied gerade erst als Wellenstörung im isländischen Raum bildet.

Bewegt sich eine Tiefdruckfamilie auf Europa zu, so haben wir etwa mit folgendem zeitlichen Ablauf des Wettergeschehens zu rechnen:

- Die erste Störung (erstes Tief) wird ungefähr am zweiten Tag durch die nachfolgende zweite Störung ersetzt.

- Die gesamte Zyklonenfamilie hat etwa in fünf Tagen unser Gebiet überquert.

- Aus diesem Grunde ändert sich in Mitteleuropa bei Westwetterlagen im Mittel alle fünf Tage der Witterungscharakter.

Bild 13.11 zeigt die Entstehung eines **Sekundärtiefs** an der Kaltfront des ersten (alten) Tiefs. Setzt sich dieser Vorgang fort, dann entsteht eine **Zyklonenfamilie.**

Die Bildung solcher Zyklonenfamilien an der Polarfront wird oft erst durch einen Kaltlufteinbruch polarer Luftmassen bis zum subtropischen Hochdruckgürtel (etwa 30° Nord) gestoppt.

Das stationäre Polarhoch wird dann durch eine **Hochdruckbrücke** mit dem subtropischen Hochdruckgürtel (in diesem Raum = Azorenhoch) verbunden, der die Westdrift der gemäßigten Breiten unterbricht.

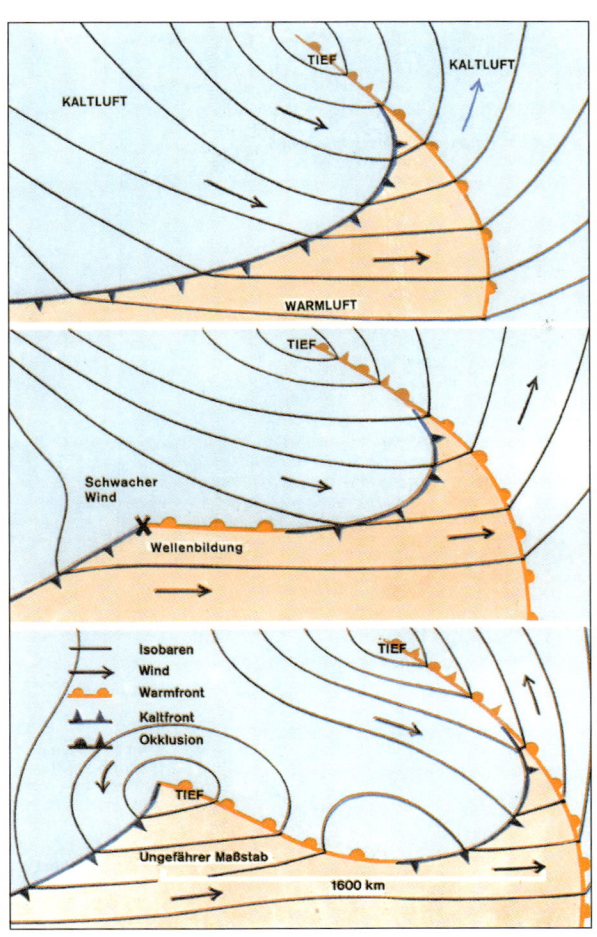

Bild 13.11 Entstehung eines Sekundärtiefs

13.4 Das Zentraltief (Islandtief)

Unter dem Begriff **Zentraltief** versteht man ein stationäres Tiefdruckgebiet, dessen zyklonale Verwirbelung (gegen den Uhrzeigersinn) bis an die Tropopause reicht. Es kann, wie schon beschrieben, entstehen und hat fast immer einen bevorzugten (bestimmten) Standort. Das für uns wichtige Zentraltief ist das so genannte **Islandtief,** das sich nach Auflösung immer wieder in diesem Gebiet neu bildet.

Ein solches, hochreichendes Tiefdruckgebiet mit senkrechter Rotationsachse (stationär) steuert die sekundären, kleineren Tiefdruckstörungen gegen den Uhrzeigersinn um sich herum. Es ist also ein Steuerungszentrum für andere Tiefdruckstörungen.

13.5 Thermisches Tief

Das thermische Tief (Hitzetief) kann sich bei sehr hohen Temperaturen und einer flachen Druckverteilung (großer Isobarenabstand) bilden. Durch starke Sonneneinstrahlung und Überhitzung kleinräumiger Gebiete nimmt die Luftdichte ab und es setzt Konvektion ein. Dadurch sinkt der Druck und es bildet sich ein kleinräumiges Tief, das die Aufwärtsbewegung der überhitzten und dadurch labilen Luftmassen fördert. Die Folge sind Gewitter im Bereich des Hitzetiefs.

13.6 Hochdruckgebiete (Antizyklonen)

Unter dem Begriff **Hochdruckgebiet** (oder Antizyklone) versteht man – im Gegensatz zum Tiefdruckgebiet – ein Gebiet, in dem die Luft unter adiabatischer Erwärmung absinkt und im Uhrzeigersinn (auf der Nordhalbkugel) am Boden ausfließt (divergiert).

Die absinkenden Luftmassen bewirken Wolkenauflösung durch Erwärmung und hohen Luftdruck am Boden (durch Luftzufuhr aus der Höhe). Man findet deshalb in Hochdruckgebieten oft (aber nicht immer) heiteres oder wolkenloses Wetter vor.

a) Thermische Hochdruckgebiete

Zieht eine Zyklonenfamilie vom Atlantik auf Europa zu, so steigt der Luftdruck hinter der Kaltfront des ersten Gliedes der Tiefdruckfamilie in der nun einströmenden (dichteren) Kaltluft am Boden an; das Wetter beruhigt sich kurzzeitig! Es dauert aber nicht lange, bis die Aufgleitbewölkung der Warmfront des nächsten Gliedes der Zyklonenfamilie eine erneute Verschlechterung des Wetters ankündigt.

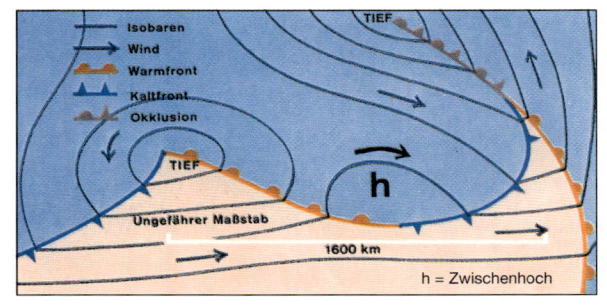

Bild 13.12 Zwischenhoch (thermisches Hoch) zwischen den Frontensystemen zweier Zyklonen

Diesen Druckanstieg – mit kurzer Wetterbesserung hinter der Kaltfront einer Zyklone – bezeichnet man als **Zwischenhoch**. Dieses Zwischenhoch ist ein **thermisches Hoch** (auch: **Kältehoch**, da es durch das Gewicht der Kaltluft hervorgerufen wird). Es zieht zwischen den Frontensystemen zweier Tiefdruckgebiete mit und ist nur so lange wetterbestimmend, bis das Frontensystem der nachfolgenden Zyklone seinen Platz einnimmt.

b) Dynamische Hochdruckgebiete

Die allgemeine Zirkulation der Atmosphäre lässt in den südlichen Breiten (um 30° N) einen Hochdruckgürtel durch Absinkvorgänge aus der Höhe entstehen. Er wird auch **subtropischer Hochdruckgürtel** genannt.

In diesem Hochdruckgürtel bilden sich am Boden so genannte **dynamische Hochdruckgebiete** (stationäre Antizyklonen) mit sehr großer Ausdehnung, die das Wetter in ihrem Einflussbereich sehr beständig gestalten. Für Europa ist z.B. das stationäre Azorenhoch als dynamisches Hochdruckgebiet (aus der Bewegung der Atmosphäre entstanden) ein wichtiges Steuerungszentrum des Wettergeschehens.

Manchmal weitet sich das **Azorenhoch** bis Europa aus und gestaltet unser Wetter über einen längeren Zeitraum sehr beständig (nicht selten mehrere Wochen). Es lenkt heranziehende Tiefdruckgebiete im Uhrzeigersinn um das Hoch herum und lässt sie nicht herankommen. Dynamische Hochdruckgebiete nennt man daher auch **blockierende Hochdruckgebiete.**

Solche stationären (dynamischen) Hochdruckgebiete können sich nur deshalb erhalten, weil sie aus der Höhe durch absinkende Luft (vgl. Abschnitt 11.2 „Die allgemeine Zirkulation") immer wieder neu aufgefüllt werden. Die absinkenden Luftmassen verursachen eine hochreichende Erwärmung, da absinkende Luft sich immer adiabatisch erwärmt. Die Luft rotiert, wie Bild 13.14 deutlich zeigt, im Uhrzeigersinn um den Hochdruck-Kern und fließt in der Grundschicht (bis ca. 4500 ft = 1500 m) spiralförmig aus dem Hoch heraus.

Die durch das Absinken der Luft hervorgerufene Erwärmung (Kompressionserwärmung) verringert den Spread und verursacht durch Verdunstung wolkenarmes oder wolkenloses Wetter.

c) Hochdruckbrücke

Eine Hochdruckbrücke ist eine Zone hohen Drucks, die zwei Hochdruckgebiete miteinander verbindet.

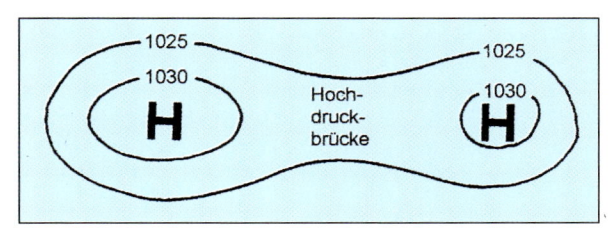

Bild 13.13 Hochdruckbrücke

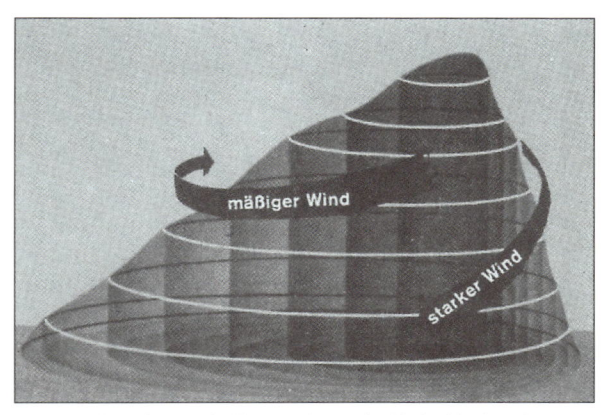

13 Wettererscheinungen in Tiefdruck- und Hochdruckgebieten

Bild 13.14 Die Luft strömt im Uhrzeigersinn um das Hoch, sinkt ab und erwärmt sich.

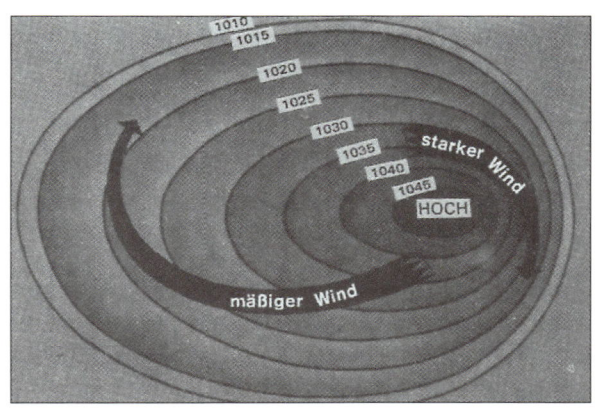

Bild 13.15 Isobaren und Wind im Hochdruckgebiet

Bild 13.16 Hochdruckwetter ist im Sommer trocken und stabil.

Bild 13.17 Hochdruckwetter ist im Winter oft trübe, mit Hochnebel an der Inversion.

13.6.1 Absinkinversion

In den Randgebieten von Hochs erreicht die absinkende Luft den Erdboden nicht und hört einige Tausend Fuß über dem Erdboden auf, damit erreicht auch die adiabatische Erwärmung nicht mehr den Erdboden. Zwischen der oberen erwärmten Schicht und der nicht erwärmten Schicht unten bildet sich eine Inversion aus – die **Absinkinversion (auch Grenzschichtinversion).** Das in Abschnitt 13.6 beschriebene wolkenlose Wetter mit extrem guten Horizontalsichten herrscht dann nur oberhalb dieser Inversion. Direkt darunter sammeln sich durch Konvektion Feuchtigkeit, Staubteilchen und Industriedunst, sodass sich die Horizontalsichten in dieser Höhe deutlich verschlechtern. Die Schrägsichten sind durch den Dunst unterhalb der Inversion schlecht, die Vertikalsicht direkt nach unten mäßig. Auch am Boden sind die Sichten im Bereich eines Hochs wegen der geringen Durchmischung meist nur mäßig, besonders natürlich morgens nach der nächtlichen Abkühlung. Sie bessern sich jedoch mit aufkommender Thermik.

Eine Inversion ist eine Schicht mit sehr hoher Stabilität, sie blockiert daher im Allgemeinen Vertikalbewegungen. Darum ist sie auch die Obergrenze für Cumulusbewölkung, die sich durch Konvektion bildet. Die Quellwolken breiten sich besonders zum Spätnachmittag vielfach unter der Inversion aus und werden zum Stratocumulus. Steigt die Untergrenze in die Inversion, lösen sich die Quellwolken auf. Beträgt die Temperaturzunahme der Inversion nur wenige Grad, kann die aufsteigende Luft die Inversion „überspringen", und es bilden sich nach einer wolkenlosen Phase erneut Cu-Wolken aus, deren Untergrenze deutlich höher als vorher liegt.

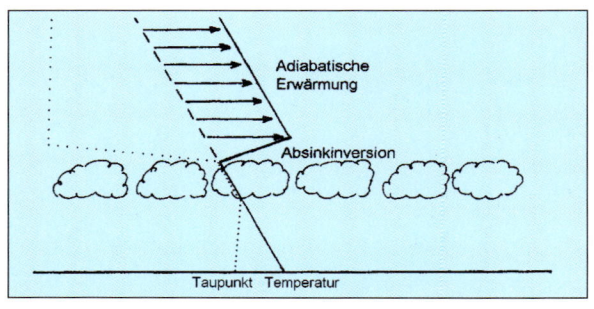

Bild 13.18 Bildung einer Absinkinversion

Inversionen können bei fantastischen Flugbedingungen (oberhalb wolkenlos, keine Turbulenz, exzellente Flugsichten) gut überflogen werden. Voraussetzung ist allerdings, dass gewährleistet ist, dass der Flug beim Start über die Inversion und bei der Landung unter die Inversion frei von Wolken durchgeführt werden kann. Das „Loch vom Dienst" muss sicher vorhanden sein.

13.6.2 Bodeninversion

Häufig treten auch – vor allem in den kälteren Jahreszeiten (Winter/Spätherbst) – **Bodeninversionen** (Temperaturumkehrschichten) über dem durch Ausstrahlung stark abgekühlten Boden auf. Im Winter führen sie oft zu lang anhaltenden Nebel- oder Hochnebelperioden (vgl. auch Kapitel 9 „Nebelbildung, Sicht und Dunst"), sodass ein Hoch im Winter mit neblig trübem Wetter und gelegentlichem Sprühregen oder Schneegriesel verbunden ist. Eine Ausnahme besteht nur, wenn das Hoch seinen Kern über dem Baltikum hat. Dann strömt mit östlichen Winden so trockene Luft mit so niedrigen Taupunkten heran, dass auch eine nächtliche starke Abkühlung keinen Nebel bilden kann.

13.6.3 Einfluss von Inversionen auf die Ballonfahrt

Ballonfahrer sind anders als die übrigen Luftfahrer stärker von den Auswirkungen durch Inversionen betroffen. Während motorkraftbetriebene Flugzeuge relativ problemlos eine Inversion durchfliegen können, wird die Aufwärtsbewegung eines Ballons durch die Sperrschicht gebremst oder sogar gestoppt. Die wegen der steigenden Temperatur abnehmende Dichte (vgl. Abschnitt 4.6 „Luftdichte") muss durch stärkeres Heizen ausgeglichen werden, um genügend Auftrieb zu erhalten, die Inversion zu durchstoßen.

Umgekehrt kann man die Dichteunterschiede nutzen, wenn man sich von oben einer Inversion nähert. Durch die zunehmende Dichte an der Obergrenze und im Bereich der Inversion wird die Sinkgeschwindigkeit deutlich abnehmen. Bei geplanter längerer Fahrt kann man sich auf die Inversionsobergrenze aufsetzen und so Gas und Ballast sparend turbulenzfrei fahren.

Auch im Bereich von Bodeninversionen muss sich der Ballonfahrer auf Besonderheiten einstellen.

Wie bei jeder Inversion nimmt auch innerhalb der Bodeninversion der Auftrieb wegen der zunehmenden Temperatur (abnehmende Dichte) stärker ab als bei einer Standardtemperaturverteilung (negativer Temperaturgradient). Beim Start muss der geringere Auftrieb durch stärkeres Heizen bzw. Ballastabgabe kompensiert werden.

Umgekehrt erhöht sich der Auftrieb beim Landevorgang, weil die Dichte im Bereich der Inversion sprunghaft zunimmt. Die Sinkgeschwindigkeit wird stark abnehmen, der Ballon kann sogar auf der Inversion aufschweben.

Wenn durch Sonneneinstrahlung bereits der untere Teil einer Bodeninversion aufgeheizt wurde, muss der Landevorgang besonders sorgfältig geplant werden. Die geringe Sinkgeschwindigkeit innerhalb des noch vorhandenen Restes der Inversion wird durch normales (schnelleres) Sinken unterhalb der Inversion (normale Temperaturverteilung) abgelöst.

Direkt unterhalb der Obergrenze einer Bodeninversion befindet sich häufig das Maximum des Windes im Vergleich zu den Windgeschwindigkeiten darunter. Durch das Ansteigen der Inversion im Verlauf einer Nacht steigt natürlich auch dieses Windfeld nach oben und lässt die Windgeschwindigkeit dort zunehmen. Von Bedeutung ist dieses Phänomen nur für Gasballonfahrer, die längere Zeit in geringer Höhe fahren.

Der Auftrieb eines Ballons wird beim Gasballon durch das Füllgas, das leichter als Luft ist oder beim Heißluftballon durch die aufgeheizte Luft, erzeugt. Treten nun an der Oberkante der Hülle wesentlich stärkere Winde auf als an der Unterkante, wird durch die aerodynamische Form der Hülle ein Unterdruck erzeugt, der zusätzliche dynamische Auftriebskräfte wirksam werden lässt. Der Ballon wird daher zunächst stark steigen. Das Steigen verringert sich schnell, wenn Unterkante und Korb ebenfalls in den Bereich der Windzunahme geraten. Der Ballon kann dann sogar wieder leicht sinken, wenn der Wind unten stärker wird als oben, außerdem verformt sich die Ballonhülle durch den starken Wind. Dieser Vorgang kann beim Start von Bedeutung werden, wenn eine flache Bodeninversion Windstille am Boden von stärkeren Winden in der Höhe abgrenzt.

14 Großwetterlagen in Mitteleuropa

Die jeweilige geographische Lage von **stationären Hoch- und Tiefdruckgebieten** (Steuerungszentren des Wettergeschehens) wird in der Meteorologie als Wetterlage oder Großwetterlage bezeichnet. Sie gestaltet die Witterung an einem bestimmten Ort für einen längeren Zeitraum.

Während der Begriff **Wetter** sich auf das **augenblickliche Wettergeschehen** bezieht, das sich mehrmals an einem Tage ändern kann, bleibt die **Witterung über mehrere Tage gleich** (entweder beständig oder unbeständig). Große dynamische Hochdruckgebiete verlagern sich nur geringfügig oder überhaupt nicht. Das für unseren Raum als Wettersteuerungszentrum fungierende Azorenhoch (Teil des subtropischen Hochdruckgürtels) steuert bei normaler Lage und Größe die berüchtigten atlantischen Tiefdruckstörungen mit ihren Schlechtwetterfronten auf den europäischen Kontinent zu. Weitet es sich aber nach Nordosten in Richtung Europa aus, so werden die Tiefs das europäische Festland nicht erreichen. Sie ziehen dann **weiter nördlich** am Rande des ausgeweiteten Azorenhochs in Richtung Skandinavien ab und berühren mit ihren südlichen Ausläufern höchstens die **norddeutschen Küstengebiete**. Folgende Großwetterlagen treten in Mitteleuropa auf:

14.1 Westwetterlage

- Eine der häufigsten Großwetterlagen Europas! Das Azorenhoch und das Islandtief haben ihre normale Lage und in der Höhe herrscht starke Westströmung (Westdrift), in der ganze Tiefdruckfamilien mit ihren Schlechtwetterfronten nach Mitteleuropa gesteuert werden.
- Unbeständige Witterung mit ständigem Wechsel zwischen Vorderseiten- und Rückseitenwetter.
- Bei Westwetterlagen ist es im Sommer kühl und im Winter mild, da die maritimen Luftmassen keine großen Temperaturunterschiede aufweisen.

14.2 Nordwestwetterlage

- Bei der Nordwestwetterlage hat sich das Azorenhoch nach Norden verlagert und über Südosteuropa herrscht tieferer Luftdruck. Der Kern des Azorenhochs liegt im Ostatlantik vor der europäischen Küste.
- In der Höhe bildet sich eine nordwestliche Luftströmung, die atlantische Tiefdruckstörungen nach Mitteleuropa steuert.
- Die Nordwestwetterlage tritt vor allem im Frühjahr auf und bringt immer sehr unbeständiges Wetter mit starken Schauerniederschlägen mit sich (Aprilwetter).
- Im Winter kommt es bei Nordwestwetterlagen oft durch das Zusammentreffen wärmerer Luft aus dem Süden und kalter Luft aus dem Norden zu einem Mischwetter aus Regen- und Schneeschauern.

14.3 Nordwetterlage

- Liegt ein Hoch über dem östlichen Atlantik, das sich sehr weit nach Norden erstreckt (Island), so bildet sich eine Nordwetterlage mit einer ausgeprägten nördlichen Höhenströmung für Mitteleuropa aus.
- Die Nordwetterlage tritt bei uns vorwiegend im Winter und Frühjahr auf und bringt Luftmassen aus dem arktischen oder polaren Raum nach Mitteleuropa.
- Die sehr kalte Luft (Kälteeinbruch in Mitteleuropa) erwärmt sich auf ihrem Weg nach Süden, nimmt über dem Meer Feuchtigkeit auf und verursacht wegen ihrer Labilität Schauerniederschläge, die im Winter als Schnee- oder Graupelschauer fallen.
- Im Frühjahr sehr gutes Streckenflugwetter für Segelflieger.

14.4 Ostwetterlage

- Eine typische Ostwetterlage tritt häufig dann auf, wenn über Skandinavien oder dem Baltikum ein stationäres Hochdruckgebiet liegt.
- Kontinentale (trockene) Luftmassen werden vom Osten nach Mitteleuropa gesteuert, die wolkenarmes oder heiteres Wetter mit sich bringen.
- Die Ostwetterlage tritt im Sommer selten auf (sehr warm). Im Winter wird es bei dieser Wetterlage bei uns sehr kalt (strenger Frost).

14.5 Südwestwetterlage

- Die Südwestwetterlage setzt über Südosteuropa ein Gebiet hohen Drucks und über dem nordöstlichen Atlantik ein Tiefdruckgebiet voraus.
- Atlantische Tiefdruckstörungen werden dann von Südwesten nach Nordosten gesteuert und verursachen im nördlichen Alpenraum häufig Föhn.
- Die Südwestwetterlage tritt im Winter häufiger auf als im Sommer. Im Sommer kommt es oft zu Gewitterschauern.

14.6 Vb-Wetterlage

Früher hat man in der Meteorologie die häufigsten Zugstraßen der Zyklonen in ein Schema eingeteilt und mit römischen Zahlen und Buchstaben bezeichnet.

Seitdem die Wettervorhersage mit Computermodellen berechnet und erstellt wird, haben die Zyklonen-Bezeichnungen keine Bedeutung mehr. Lediglich die so genannte „Vb-Wetterlage" hat sich als Bezeichnung bis heute gehalten, weil sie einen besonderen Wetterablauf und besondere Wettererscheinungen für Mitteleuropa mit sich bringt.

- Die **Vb-Wetterlage** setzt folgende Druckverteilung voraus: Ein Trog von Skandinavien bis zum Mittelmeer steuert Kaltluft bis in das westliche Mittelmeer, wo die Kaltluft mit der warmen und feuchten Mittelmeerluft zusammentrifft. Dort bilden sich durch das Zusammentreffen der verschieden temperierten Luftmassen neue Tiefdruckgebiete, die auch als **Genua-Zyklonen** bezeichnet werden.
- Sie werden mit einer auf der Ostseite des Troges herrschenden südwestlichen Höhenströmung – auf der Ostseite des Kaltluftbereiches – nach Nordosten gesteuert.
- Die über dem Mittelmeer entstandenen Zyklonen (Genua-Zyklonen) ziehen dann über die Alpen, Ostbayern oder Österreich nach Polen und verursachen im Alpenraum und über Ostdeutschland sehr schlechtes Wetter mit Dauerniederschlägen; oft verursachen sie katastrophale Überschwemmungen durch Hochwasser der Donau, Saale, Elbe und Oder.
- Im nördlichen Alpenbereich findet man in den unteren Luftschichten Winde mit nördlicher Komponente vor, die feuchte Kaltluft gegen die Alpen führen, was zu Stauerscheinungen führt. In den höheren Schichten gleitet warme und sehr feuchte Mittelmeerluft aus südwestlichen Richtungen über die Kaltluft auf und bildet mächtige Nimbostratus-Wolken, aus denen anhaltender und sehr ergiebiger Landregen fällt.

14.7 Trog und Kaltlufttropfen

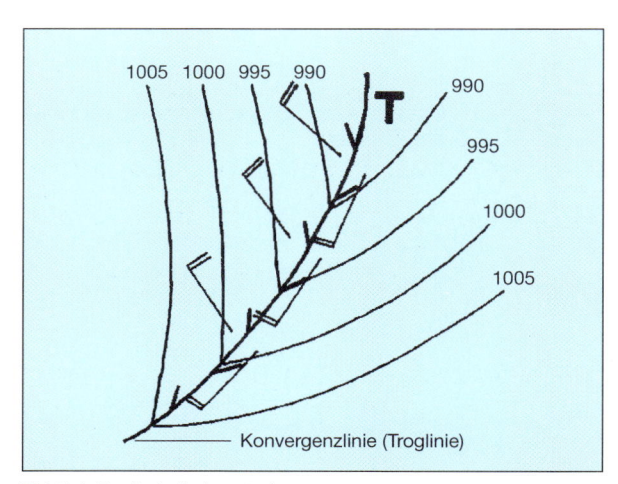

Bild 14.1 Trog in der Bodenwetterkarte

a) Trog

Auf der Rückseite von ausgeprägten Tiefdruckgebieten (hinter der Kaltfront) findet man auf der Wetterkarte häufig trog- oder u-förmige Ausbuchtungen der Isobaren nach Süden oder Südwesten vor.

Solche postfrontalen Tiefdrucktröge verursachen oft erst – weit hinter der Kaltfront – das schlechteste Wetter mit den stärksten Schauern und den höchsten Windgeschwindigkeiten.

Im Bereich der Trogachse am Boden (Zone der stärksten Krümmung der Isobaren) liegt eine Konvergenz (konvergent = zusammenströmend). Durch die Bodenreibung kommt es zu einem Zusammenströmen der Luft auf der Rückseite der Konvergenz mit der Luft auf der Vorderseite. Die Folge ist Hebung auf der Vorderseite der Trogachse. Hier herrscht schlechtes Wetter mit vielen Wolken und schauerartigen Niederschlägen, z. T. auch Gewittern.

Auf der Rückseite der Tröge finden wir absinkende Luftmassen vor, die meist zu einer raschen Wetterbesserung beitragen.

In Höhenwetterkarten gibt es ebenfalls Tröge, die so genannten **Höhentröge**. Sie liegen meist in der Nähe der Bodentröge. Die Beschriftung der Isolinien (Isohypsen) sieht jedoch etwas anders aus, als in der Bodenwetterkarte. Sie werden durch eine langgestreckte Isohypsenform dargestellt. Im Krümmungsmittelpunkt liegen die Druckflächen am niedrigsten.

14 Großwetterlagen in Mitteleuropa

b) Kaltlufttropfen

Manchmal entstehen auf der Rückseite eines Tiefs im Trog Gebilde, die von der Strömung her **zyklonale Höhenwirbel**, vom Luftdruck her **Höhentiefs** und von der Temperatur her so genannte **Kaltlufttropfen** sind.

Es handelt sich dabei um ein von allen Seiten von Warmluft umgebenes Kaltluftgebiet in der Höhe, das in der Bodenwetterkarte kaum auszumachen ist. In der Höhe hingegen ist im Bereich der abgekapselten Kaltluft ein **kräftiges Höhentief** vorhanden, da in der Kaltluft der Luftdruck in der Höhe geringer ist als in der umgebenden Warmluft.

Ein solches Höhentief aus Kaltluft (Kaltlufttropfen) kann dann entstehen, wenn die auf der Rückseite eines Tiefs weit nach Süden vorstoßende Kaltluft durch nach Norden vorstoßende Warmluft abgeschnürt wird.

Ausgeprägte Kaltlufttropfen haben nicht selten die Größe Mitteleuropas und verlagern sich mit ihrem Schlechtwettergebiet nur sehr langsam.

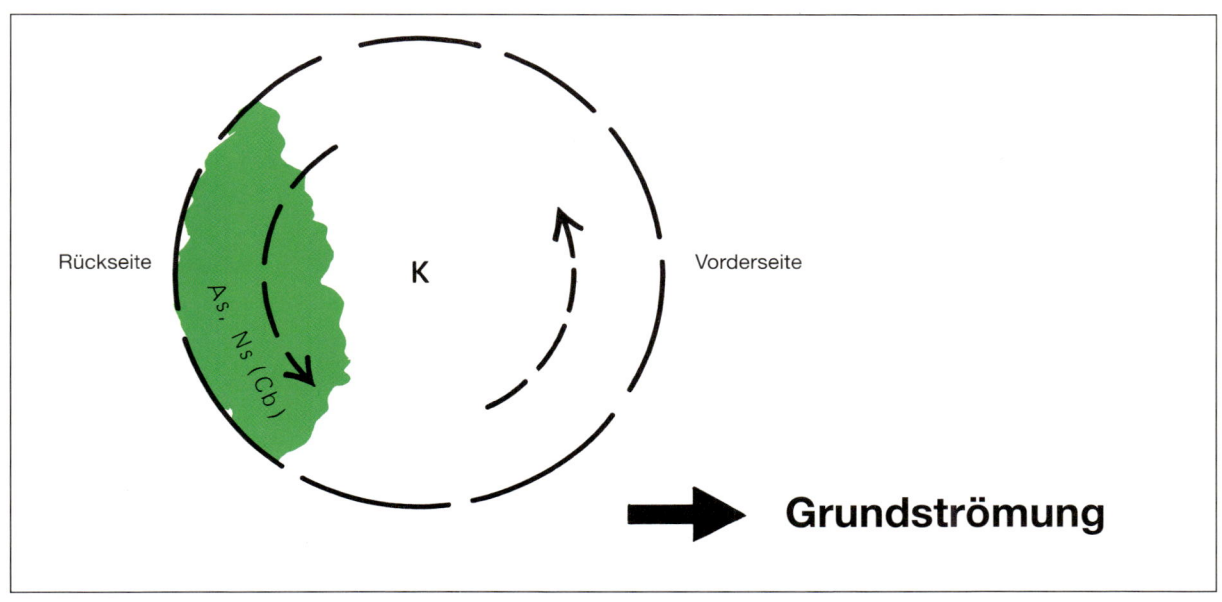

Bild 14.2   Kaltlufttropfen mit Schlechtwettergebiet an der Luvseite (Aufgleitbewölkung mit Quellungen)

Kaltlufttropfen bestimmen manchmal wochenlang mit ihrem Schlechtwetter das Wettergeschehen über einem bestimmten Gebiet. In der warmen Jahreszeit kommt es wegen der tiefen Höhentemperaturen bei starker Erwärmung der bodennahen Luft zu hochreichender Labilität, die vor allem im Zentrum des Kaltlufttropfens zu starken Schauern und Gewittern führen kann. Auf der Luvseite (Rückseite) eines Kaltlufttropfens gleitet warme Luft auf. Dadurch entsteht eine mehr oder minder mächtige Aufgleitbewölkung (As, Ns) mit zusätzlichen Quellwolken (unter Umständen Cb's) mit sehr niedriger Untergrenze und starken Niederschlägen. Auf der Vorderseite sinkt die aufgestiegene Luft wieder ab und führt zu Wolkenauflösung und freundlichem Wetter. Kaltlufttropfen werden von der Bodenströmung gesteuert. Da unter einem Kaltlufttropfen häufig eine schwachgradientige Druckverteilung zu finden ist, vollführt ein Kaltlufttropfen Bewegungen „wie ein Fettauge auf der Suppe". Diese willkürlichen Bewegungen sind oft nur schwer vorherzusagen.

15 Gefährliche Wettererscheinungen für die Fliegerei

15.1 Gewitter (Thunderstorms)

Gewitter zählen neben der **Flugzeugvereisung (aircraft icing)** und der **Turbulenz** zu den gefährlichsten Wettererscheinungen für die Luftfahrt. Nach einer amerikanischen Statistik treten auf der Erde innerhalb der Troposphäre täglich mehr als **44 000 Gewitter (!)** auf.

Während in den tropischen Zonen der Erde täglich Gewitterstürme wüten, kommen sie in den polaren Regionen nur sehr selten und in den bekannten regenlosen Zonen überhaupt nicht vor. In unseren gemäßigten Breiten haben wir im Laufe eines Jahres – vor allem in der Sommerzeit – mit etwa 30 Gewittertagen zu rechnen.

Gewitter sind – obwohl meist engräumig auftretend – die **energiereichsten** Erscheinungen im gesamten Wettergeschehen. Sie werden durch eine hochreichend feuchtlabile Schichtung der Troposphäre hervorgerufen (vgl. Abschnitt 6.4 „Stabilitätskriterien aufsteigender Luft") und zeichnen sich aus durch

- **heftige Auf- und Abwärtsbewegungen** der Luft mit **starker Quellwolkenbildung** (Cb; vgl. Kapitel 8 „Wolkenarten"),
- **starke Schauerniederschläge** in Form von Regen, Graupel oder Hagel (vgl. Abschnitt 10.3 „Niederschlagsarten") und
- **gewaltige elektrische Entladungen (Blitze)** mit den Schallerscheinungen, die wir **Donner** nennen.

Die durch die heftigen Auf- und Abwärtsbewegungen der feuchtlabilen Luft entstehende

- **starke Turbulenz**

innerhalb, unterhalb und in der näheren Umgebung der **Gewitterwolken (Cb)** stellt die **größte Gefahr** für die Fliegerei dar.

Bild 15.1 Typische Gewitterwolke (Cumulonimbus Cb)

Aber auch die **starken Schauerniederschläge** – in unseren Breiten vor allem der mögliche Hagelschlag –, die in Gewitterwolken **(Cb)** oberhalb der Nullgradgrenze immer auftretende **Flugzeugvereisung** und **Blitzeinschläge** beeinflussen und gefährden den gesamten Flugverkehr (sowohl IFR- als auch VFR-Flüge) in einem solchen Maße, dass bei Gewitterlagen grundsätzlich Folgendes gilt:

- **Gewitterherde und deren nähere Umgebung meiden (umfliegen)!**

Alle Verkehrsflugzeuge und viele größere Flugzeuge der Allgemeinen Luftfahrt für den IFR-Flugbetrieb sind mit aufwendigen Bord-Wetterradaranlagen (airborne weather radar) ausgerüstet, die es dem Flugzeugführer ermöglichen, Gewitterherde rechtzeitig zu erkennen, deren Standort in Bezug auf das Flugzeug genau auszumachen und ihnen dann anhand der Radar-Anzeige auszuweichen.

15.1.1 Ursachen und Entwicklung von Gewittern

Alle Gewitterarten ähneln sich in der Entstehung und im Aufbau sehr stark. Folgende Voraussetzungen müssen jedoch immer gegeben sein, damit sich Gewitter (alle Arten) überhaupt bilden können:

1. **Feuchtlabilität** (bedingte Labilität) – vgl. Abschnitt 6.4 „Stabilitätskriterien aufsteigender Luft" – muss bis in größere Höhen hinauf herrschen.
2. Die Luft muss einen **hohen Feuchtigkeitsgehalt** haben (hohe absolute Feuchte).
3. Die sehr **feuchte Luft** muss auf irgendeine Art – z. B. **thermische Konvektion** durch starke Sonneneinstrahlung, **Hebung an Geländehindernissen** (= orographische Hebung) oder an **Frontflächen** – zum Aufstieg in größere Höhen gezwungen werden.

Sind die beiden ersten Bedingungen – also Feuchtlabilität und hohe Luftfeuchtigkeit – erfüllt, dann bedarf es nur noch eines der schon erwähnten Hebungsprozesse und Gewitter können entstehen. Durch die Hebung der feuchtlabilen Luft setzt nun eine kontinuierliche Entwicklung ein, die sich von der Bildung einer einfachen **Cumuluswolke (Cu)** im Kondensationsniveau über einen gewaltigen **Cumulonimbus (Cb)** bis hin zur Auflösung der Gewitterwolke erstreckt.

Diese **Entwicklung** vom einfachen **Cu** über den gewitterträchtigen **Cb** bis zur Auflösung – die Wolke ändert dabei ständig ihr Erscheinungsbild und ihre Struktur – wird übersichtlich in **drei Stadien** eingeteilt. Der Zeitraum von der Bildung der ersten Cumuluswolke bis zur Auflösung des Cb dauert zwischen ein und zwei Stunden.

a) Das Cumulusstadium (Cumulus Stage)

Obwohl die meisten Cumuluswolken (Cu) sich nicht in eine Gewitterwolke (Cb) weiterentwickeln, besteht die erste Phase der Gewitterentwicklung immer darin, dass eine Cumuluswolke am Himmel entsteht, die aufgrund der starken Aufwinde in der Wolke bis in große Höhen (15 000 bis 25 000 ft) anwächst (siehe Bild 15.2).

Die Wolke besteht zu diesem Zeitpunkt nur aus feinen Wassertröpfchen, die sich oberhalb der Nullgradgrenze im unterkühlten Zustand befinden.

Achtung: Vereisungsgefahr!

Der kräftige Aufwind (ca. 1 000–2 000 ft/min; ca. 5–10 m/s) reißt die feinen Wassertröpfchen nach oben oder er hält sie zumindest in der Schwebe. Deshalb kann jetzt noch **kein Niederschlag** aus der Wolke fallen. Es bilden sich aber bald größere Tropfen – mehrere feinste Tröpfchen schließen sich zu einem Regentropfen zusammen – und die Entwicklung der Gewitterwolke geht in das so genannte **Reifestadium** über.

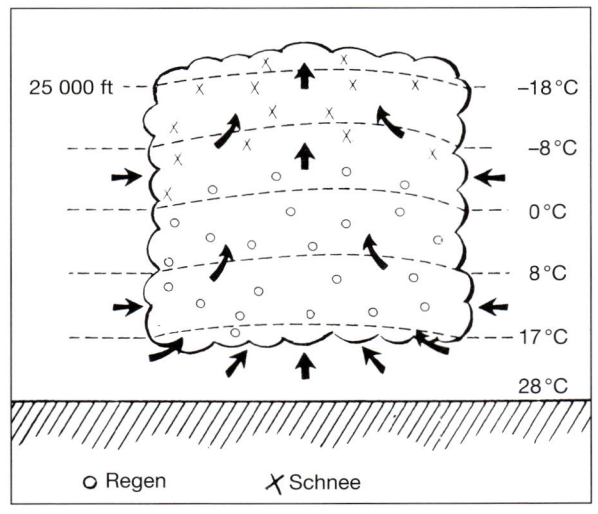

Bild 15.2 Das Cumulusstadium einer Gewitterwolke (Cu)

15 Gefährliche Wettererscheinungen für die Fliegerei

b) Das Reifestadium (Mature Stage)

Das Cumulusstadium einer Gewitterwolke geht dann dem Ende entgegen, wenn die Wolke an ihrer Obergrenze zu vereisen beginnt, d.h. die Temperatur von –10 °C wird unterschritten. Nun ist aus dem Cu ein Cb geworden. Die **Obergrenze** beträgt dann im Sommer ca. **20 000 ft.** Der Cb wächst aber weiter und erreicht im Sommer Höhen von **30 000 bis 40 000 ft.** Durch die Eiskristalle im oberen Teil der Wolke beginnt die Niederschlagsbildung, wie wir sie bei der Mischwolke kennen gelernt haben. Durch die sehr **hohen Vertikalgeschwindigkeiten** bildet sich zusätzlich Hagel in der Wolke. Die Aufwinde haben bei einer Obergrenze von ca. 30 000 ft eine Geschwindigkeit von bis zu 30 m/s (6 000 ft/min). Wenn die immer größer und schwerer werdenden Niederschlagsteilchen vom Aufwindstrom nicht mehr getragen werden können und zur Erde zu fallen, beginnt das Reifestadium. Durch den fallenden Niederschlag wird die Strömungsverteilung im Cb signifikant umgestaltet. Der **Niederschlag bremst den Aufwind** und wandelt ihn anschließend in einen **Abwind** um. Seine **Geschwindigkeit** beträgt ca. **10–15 m/s (2 000–3 000 ft/min).** Die herabstürzende Luft kommt bei diesen Geschwindigkeiten gleichzeitig am Erdboden an. Hier wird sie in die Horizontale umgelenkt und verursacht das uns allen bekannte Phänomen einer

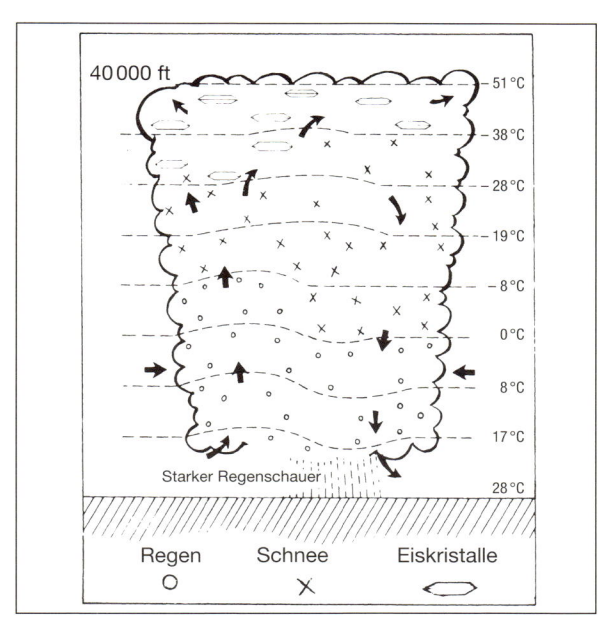

Bild 15.3 Das Reifestadium einer Gewitterwolke (Cb)

- **starken Windböe (Böenwalze),**

die aus dem Schauergebiet herausweht. Diese Erscheinung ist für die Fliegerei besonders gefährlich, weil plötzlich **Spitzenböen bis zu 80 Knoten** am Erdboden auftreten können. Die Böenwalze kann dem eigentlichen Gewitter bis zu 20 km vorauseilen. Auch nach den ersten Spitzenböen zu Beginn des Niederschlags treten weiterhin Böen während des Gewitterniederschlags auf. Da diese **Fallböen** ihre Bewegungsenergie (Richtung und Geschwindigkeit) aus der Höhe mit zum Boden nehmen, wird die Windrichtung der Böe mindestens um 30° nach rechts abgelenkt sein (fehlende Reibung in der Höhe).

Eine besonders intensive Form von **Abwinden (Downburst)** sind die **Microbursts,** die bei starken Gewittern zu Zeiten stärkster Konvektion (Sommer, nachmittags) auftreten können. Glücklicherweise sind Microbursts in Europa selten, die meisten bekannten Fälle sind in den USA aufgetreten. Die nachfolgend beschriebenen Auswirkungen lassen sich aber in abgeschwächter Form auf alle Downbursts übertragen, sie sind daher auch in Mitteleuropa möglich.

In Microbursts stürzt die Gewitterkaltluft im Idealfall senkrecht in Form eines engen Strahls oder jetförmig nach unten. Die horizontale Ausdehnung beträgt weniger als 4 km (d.h. bis zu unter der Länge einer S/L-Bahn), die Aktionszeit liegt lediglich zwischen 1–5 Minuten. Diese kurze Zeit verdeutlicht, dass der CB förmlich auf einen Schlag einen Großteil seiner Energie freisetzt. Wenn der Microburst auf den Boden trifft, breitet sich die Luft zu allen Seiten aus und bildet im Idealfall am Ende konzentrische Ringe, die an Raucherringe erinnern.

Durch die eng begrenzte horizontale Ausdehnung muss natürlich bei Start und Landung mit starken Geschwindigkeits- und Richtungsscherungen des Windes gerechnet werden. **Windscherungen** sind die **Hauptursache von Unfällen** in Verbindung mit Microbursts.

Die horizontalen Unterschiede von Windrichtung und -geschwindigkeit können einen so großen Geschwindigkeitsverlust des Flugzeugs bewirken, dass das kurzfristige Leistungsvermögen an horizontaler Beschleunigung auch von Verkehrsflugzeugen überschritten wird.

Aber auch innerhalb der Wolke – besonders im mittleren Teil – entsteht während des Reifestadiums durch die sich in unmittelbarer Nachbarschaft abspielenden heftigen Auf- und Abwindvorgänge

- **stärkste Turbulenz (severe turbulence),**

die nachweislich in der Vergangenheit zu Verlusten von Flugzeugen und Insassen geführt hat.

Während des Reifestadiums schießt die Gewitterwolke bis zur Tropopause empor, die in unseren Breiten im Sommer ca. 40 000 ft hoch liegt. Da hier sehr niedrige Temperaturen von –50° bis –60 °C herrschen, wandelt sich der **obere Teil des Cumulonimbus** in eine **Eiswolke** um. An der Tropopause, die wegen der hier einsetzenden **Isothermie** (Stratosphäre) als Sperrschicht für aufsteigende Luft wirkt, breitet sich der Gipfel der Wolke horizontal aus und nimmt die Form eines Ambosses an.

Sind die Aufwinde in der Wolke besonders kräftig – das ist vor allem im Sommer der Fall –, dann kann es zu der für Flugzeuge ebenfalls sehr gefährlichen

- **Bildung von Hagel (hail)**

kommen, wobei einzelne Hagelkörner durchaus die Größe eines Hühnereies oder gar die eines Apfels erreichen können. In jedem sommerlichen Cb ist mit Hagel zu rechnen, der zwar nicht immer mehrere Zentimeter dick ist, aber trotzdem zu Beschädigungen am Flugzeug führen kann. Auf dem Weg zum Erdboden schmelzen die kleineren Hagelkörner meist zu großtropfigen Regenschauern.

Nachdem sich im oberen Teil des Cb das erste Eis gebildet hat, setzen auch die für ein Gewitter typischen **elektrischen Erscheinungen** in Form von gewaltigen **Entladungen (Blitzen)** ein. Für die Entstehung dieses Phänomens gibt es leider bis heute noch keine voll befriedigende Erklärung. In Forschungsprojekten wurde jedoch durch Messungen festgestellt, dass sich innerhalb von Gewitterwolken in ca. 10 000 bis 13 000 ft Höhe ein negatives und in etwa 20 000 bis 23 000 ft ein positives Ladungszentrum befindet. Somit könnte man einen **Cb** als gewaltigen Kondensator betrachten, in dem es zu Überschlägen in Form von verschiedenartigen **Blitzen** (Linien-, Flächen- und Perlschnurblitze) kommt. Die Blitze können zur Erde, zu benachbarten Cumulonimben und sogar zur Ionosphäre überschlagen.

Die starke **Schauertätigkeit hält während des gesamten Reifestadiums** an und führt dazu, dass sich die Abwärtsbewegung (Abwind) mehr und mehr in der ganzen Gewitterzelle **(Cb)** durchsetzt und der vorher dominierende Aufwindstrom langsam zusammenbricht. Durch diesen Vorgang wird das sehr intensive Reifestadium beendet.

c) Das Auflösestadium (Dissipating Stage)

Das **Auflösestadium** einer Gewitterwolke setzt dann ein, wenn die eben erwähnte Abwärtsbewegung durch die starken Schauerniederschläge die gesamte Wolke erfasst hat. Die immer noch ausfallenden Niederschläge sorgen dafür, dass der Wassergehalt der Wolke ständig abnimmt. Dadurch verringert sich analog die Schauerintensität. Die anfänglich heftigen Schauerniederschläge gehen in einen leichten **Dauerregen** über, der zum **Ausregnen der Wolke** führt. Das Ausströmen der absinkenden Luft aus dem Niederschlagsgebiet unter der Wolke und der im Auflösestadium vorherrschende vertikale Abwindstrom in der Wolke lassen nach. Die mächtige Quellwolke sinkt in sich zusammen und die **Winde** wehen in allen Höhen wieder **horizontal**. (Schematische Darstellung des Auflösestadiums: siehe Bild 15.4!)

Die Reste des **Ambosses** (Gipfel der Wolke) werden durch die starken Winde an der Tropopause in dichte Cirren **(Ci)** zerfetzt, die mit der Höhenströmung abtreiben.

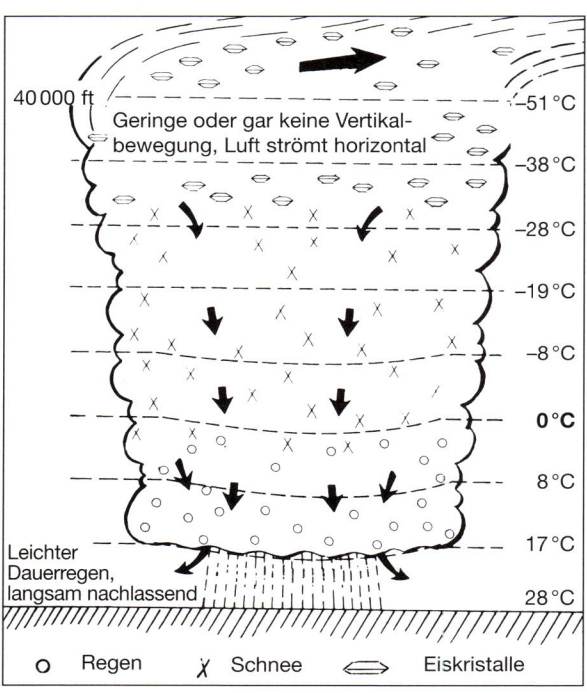

Bild 15.4 Das Auflösestadium einer Gewitterwolke (Cb)

15.1.2 Gewitterarten

Gewitter können sich grundsätzlich in einheitlichen Luftmassen und an Luftmassengrenzen **(Fronten)** bilden. Aus diesem Grunde teilt man sie in zwei Gruppen ein:

1. **Luftmassengewitter** (air mass thunderstorms) und
2. **Frontgewitter** (frontal thunderstorms).

15 Gefährliche Wettererscheinungen für die Fliegerei

Da die Luftmassengewitter auf zwei Arten entstehen können, nämlich durch Hebung hochreichend feuchtlabiler Luft infolge starker Sonneneinstrahlung (thermische Konvektion) oder durch Hebung feuchtlabiler Luft an Geländehindernissen (orographische Hebung), werden sie nochmals aufgeteilt in:

- **Wärmegewitter** (convective thunderstorms) und
- **Orographische Gewitter** (orographic thunderstorms).

Frontgewitter bilden sich immer durch Hebung feuchtlabiler Luft an Luftmassengrenzen – also an Frontflächen. Demnach unterscheidet man hier zwischen

- **Warmfrontgewittern** (warm front thunderstorms),
- **Kaltfrontgewittern** (cold front thunderstorms),
- **Okklusionsfrontgewittern** (occluded front thunderstorms).

1. Luftmassengewitter (Air Mass Thunderstorms)

Wie wir schon wissen, gibt es zwei Arten von Luftmassengewittern – nämlich die so genannten **Wärmegewitter** und die **orographischen Gewitter.** Beide Arten bilden sich in einheitlichen (homogenen) Luftmassen, treten meist vereinzelt in begrenzten Räumen (isoliert) auf und lassen sich folglich meist gut umfliegen.

Bild 15.5   Luftmassengewitter treten meist isoliert auf und sind in der Regel gut zu umfliegen.

a) Wärmegewitter (Convective Thunderstorms)

Wärmegewitter bilden sich häufig im Sommer bei geringen Luftdruckunterschieden in einer einheitlichen Luftmasse durch starke Erhitzung von Landflächen infolge intensiver Sonneneinstrahlung. Dadurch wird die bodennahe Luft ebenfalls erheblich erwärmt (Wärmeübertragung Erde/Luft) und es setzt ein Prozess ein, den wir im Abschnitt 7.3 „Wolkenbildung durch Hebung" schon als

- **thermische Konvektion**

kennen gelernt haben.

Die bodennahe erhitzte Luft steigt auf und wird durch kühlere Luft aus der näheren Umgebung und aus der Höhe ersetzt, die aufgrund ihrer höheren Dichte schwerer ist und absinkt. Der Kreislauf der thermischen Konvektion hat damit begonnen.

Ist die an diesem Kreislauf beteiligte Luft sehr feucht und mindestens bedingt labil (feuchtlabil), dann bilden sich – vorwiegend am späten Nachmittag, wenn die Erde durch lange Sonneneinstrahlung sehr warm geworden ist – hochreichende Konvektionszellen mit sich auftürmenden Cumuluswolken **(Cu-Stadium)**, die schnell so weit emporschießen können, dass riesige Cumulonimben **(Cb)** mit Gewittertätigkeit (Reifestadium) entstehen. So entstandene Wärmegewitter lösen sich im Normalfall in den Abendstunden wieder auf, weil die Erdoberfläche durch Ausstrahlung in die Atmosphäre nun schnell abkühlt und die thermische Konvektion zusammenbricht.

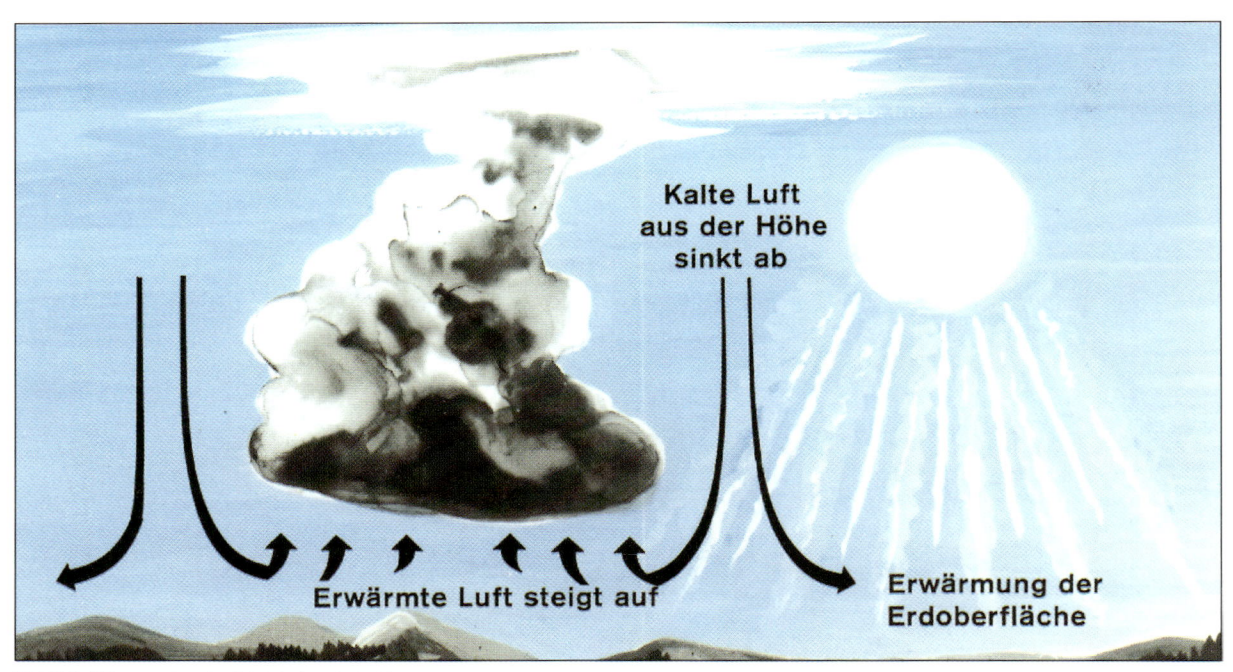

Bild 15.6   Wärmegewitter durch lokale thermische Konvektion

Wärmegewitter treten im Allgemeinen isoliert auf und sind damit umfliegbar. Wegen der Turbulenz, die sich von den Randgebieten bis zu 20 km vom Cb entfernen kann, ist ein entsprechender Sicherheitsabstand zum Cb einzuhalten. Einzelne Wärmegewitter können auch zu größeren Gewitterherden zusammenwachsen und sind dann kaum mehr umfliegbar. Obwohl die Lebensdauer einer Gewitterzelle nur ein bis zwei Stunden beträgt, kann sich ein Gewitter mehrere Stunden halten, da es aus mehreren Zellen unterschiedlicher Entwicklungsstadien besteht.

Jahreszeitlich gesehen treten Wärmegewitter in Mitteleuropa überwiegend im Juli und August auf. Über dem Wasser von Nord- und Ostsee verschiebt sich das Maximum der Gewittertätigkeit in den Herbst hinein. In diesen Monaten ist das Wasser noch recht warm und hat deutlich höhere Temperaturen als die darüber streichende Luft, die dadurch von unten erwärmt und labilisiert wird.

b) Orographische Gewitter (Orographic Thunderstorms)

Eine andere Art der Luftmassengewitter kann dann entstehen, wenn feuchte und mindestens bedingt labile Luft einer einheitlichen Luftmasse an der **Luvseite** von **orographischen Hindernissen** (Berge/Gebirge) zum **Aufsteigen** gezwungen wird. Oberhalb des Kondensationsniveaus setzt durch die frei werdende Kondensationswärme eine hochreichende Konvektion ein – die aufsteigende Luft wird wärmer als die Umgebungsluft (= labil) – und es bilden sich Cumulonimben (Cb) mit **Gewittertätigkeit**.

Die Gewittertätigkeit kann auf einzelne Gewitterzellen (Cb) an den höchsten Bergen beschränkt sein, es kann aber auch zur Bildung einer langen, ununterbrochenen Gewitterlinie (ähnlich den so genannten **squall lines** vor Kaltfronten) entlang des gesamten Gebirges kommen, die ein Überqueren des Gebirges unmöglich macht. Fliegt man bei solchen Wetterlagen von der Luvseite her auf das Gebirge zu, so ist es oft sehr schwer, die orographischen Gewitter zu erkennen, weil die gefährlichen Cumulonimben (Cb) durch andere Wolken (meist Schichtwolken) verdeckt sind. Orographische Gewitter sind nicht an große Gebirge gebunden, auch die heimischen Mittelgebirge können sie auslösen. Entscheidend ist der Aufwärtsimpuls, der auf der Luvseite die Vertikalbewegung in Gang setzt.

Fast alle orographischen Gewitter hüllen die Berggipfel mit ihrer Wolkenbasis vollständig ein. Deshalb sollte man **nie versuchen, solche Gewitter zu unterfliegen,** auch wenn die andere Seite des Gebietes klar zu erkennen ist und die Wolkenbasis scheinbar hoch genug liegt. Turbulenzen und plötzlich ausfallender Starkniederschlag können zur Katastrophe führen.

> **Merke:** Die Position von Luftmassengewittern – sowohl Wärmegewitter als auch orographische Gewitter – lässt sich vom Wetterdienst schwer vorhersagen! Ein wichtiges Hilfsmittel sind aber die an allen Flugwetterdienststellen einzusehenden Bodenwetterradargeräte, mit deren Hilfe aktuelle Gewitter lokalisierbar sind und auch verlagert werden können. Mit Selfbriefingverfahren kann sich auch der einzelne Pilot auf seinem heimischen PC diese Radarbilder ansehen und abschätzen, ob Gewitter die Flugstrecke beeinflussen oder ggf. umfliegbar sind.

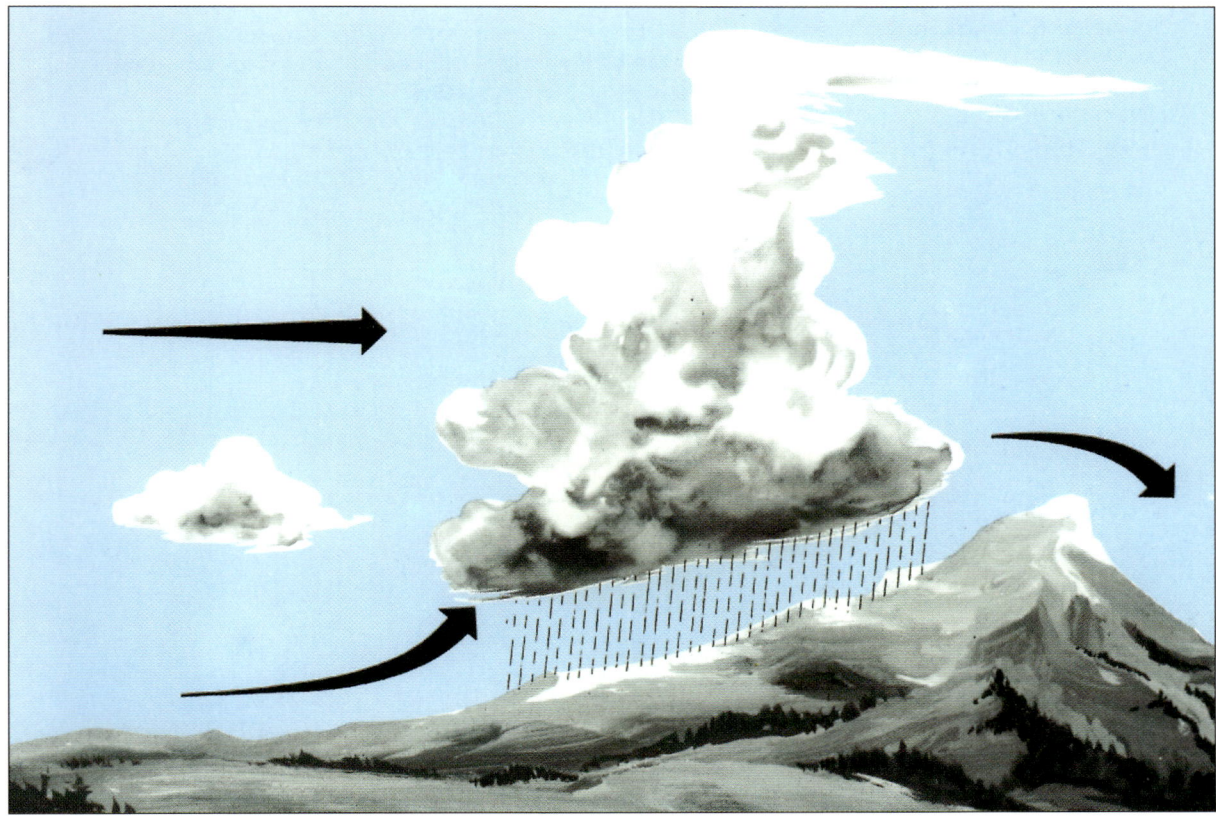

15 Gefährliche Wettererscheinungen für die Fliegerei

Bild 15.7 Orographische Gewitter bilden sich über und an der Luvseite von Bergen oder Gebirgen.

2. Frontgewitter (Frontal Thunderstorms)

Frontgewitter können sich durch Hebung warmer, feuchtlabiler Luft mit hohem Feuchtigkeitsgehalt an den Frontflächen aller uns bekannten Wetterfronten bilden. Demnach unterscheidet man hier zwischen

- Kaltfrontgewittern,
- Warmfrontgewittern,
- Okklusionsfrontgewittern.

a) Kaltfrontgewitter (Cold Front Thunderstorms)

Schiebt sich schnell vorwärtsbewegende Kaltluft wie ein Keil unter eine vorgelagerte Warmluftmasse, die sehr feucht und bedingt labil ist, dann bildet sich durch den Hebungsvorgang an der Frontfläche eine Gewitterlinie. Bei starker Überhitzung kann sich 50 bis 200 km vor der Kaltfront in der vorderseitigen Warmluft eine vorlaufende **Böenlinie (squall line)** ausbilden. Dies ist eine Gewitterlinie höchster Intensität.

Näheres über die Entstehung und die Gefahren solcher Kaltfrontgewitter finden Sie in den Abschnitten 7.4 „Wolkenbildung durch Kaltlufteinbruch unter Warmluft (Kaltfront)" und 12.2.3 „Die Kaltfront"!

b) Warmfrontgewitter (Warm Front Thunderstorms)

Gewitterbildung an Warmfrontflächen ist sehr viel seltener zu beobachten als an Kaltfronten, da die auf die flache Warmfrontfläche aufgleitende Warmluft in der Regel stabil geschichtet ist.

Handelt es sich bei der aufgleitenden Warmluft jedoch um feuchtlabile Luft mit hohem Feuchtigkeitsgehalt, so können an der Frontfläche auch Quellwolken (Cb) mit Gewittererscheinungen entstehen, die aus dem mächtigen Schichtwolkenfeld der Warmfront (siehe Bild 15.9) herausschießen.

15.1 Gewitter (Thunderstorms)

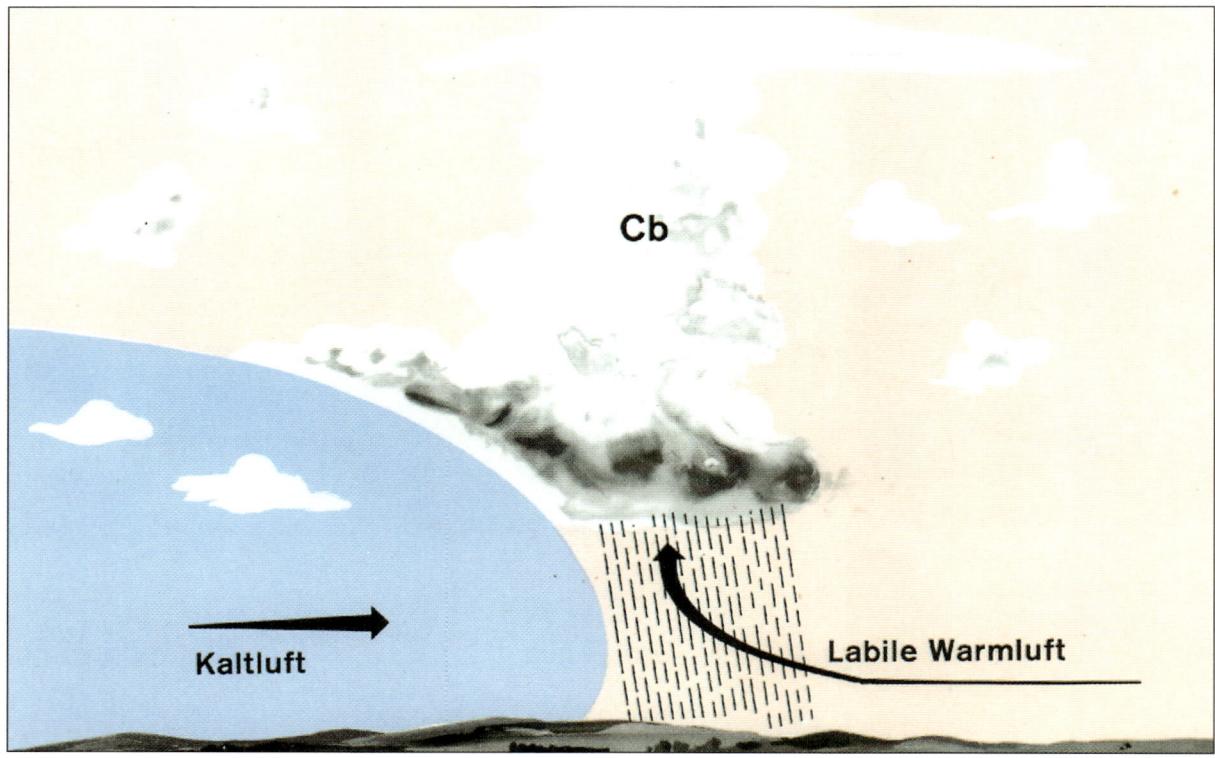

Bild 15.8 Kaltfrontgewitter

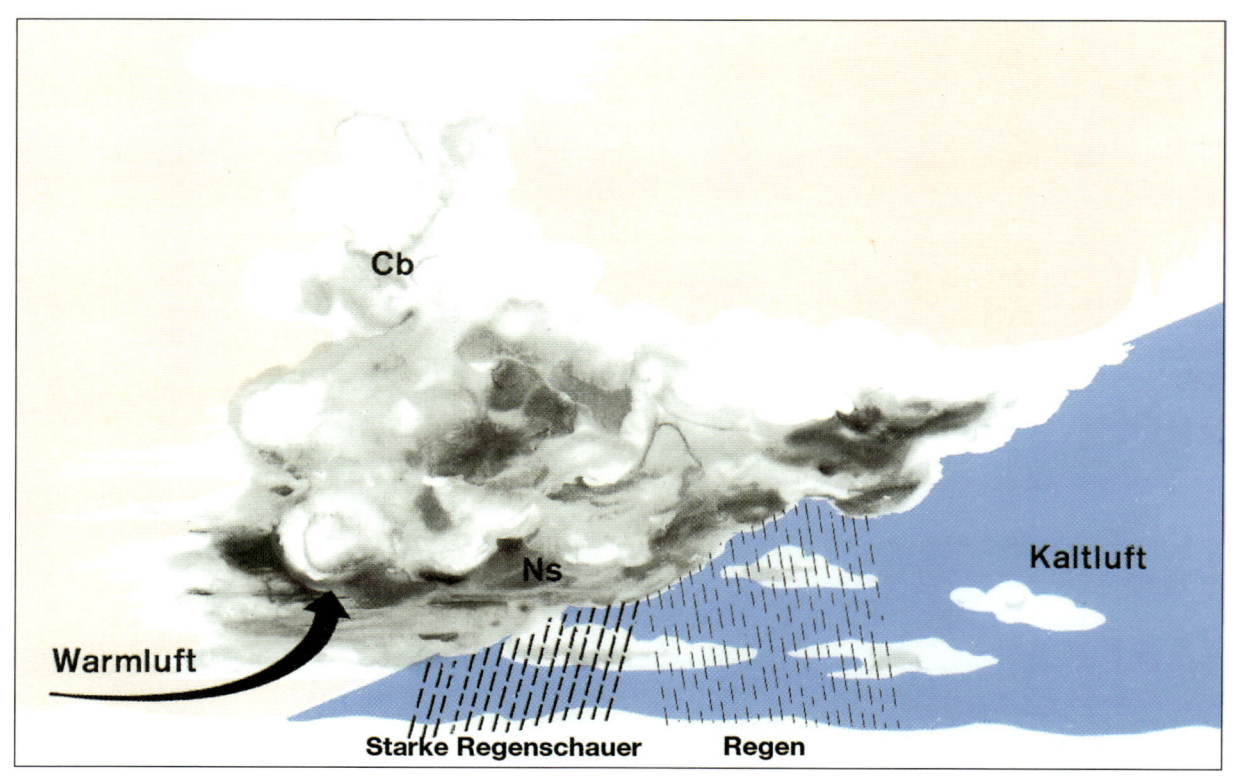

Bild 15.9 Warmfrontgewitter – die Cumulonimben (Cb) sind meist in das Schichtwolkenfeld eingebettet und somit nicht sichtbar.

15 Gefährliche Wettererscheinungen für die Fliegerei

Die **große Gefahr von Warmfrontgewittern** für den IFR-Flugzeugführer besteht darin, dass er die **Cumulonimben (Cb)** durch die Schichtbewölkung an der Frontfläche **nicht erkennen** kann und glaubt, in eine stabile Warmfrontbewölkung ohne Turbulenz und Gewittertätigkeit einzufliegen.

> Merke: Schauerniederschläge – im Warmfrontwetter normalerweise nicht anzutreffen! – deuten auf Quellwolkenbildung und Gewittertätigkeit an der Warmfront hin!

c) Okklusionsfrontgewitter (Occluded Front Thunderstorms)

Gewitterbildung ist unter den bekannten, allgemein gültigen Voraussetzungen – gehobene Luft labil und feucht genug – auch an Warm- und Kaltfrontokklusionen (vgl. Abschnitt 13.2 „Okklusion und Auflösung einer Zyklone") möglich.

Solche Okklusionsfrontgewitter verhalten sich in der Regel wie die schon erwähnten Kalt- und Warmfrontgewitter und zeigen die gleichen Wettererscheinungen. Da uns die Frontensysteme der atlantischen Tiefdruckstörungen häufig erst im okkludierten Zustand erreichen, handelt es sich bei den in Mitteleuropa auftretenden Frontgewittern häufig um Okklusionsfrontgewitter mit Kalt- oder Warmfrontcharakter.

15.1.3 Gefahren für die Fliegerei

Alle Gewitterarten bergen für den Flugzeugführer eine Reihe von erheblichen Gefahren in sich, die in den vorhergehenden Ausführungen schon angedeutet wurden. Wir müssen diese Gefahren genau kennen, um ihnen in der Praxis aus dem Wege gehen zu können. Um keine größeren Risiken einzugehen, sollte ein Gewitter in einem Mindestabstand von 20 km umflogen werden.

Der Niederschlag in einem Gewitter ist immer der Kategorie „stark" zuzuordnen. Er fällt am Boden meist als starker Regenschauer aus. Innerhalb eines Gewitters ist auf jeden Fall mit Graupel oder Hagel zu rechnen, der je nach Temperaturverhältnissen auch den Boden erreichen kann. In der kalten Jahreszeit können Gewitter auch mit Schneeschauern verbunden sein. Durch den Niederschlag wird die vorher u. U. gute Sicht reduziert und es kommt, wie bei jedem Niederschlag, zum Absinken der Untergrenzen. Obwohl beide Werte die VFR-Bedingungen noch erfüllen können, darf man nicht den Fehler machen, von ausreichenden Sichtflugverhältnissen auszugehen. Die hauptsächlichen Gefahren eines Gewitters liegen in den auftretenden Turbulenzen und Windböen, plötzlich einsetzendem Starkniederschlag (Hagel) und Blitzen.

Blitze wirken auf Flugzeuge äußerst selten so stark ein, dass sie primär als Ursache einer ernsthaften Störung in Betracht kommen, meist sind es die durch den Blitz erzeugten Sekundärfolgen. So verursachen Blitze ein sehr starkes elektromagnetisches Feld, aufgrund dessen die **elektrischen Navigationseinrichtungen** häufig **falsche Anzeigen** liefern.

Funkverkehr im Bereich niedriger und mittlerer Frequenzen ist kaum noch möglich, wodurch die Funkverbindung mit den Bodenstellen (ATC) gerade zu dem Zeitpunkt unmöglich gemacht wird, zu dem der Flugzeugführer auf die Hilfe der Flugsicherung angewiesen ist. Bei sehr starken Blitzen besteht die Gefahr, dass der Pilot von dem überaus hellen und grellen Licht geblendet wird, was zu einer über etliche Minuten, im Extremfall sogar über Stunden, anhaltenden Blindheit führen kann.

Am häufigsten treten Blitze im Bereich ± 3 000 ft um die Nullgradgrenze auf. Wird ein Flugzeug direkt vom Blitz getroffen, ist die betriebene Funkausrüstung oft nicht mehr nutzbar, die Anzeigen der elektronischen Navigationseinrichtungen sind sehr kritisch zu werten. Häufig kommt jedoch in solchen Situationen noch ein auf den Schreck des Piloten zurückzuführendes Fehlverhalten hinzu, z. B. Auslösen unbedachter Steuerreaktionen. Eine direkte Lebensgefahr ist bei Blitzschlag in einem Flugzeug nicht gegeben, da der metallische Rumpf wie ein **Faraday'scher Käfig** wirkt, die elektrische Energie also nicht ins Innere gelangen kann. Flugzeug und Flugzeugteile aus carbonfaserverstärktem Kunststoff sind jedoch besonders gefährdet, weil die Kohlefaser beim Blitzschlag verbrennt und somit die Festigkeit der betroffenen Zellenteile verloren geht.

Die nachfolgende Tabelle gibt eine Übersicht über die Erscheinungen und die Gefahren in Gewittern:

Erscheinung oder Gefahr	Cumulusstadium	Reifestadium	Auflösestadium
Vertikale Ausdehnung	bis 20 000 ft	Sommer: bis Tropopause Winter: bis 25 000 ft	wie Reifestadium
Horizontale Ausdehnung (nur Wärmegewitter)	2 bis 5 km	10 bis 15 km	10 bis 20 km
Vertikal-Strömungen	Aufwinde bis 2 000 ft/min (10 m/s), zunehmend!	Aufwinde bis 6 000 ft/min (30 m/s)! Abwinde bis 3 000 ft/min (15 m/s)! Microbursts!	Abwinde 1 000 ft/min (5 m/s), abnehmend!
Niederschläge am Boden	Keine!	Starke Regen- oder Schneeschauer! Hagel möglich!	Nachlassende Schauerniederschläge, die in leichten Regen übergehen.
Flugzeugvereisung	Mäßige Vereisung (Klareis)!	Starke Vereisung (Klareis)!	Leichte bis mäßige Vereisung (Raueis)!
Turbulenz	Leicht bis mäßig!	Sehr stark!	Mäßig bis leicht!
Hagel	Kein Hagel!	Besonders im mittleren Teil der Wolke	Kein Hagel!
Elektrische Entladungen (Blitze)	Keine!	Erd- und Wolkenblitze!	Keine!

Neben den in der Tabelle aufgeführten Erscheinungen und Gefahren verdient ein anderes Phänomen – nämlich die schon erwähnte **Gewitterböe (Böenwalze)** vor dem Durchgang des Gewitters am Boden – besondere Beachtung, da sie bei Start und Landung große Gefahren heraufbeschwören kann. Die Gewitterböe in Form einer heftigen **Böenwalze** entsteht im Reifestadium durch horizontale Ausbreitung des kräftigen Abwindstroms an der Erdoberfläche (siehe Bild 15.10). Sie zeichnet sich durch eine plötzliche **Windrichtungsänderung** um bis zu 180° (!) und ebenso plötzlich auftretende Spitzenböen bis zu 80 Knoten (!) aus, die eine sichere Führung des Flugzeugs in Bodennähe unmöglich machen!

> **Merke deshalb:** Versuche niemals, kurz vor dem Durchgang eines Gewitters auf einem Flugplatz zu starten oder zu landen!

Der gefährlichen Böenwalze folgt kurz darauf das starke Schauerniederschlagsgebiet, in dem die Sicht häufig bis auf den Wert „Null" absinkt und die Wolkenuntergrenze fast den Boden erreicht.

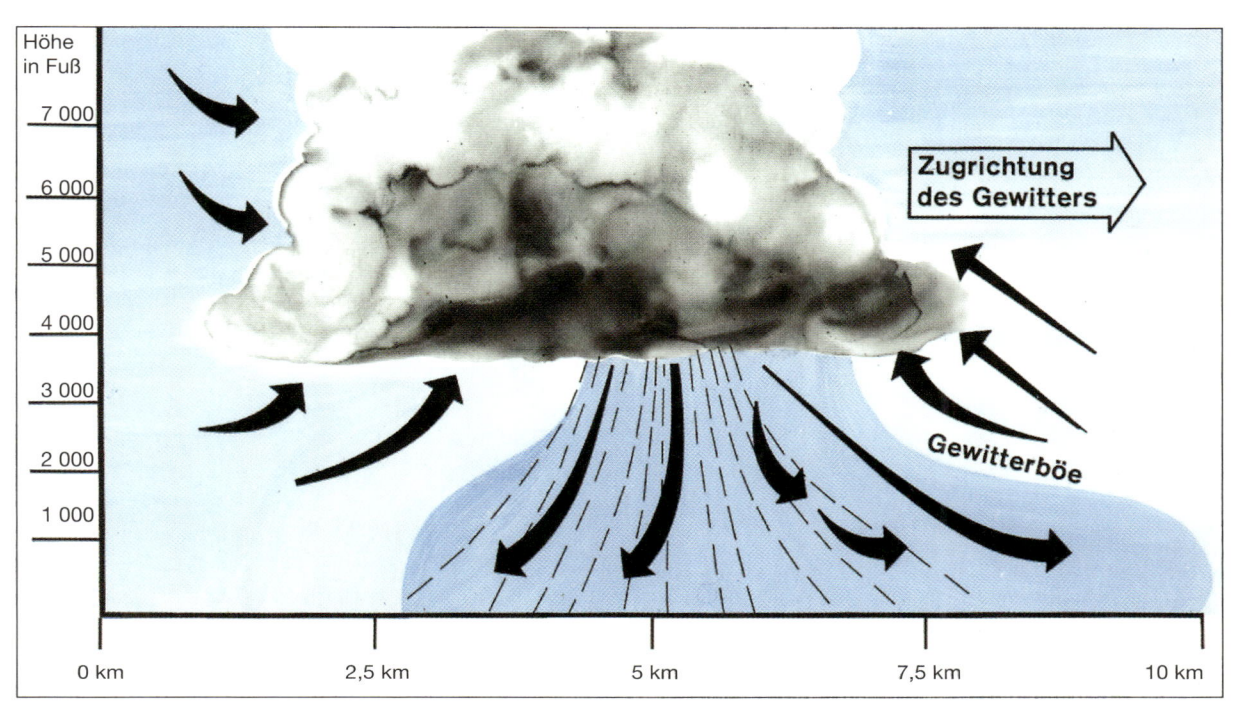

Bild 15.10 Die Böenwalze (Gewitterböe) vor dem Durchgang eines Gewitters

15.2 Die Flugzeugvereisung (Aircraft Icing)

15.2.1 Grundlagen der Vereisung

Wolken bestehen bei Temperaturen zwischen 0° und −10 °C fast vollständig aus unterkühlten Wassertröpfchen (vgl. Abschnitt 8 „Wolkenarten"), auch bei noch niedrigeren Temperaturen sind zahlreiche flüssige Tröpfchen vorhanden. Die Tröpfchen sind auf der Suche nach einem geeigneten Gefrierkern. Ein Luftfahrzeug, das bei diesen Bedingungen durch eine Wolke fliegt, wirkt als Gefrierkern. Die Folge ist, dass die Tröpfchen beim Aufprall auf das Luftfahrzeug gefrieren. Dies bedeutet aber nicht, dass bei allen Wolken mit negativen Temperaturen Vereisung auftreten muss.

Die **Art der Vereisung** ist von verschiedenen **Faktoren** abhängig:

– **Temperatur**
Der gefährlichste Temperaturbereich liegt zwischen 0 und −6 °C, aber auch bis −12 °C muss noch mit stärkerer Vereisung gerechnet werden. Vereisung generell ist auch noch bei Temperaturen unter −20 °C möglich. Unter −30 °C sind alle Tröpfchen gefroren und spürbare Vereisung tritt nicht mehr auf.

Negative Temperaturen gibt es während des ganzen Jahres. Die größten Vereisungsprobleme gibt es jedoch im Winter, Spätherbst und frühen Frühling, weil zu dieser Zeit die Nullgradgrenze sehr niedrig ist oder sogar am Boden aufliegt.

– **Tröpfchengröße**
Die Größe der Tröpfchen bestimmt die Art der Vereisung (siehe folgenden Abschnitt 15.2.2).

– **Wassergehalt der Wolke**
Alle Wolken, die durch Hebung permanent neuen Feuchtigkeitsnachschub bekommen, erzeugen die stärkste Vereisung (Cb, Ns, Wolken im Stau eines Gebirges).

– **Geschwindigkeit des Flugzeugs**
Bei höherer Geschwindigkeit werden pro Zeiteinheit mehr Tröpfchen berührt als bei geringerer Geschwindigkeit. Es wird aber durch zunehmende Reibungserwärmung (gering ausgeprägt bei Maschinen der Echo-Klasse) der Beginn der Vereisung nach oben verschoben.

Obwohl heute alle größeren Flugzeuge für den Flugbetrieb nach Instrumentenflugregeln (IFR) mit

- **Enteisungsanlagen** (de-icing equipment)
  oder
- **Vereisungsschutzanlagen** (anti-icing equipment)

ausgerüstet sind, gilt die **Flugzeugvereisung** noch immer als eine der **gefährlichsten Erscheinungen des Flugwetters**. Bei Flügen in Vereisungswetterlagen kann Eisansatz am Flugzeug selbst oder an wichtigen technischen Systemen durchaus dazu führen, dass das betroffene Flugzeug flugunfähig wird (siehe Bild 15.11).

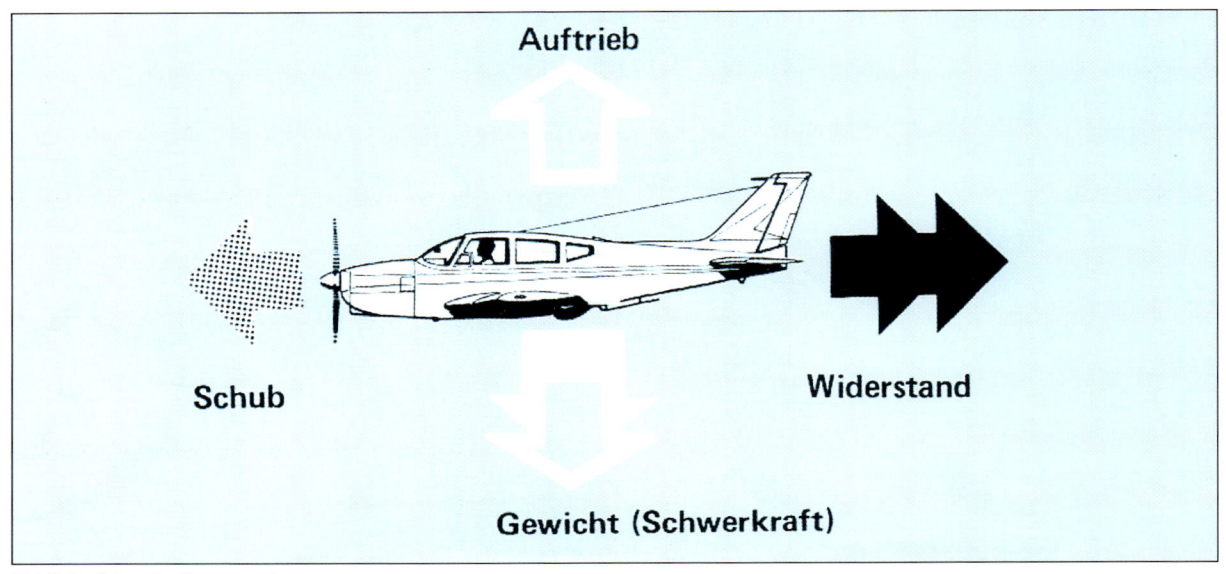

Bild 15.11 Folgen der Flugzeugvereisung

Vereisung ist vor allem bei Flügen durch Luftschichten mit unterkühlten Wolkentröpfchen oder durch unterkühlten Niederschlag in einem Temperaturbereich von

- 0 °C bis −20 °C (OAT)

zu erwarten. Dies gilt für alle Luftfahrzeuge, vom Motor- und Hubschrauber über das Segelflugzeug bis zum Ballon. Vereisung kann aber auch an am Boden stehenden Flugzeugen auftreten.

Neben der eigentlichen Flugzeugvereisung – dem Eisansatz an den äußeren Teilen des Flugzeugs, der die aerodynamischen Eigenschaften gefährlich verändert (siehe Bild 15.11) – muss bei Vereisungswetterlagen zusätzlich mit Eisbildung in der Gemischaufbereitungsanlage von Kolbentriebwerken (Luftfilter/Vergaser) gerechnet werden, die zumindest einen Leistungsabfall des Triebwerks mit erhöhtem Kraftstoffverbrauch durch Einschalten der Vergaservorwärmung zur Folge hat (vgl. hierzu Band 1, Technik I, Abschnitt 9.7 „Gemischbildungsanlagen [Vergaseranlagen und Einspritzsysteme]").

Bei Hubschraubern gibt es zusätzlich zu den aerodynamischen Änderungen besondere Gefährdungspunkte. Hier können besonders freiliegende Gelenke, Stoßstangenumsetzungen, Seilzüge und Verstellspindeln vereisen und blockieren, was zur Steuerunfähigkeit führen kann. Auch die Vereisung des Rotorblatts birgt große Gefahren. Die Vereisung beginnt bei der Rotornabe und wandert langsam nach außen zu den Blattspitzen. Ungleichmäßige Verteilung führt zu starken Vibrationen, die wiederum zu Motorstörungen führen können. Besonders bei leistungsschwachen Hubschraubern ist der Schwebeflug nicht mehr sicher möglich.

Gasballone können durch Vereisung des Klappenventils fahruntüchtig werden.

15 Gefährliche Wettererscheinungen für die Fliegerei

Die Vereisung verursacht also, sowohl aus aerodynamischer Sicht, vom Triebwerk her als auch von der Blockierung von Rudern und Steuersystemen verschiedene Probleme, die im schlimmsten Fall zum Absturz des Luftfahrzeugs führen können:

- **Auftriebsverringerung** infolge der Profilveränderung,
- **Widerstandserhöhung**,
- **Schubverlust** (durch Propeller-Vereisung),
- **Anwachsen der Überziehgeschwindigkeit** aufgrund der Gewichtszunahme,
- **Triebwerksleistungsverlust** mit erhöhtem Kraftstoffverbrauch und verringerter Reichweite,
- **niedrigere Fluggeschwindigkeit** und daraus resultierende
- **verminderte Manövrierfähigkeit**.
- **Verlagerung des Schwerpunkts**,
- **Verlust der Steuerfähigkeit** durch blockierende Ruder oder Gelenke, Seilzüge usw.

15.2.2 Arten und Gefahren der Vereisung

Das bei Vereisungsbedingungen am Flugzeug ansetzende Eis weist entsprechend dem Gefrierverlauf verschiedenartiges Aussehen und unterschiedliche Festigkeit auf. Deshalb unterscheidet man zwischen:

- **Klareis** (clear ice)   – siehe **a)**,
- **Raueis** (rime ice)   – siehe **b)**
  und
- **Reif** (hoar frost)   – siehe **c)**.

Die genannten Eisarten können entweder allein oder in Verbindung mit anderen Arten zusammen auftreten.

Bevor wir nun etwas näher auf die einzelnen Arten eingehen, müssen die Voraussetzungen für den Eisansatz am Flugzeug noch kurz klargestellt werden. Eis kann sich am Flugzeug nur dann bilden, wenn

1. **Wolken, wasserdampfreiche Luftschichten (selten) oder gefrierender Niederschlag durchflogen werden**
   und
2. **die Lufttemperatur unter dem Gefrierpunkt (0 °C) liegt.**

a) Klareis (Clear Ice)

Klareis ist ein mehr oder weniger durchsichtiges Eis mit glasiger Oberfläche, das **an der Außenhaut** des Flugzeugs sehr **fest haftet** und sich nur **schwer entfernen** lässt. Deshalb wird es in der Fliegerei als **gefährlichste Vereisungsart** eingestuft.

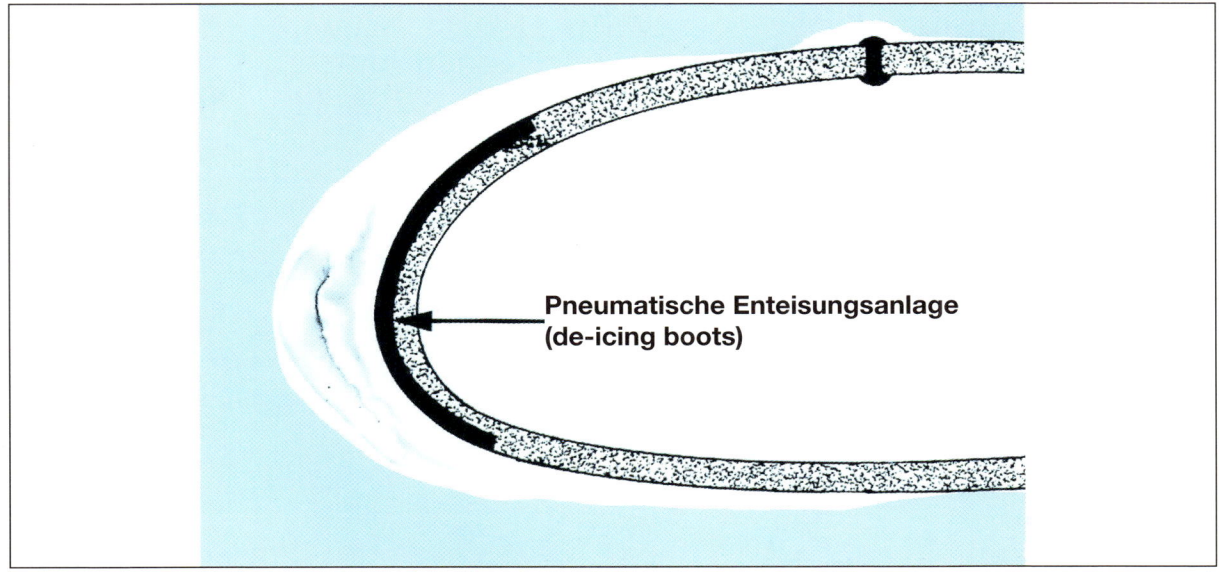

Bild 15.12   Klareisansatz am Tragflügelprofil

15.2 Die Flugzeugvereisung (Aircraft Icing)

Klareis bildet sich durch langsames (verzögertes) Gefrieren von großen, unterkühlten Wassertröpfchen an der Außenhaut des Flugzeugs. Solche größeren Wassertröpfchen (Wolkenelemente) zeigen nach dem Aufprall die Tendenz, sich auszubreiten und die Form der Oberfläche anzunehmen, bevor sie an ihr festfrieren. So entsteht in Abhängigkeit von der Menge der aufprallenden Wassertröpfchen eine mehr oder weniger dicke, durchsichtige (klare oder glasige) Eisschicht mit fast glatter oder leicht gewellter Oberfläche, die sich aufgrund der Luftströmung den aerodynamischen Profilen anschmiegt (z. B. Tragflächen) und unter Verringerung der Schichtdicke nach hinten ausdehnt. Dadurch behält das betroffene Profil seine aerodynamische Form annähernd bei (siehe Bild 15.12).

Die **Gefahren des Klareisansatzes** am Flugzeug sind mehr in den Tatsachen zu suchen, dass die **Eisschicht**

1. sehr fest auf der Oberfläche haftet – also nur sehr schwer zu entfernen ist,
2. den Auftrieb verringert und den Widerstand erhöht,
3. bei Vorhandensein einer großen Menge von unterkühlten Wassertröpfchen – in Quellwolken (Cu/Cb) oberhalb der Nullgradgrenze immer zu erwarten! – so schnell anwachsen kann, dass das **Flugzeug** durch die Gewichtszunahme **flugunfähig** wird und
4. die Ruder blockiert.

Die größeren unterkühlten Wassertröpfchen (Wolkenelemente), die die Klareisbildung an der Außenhaut verursachen, sind in allen **Quellwolkenarten (Cu/Cb usw.)**

- von der **Nullgradgrenze** bis etwa **−15 °C** anzutreffen! In Cb kann Klareis auch darüber hinaus bis −30 °C entstehen.

Der wohl **gefährlichste Klareisansatz** entsteht durch unterkühlten Regen – auch gefrierender Regen (engl.: freezing rain) genannt – in der Kaltluft unter einer Warmfrontfläche (siehe Bild 15.13).

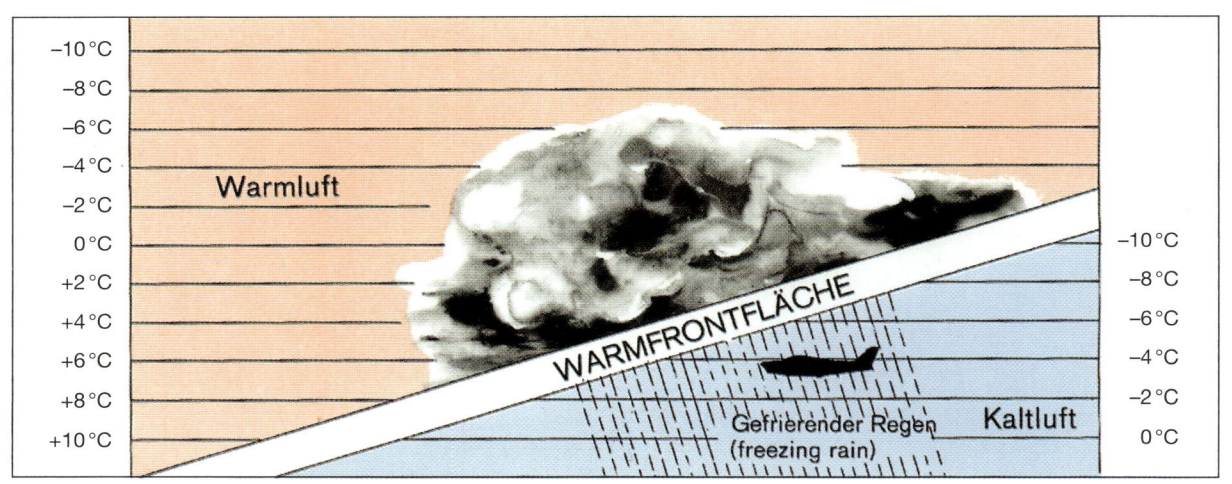

Bild 15.13 Typische Wetterlage für unterkühlten (gefrierenden) Regen unter einer Warmfront

Liegt die Temperatur der der Warmfront vorgelagerten Kaltluft bei etwa 0 °C oder darunter, dann werden die aus der Warmfrontbewölkung fallenden Regentropfen in der kalten Luft unterkühlt und gefrieren beim Auftreffen auf Gegenstände (Flugzeuge, Autos, Erdoberfläche = Glatteis) fest an. Es entsteht eine Klareisschicht mit hoher Haftfähigkeit, die sich auch mit konventionellen pneumatischen Enteisungsanlagen (de-icing boots) nur sehr schwer von der Außenhaut absprengen lässt.

Merke: Bei einem Flug im Dauerregen bei negativen Temperaturen – unter winterlichen Warmfronten immer zu befürchten! – kann die Eisschicht innerhalb weniger Minuten so schnell anwachsen, dass ein Flugzeug flugtüchtig wird!

b) Raueis (Rime Ice)

Raueis entsteht durch spontanes Gefrieren **kleiner unterkühlter Wassertröpfchen** (Wolkenelemente) beim Aufprall an der Oberfläche des Flugzeugs. Die kleinen Wassertröpfchen verändern bei diesem Gefrierprozess ihre kugelförmige Gestalt kaum. Zwischen den feinen Eiskügelchen wird Luft eingeschlossen, die das einfallende Licht so beugt, dass die Vereisung ein weißliches und undurchsichtiges (milchiges) Aussehen erhält (siehe Bild 15.14).

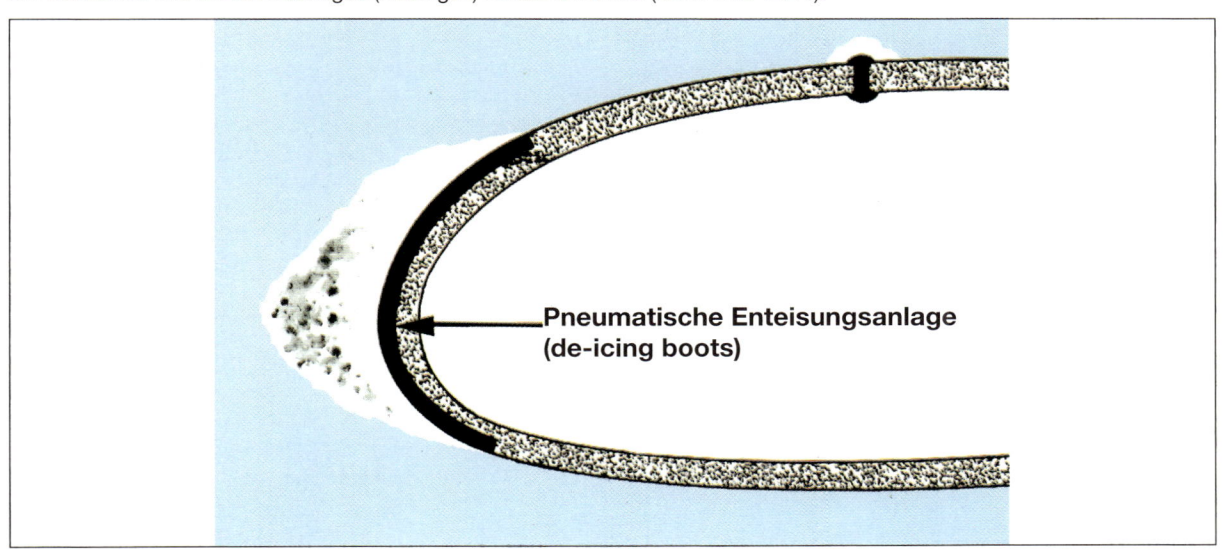

Bild 15.14 Raueisansatz am Tragflügelprofil

Raueis breitet sich – im Gegensatz zum Klareis – nicht über der Oberfläche des Flugzeugs aus, sondern es **wächst** vor allem **an den Stirnkanten** (Vorderkanten) der Tragflügel, Streben und Leitwerksflossen **der Luftströmung entgegen** und kann bis zu mehreren Zentimeter anwachsen (siehe Bild 15.14). Raueis führt daher zu einer erheblichen Veränderung des Tragflächenprofils, was wiederum eine Verminderung des Auftriebs zur Folge hat.

Es hat im Vergleich mit Klareis eine geringere Festigkeit und lässt sich mit konventionellen Enteisungsanlagen (de-icing boots) leicht von den Stirnkanten absprengen.

Raueisansatz ist vorwiegend in **Schichtwolken (z. B. As/Ns)** bei

- Temperaturen zwischen **0 °C und −15 °C** zu erwarten,

er kann jedoch auch in Quellwolken (z. B. Cu/Cb) im Temperaturbereich zwischen −15 °C und −30 °C auftreten.

c) Reif (Hoar Frost)

Reif bildet sich vor allem **nachts,** bei starker Abkühlung des Erdbodens, und an Gegenständen, die stärker abkühlen als der Erdboden selbst. Dabei muss die Lufttemperatur unter dem Gefrierpunkt (0 °C) liegen und die Gegenstände (z. B. Flugzeug), an denen sich der Reif niederschlägt, müssen bis zum Reifpunkt (Sublimationspunkt) der Luft abkühlen (vgl. auch Abschnitt 6.5 „Temperatur und Luftfeuchtigkeit", Bild 6.11). Der in der Luft vorhandene Wasserdampf sublimiert aufgrund der Sättigung und geht direkt in den festen Zustand – also Reif – über und setzt sich an allen Gegenständen fest. Der Reifpunkt liegt immer über dem Taupunkt, sodass bei negativen Temperaturen zuerst Reifbildung einsetzt, bevor Kondensation beginnt.

Der raue Reifbelag haftet nicht sehr fest an der Oberfläche des Flugzeugs und lässt sich mit einfachen Mitteln (z. B: Besen) leicht entfernen.

> **Merke:** Reifbelag wird von vielen Flugzeugführern in seiner Wirkung unterschätzt. Er erhöht den Widerstand des Flugzeugs und ist deshalb im Langsamflugbereich kurz nach dem Start oder während der Landung besonders gefährlich! Der Belag muss daher vor einem Start sorgfältig entfernt werden.

Bei Windeinwirkung verstärkt sich die Bildung von Reif an den dem Wind zugewandten Stellen (Luvseite). Der Reif wächst dem Wind entgegen. Diese Art der Reifbildung nennt man **Raureif.** Er kann mehrere Zentimeter dick werden.

Es kann in der Praxis auch vorkommen, dass der Raureifansatz während des Fluges auftritt. Geht ein Flugzeug aus höheren Luftschichten mit Temperaturen unter dem Gefrierpunkt (0 °C) in den Sinkflug über und durchfliegt dabei eine wärmere feuchte Schicht, so kommt es zu Raureifansatz an den Tragflächenvorderkanten, und zu Reif, der die Kabinenscheiben bedeckt und dem Flugzeugführer im schlimmsten Falle jegliche Sicht nach außen nehmen kann!

Neben der Reifbildung kann ein Flugzeug am Boden auch durch abgelagerten Niederschlag (Schnee, Schneeregen) oder durch überfrierende Nässe vereisen. Jeder Belag verändert die aerodynamischen Eigenschaften des Flugzeugs und führt zu erheblichen Risiken bei der Durchführung eines Fluges. Beim Start kann hochgeschleuderter nasser Schnee oder Schneematsch sowie Spritzwasser später im Flug bei tieferen Temperaturen gefrieren. Zu einem sicheren Start gehören u. a. eine geräumte Piste und ein sorgfältig und vollständig von Eis und Schnee gesäubertes Flugzeug.

15.2.3 Vereisungsintensität

Die Intensität der Vereisung kann nicht verallgemeinert werden, da mäßige Vereisung beim Flugzeug X unter Umständen starke Vereisung bei Flugzeug Y bedeuten kann. Die folgende Einstufung muss daher subjektiv auf ein beliebiges Luftfahrzeug angewendet werden. Die vorhergesagte Vereisung ist jeweils die maximal zu erwartende Vereisung.

- **Leichte Vereisung (light icing)**
  Ist wahrnehmbar (0,01 bis 0,5 mm/min), doch weder Kurs noch Höhe müssen geändert werden. Es könnte lediglich bei längerer Dauer und Einsatz an den Betriebsgrenzen gefährlich sein. Eis sublimiert teilweise zu Wasserdampf.
- **Mäßige Vereisung (moderate icing)**
  Eis setzt sich so schnell an (0,5 bis 1,0 mm/min), dass längerer Aufenthalt gefährlich wird. Ein sofortiger Wechsel der Flughöhe ist nicht erforderlich.
- **Starke Vereisung (severe icing)**
  Eine starke Ablagerung von Eis (> 1,0 mm/min), macht auch einen kurzen Aufenthalt in der Vereisungszone gefährlich. Ein gleichzeitiger Kurs- und Höhenwechsel wird notwendig.

15.2.4 Verhütung von Vereisung und Verhalten bei Eisansatz

Vereisung wird am einfachsten vermieden, wenn Flüge nur bei positiven Temperaturen durchgeführt werden. Wichtigstes Hilfsmittel dafür ist die Höhe der Nullgradgrenze (freezing level), die in Fuß über MSL angegeben wird. Signifikante Vereisung wird auch nicht bei negativen Temperaturen auftreten, wenn der Flug frei von Wolken durchgeführt wird.

Vereisung durch Niederschlag ist relativ einfach zu vermeiden. Gefrierender Niederschlag wird fast 100 %ig vorhergesagt. Wenn also gefrierender Regen oder Sprühregen auf der Strecke erwartet wird, verbietet sich jeder VFR-Flug. Auch Flüge bei Bodentemperaturen von unter + 6 °C und erwartetem Niederschlag dürfen nur bei genauer Kenntnis über Ort und Zeit des Niederschlags durchgeführt werden, denn Regen am Boden kann Schneeregen und Vereisung in Flughöhe bedeuten.

Stellt der VFR-Flugzeugführer Eisansatz fest, muss er immer schnell reagieren. Der schnellste und sicherste Weg ist der Wechsel der Flughöhe zu positiven Temperaturen, dadurch kann bereits angesetztes Eis abtauen und weitere Eisbildung vermieden werden. Ist der Eisansatz bereits beträchtlich, muss schnellstmöglich eine Sicherheits- oder Notlandung vorgenommen werden. Ein Weiterflug unter Vereisungsbedingungen wäre lebensgefährlich.

Flüge bei vereistem Flugzeug müssen mit erhöhter Geschwindigkeit durchgeführt werden, um den Auftrieb zu erhöhen und einen Strömungsabriss zu vermeiden. Gleiches gilt natürlich besonders für den Landeanflug. Abrupte Steuerbewegungen müssen vermieden werden, wenn das Flugzeug vereist ist, da die aerodynamischen Eigenschaften erheblich verschlechtert sind.

Gerät das Flugzeug in gefrierenden Regen, muss sofort eine 180°-Kurve eingeleitet und in das niederschlagsfreie Gebiet zurückgeflogen werden. Ggf. ist eine Notlandung erforderlich, da das Klareis rasch und sehr intensiv einsetzt.

15.3 Turbulenz

Turbulenz ist die spürbare Reaktion eines Flugzeugs auf Luftbewegungen. Es werden dabei kurze, mehr oder weniger starke Beschleunigungen aus unterschiedlichen Richtungen und andauernde gleichmäßige Versetzung mit merkbarer Höhen- oder Richtungsänderung unterschieden.

Beim ersten Fall erzeugen Böen ungeordnete Wirbel (gusts) mit unterschiedlichen Richtungen. Diese Wirbel lassen sich durch Steuerbewegungen nicht ausgleichen, da sie zu kurz auftreten und in ihrer Richtung nicht vorhersehbar sind. Beim zweiten Fall treten Strömungsänderungen (drafts) auf, die mehrere Sekunden anhalten. Diese Strömungen können als

Auf- oder Abwind, als Gegen-, Rücken- oder Crosswind (Querwind) auftreten. Neben den Vertikalströmungen haben auch Horizontalströmungen wegen Änderung des Auftriebs Höhenänderungen zur Folge. Auf- und Gegenwinde lassen ein Flugzeug steigen, Ab- und Rückenwinde führen zu Sinken oder sogar zu plötzlichem Durchsacken. Die Auswirkungen von Drafts lassen sich zwar durch Ruderbewegungen abschwächen, vermeiden kann man sie aber nicht.

Turbulenzen sind besonders in den Flugsituationen gefährlich, wenn im Bereich der Mindestgeschwindigkeit geflogen wird (Start und Landung).

15.3.1 Orographische (Reibungs-) Turbulenz

Orographische Turbulenz entsteht durch die Unebenheit der Erdoberfläche. Alle Hindernisse wie Häuser, Bäume, Hügel, Berge usw. lenken die horizontale Strömung in alle Richtungen ab, dabei werden Wirbel gebildet. Diese Wirbel können mit der allgemeinen Strömung horizontal und vertikal verfrachtet werden. Vertikal wirken sie sich in der Reibungsschicht bis ca. 3 000 ft über Grund aus. Werden solche Wirbel mit einem Flugzeug durchflogen, bildet sich die typische kleinräumige Turbulenz. Je höher die Windgeschwindigkeiten und je rauer die Erdoberfläche, desto intensiver die Turbulenz, sodass gerade im Bergland bei hohen Windgeschwindigkeiten erhebliche Probleme entstehen können, da es Schwierigkeiten bereitet, eine normale Fluglage zu halten.

15.3.2 Thermische (konvektive) Turbulenz

Bei Konvektion (vgl. Abschnitt 5.2 „Die Erdstrahlung und die Erwärmung der Luft") strömt die Luft in engen Schläuchen mit einer Geschwindigkeit von 1–3 m/s nach oben. Im Sommer können auch Geschwindigkeiten von 5–10 m/s erreicht werden. Ein Motorflugzeug, das diese Aufwinde kreuzt, erfährt einen kurzen Stoß von unten und wird etwas nach oben befördert. Diese Turbulenz ist zwar nicht besonders gefährlich, aber gerade bei Fluganfängern und Fluggästen unbeliebt. Da Konvektion gerade bei Sonnenschein (schönem Wetter) auftritt, nennt man sie auch **Sonnenböigkeit.** Unterhalb jeder Cu- und Cb-Wolke muss man mit dieser thermischen Turbulenz rechnen, ruhig wird es erst oberhalb der Wolke.

Thermische Aufwinde haben immer auch Abwinde zur Folge. Diese haben im Allgemeinen eine deutlich geringere Intensität. Als Ausnahme sind aber die Abwinde in Verbindung mit Schauern und Gewittern zu nennen, die sich mit erheblichen Geschwindigkeiten (10–15 m/s) nach unten bewegen. In diesen Abwinden treten natürlich auch erhebliche Turbulenzerscheinungen auf. In den Randgebieten der Abwinde bilden sich zusätzlich kleinräumige Wirbel.

15.3.3 Scherungsturbulenz

Windscherung ist eine markante Änderung des Windes in Richtung und/oder Geschwindigkeit bezogen auf eine vorgegebene vertikale oder horizontale Strecke. Man unterscheidet vertikale und horizontale Scherungen.

Vertikale Windscherung ist die Änderung des Windes bezogen auf ein Höhenintervall. In den bodennahen Schichten wird die Einheit kt/100 ft, in größeren Höhen kt/1 000 ft verwendet.

Horizontale Windscherung ist die Änderung des Windes bezogen auf eine Strecke. Sie wird in kt/100 km angegeben.

Die stärksten Scherungen sind mit Inversionen verbunden. Inversionen sind in der Lage, Luftströmungen unterschiedlicher Richtungen und/oder Geschwindigkeiten voneinander zu trennen, sodass sogar gegenläufige Strömungen entstehen können. Innerhalb der Inversion kommt es zu einer Zone, in der beide Strömungen aufeinander treffen. In dieser Scherungszone bilden sich durch die Reibung Wirbel, die beim Durchfliegen erhebliche Turbulenz erzeugen können.

Ohne Inversion würde es in kurzer Zeit zu einer Vermischung beider Strömungen kommen und als Ergebnis würde sich eine gleichmäßige Änderung ohne größere Wirbelbildung ergeben.

16 Klimatologie

Die Klimatologie befasst sich nicht mit dem aktuellen Wetter, sondern mit dem Wetter, das in der Vergangenheit liegt. Sie versucht u. a. über statistische Untersuchungen langjähriger Messreihen Änderungen des Klimas zu entdecken oder über Durchschnittswerte Aussagen über Auswirkungen – z. B. die Luftfahrt – zu machen. Einige Beispiele sollen dies deutlich machen.

- Mittelwerte des Windes entscheiden über die Positionierung von Start- und Landebahnen,
- die Flughafenbezugstemperatur (mittleres tägliches Maximum des wärmsten Monats) entscheidet über die Pistenlänge von Verkehrsflughäfen,
- mittlere Strömungsverhältnisse erleichtern die Planung von Langstrecken.

16.1 Definitionen

In der Klimatologie werden verschiedene Begriffe verwendet, die kurz erläutert werden sollen.

Wetter ist der Zustand der Atmosphäre zu einem bestimmten Zeitpunkt an einem bestimmten Ort.

Witterung ist der allgemeine, durchschnittliche oder auch vorherrschende Charakter des Wetterablaufs eines relativ kurzen Zeitraums (von einigen Tagen bis zu einer ganzen Jahreszeit).

Klima ist die Zusammenfassung der Wettererscheinungen, die den mittleren Zustand der Atmosphäre an einem bestimmten Ort der Erdoberfläche bestimmen. Als mittlerer Zustand wird eine Periode von mindestens 30 Jahren bezeichnet.

Eine **Klimaregion (Klimazone)** ist ein größeres Gebiet mit abgrenzbaren, relativ einheitlichen klimatischen Bedingungen.

Klimaeigenschaften leiten sich von den Eigenschaften der unterschiedlichen Luftmassen ab. Kontinentales Klima herrscht in den Regionen, die von kontinentaler Luft geprägt sind, d.h. die möglichst weit von den Weltmeeren entfernt sind. Maritimes Klima in Europa wird durch die von Westen heranziehenden atlantischen Meeresluftmassen bestimmt.

Die Unterschiede der Klimaeigenschaften sind besonders durch ihre Temperatur und Feuchtigkeit geprägt. Kontinentales Klima ist zu allen Jahreszeiten trocken und kann große Temperaturschwankungen aufweisen. Extremwerte treten stets in Festlandsluft auf. Maritimes Klima ist immer feucht, seine Temperaturen sind mäßig warm (mild) oder mäßig kalt (kühl).

Klimawerte sind die langjährigen Mittelwerte von Wetterelementen und Wetterlagen.

16.2 Klima in Mitteleuropa

Mitteleuropa liegt in der Klimaregion (Klimazone) der „Westwindzone der gemäßigten Breiten" südlich der Polarfront. Diese Region wird von den Fronten der atlantischen Tiefdruckgebiete überquert, die von West nach Ost über große Teile Europas hinwegziehen. In ihrem Gefolge strömen rasch wechselnd maritime Luftmassen heran und gestalten das Wetter sehr unbeständig. Im Wechsel dazu beeinflussen auch kontinentale Luftmassen unser Wetter. Längere Schönwetterperioden in Verbindung mit kontinentaler Luft sind relativ selten und hauptsächlich im Osten und Süden der Bundesrepublik zu finden.

16.3 Vorschriften und Unterlagen für Klimawerte im Luftverkehr

Die Luftfahrt benötigt Klimawerte für die Planung von Flugrouten, den Betrieb und den Bau von Flughäfen, insbesondere der Pisten. Von den mittleren Temperatur- und Druckwerten ist z.B. die Länge einer Piste abhängig.

Fast alle Vorschriften werden von der ICAO weltweit festgelegt. Auch der Umfang der Klimawerte, die vom zuständigen Wetterdienst bereitgestellt werden müssen, ist von der ICAO im Annex 3 zur Chicagoer Konvention über die internationale Zivilluftfahrt geregelt worden. Die Klimawerte eines internationalen Verkehrsflughafens sind im Luftfahrthandbuch (AIP), Teil GEN veröffentlicht.

17 Wetterkarten

17.1 Bodenwetterkarten

17.1.1 Aktuelle Bodenwetterkarten

In eine aktuelle Bodenwetterkarte (Bodenanalyse) werden alle Wetterbeobachtungen, die zur gleichen Zeit gemacht wurden, eingetragen. Derartige Karten werden auch „synoptische" Karten genannt (griech.: synopsis = gleichzeitige, zusammenfassende Schau). Die Bodenwettermeldungen, die für diese Karte verwendet werden heißen **SYNOP-Meldung.** Sie werden in einem besonderen Schlüssel übermittelt, der nur aus Zahlen besteht und daher für den Laien nur schwierig zu entschlüsseln ist.

Die einzelnen Wettermeldungen werden nach einem speziellen Schema – dem **Stationsmodell** – in die Bodenwetterkarte eingetragen.

An vorgegebenen Stellen werden Symbole für Wolken und Wettererscheinungen und codierte Zahlen für die übrigen Meldungsteile eingetragen.

Bild 17.1 zeigt ein Beispiel eines Stationsmodells.

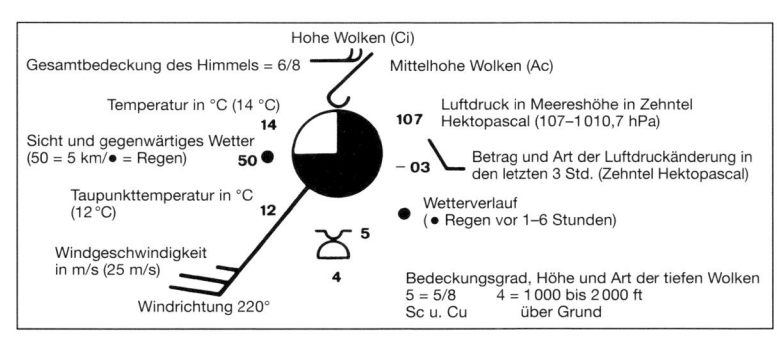

Bild 17.1 Stationsmodell (Beispiel)

Allein für die Wettererscheinung (z. B. Nebel, Regen, Gewitter) stehen 100 verschiedene Symbole zur Verfügung, die Sie aber im Einzelnen nicht kennen müssen. Auch die Entschlüsselung einer einzelnen Meldung aus der Wetterkarte ist für Sie nicht notwendig, da die Zahl der Eintragungen in einer Bodenwetterkarte viel zu klein ist, um eine Detailauswertung vornehmen zu können. Die **Symbole** für die **Hauptwettererscheinungen** sollten Ihnen aber bekannt sein, da sie vielfach stellvertretend in anderem Zusammenhang verwendet werden (siehe Bild 17.2).

Bild 17.2 Wettersymbole auf der Bodenwetterkarte (Auszug)

Zusätzlich werden in Bodenwetterkarten **Fronten** eingetragen. Sie haben eine besondere Symbolik.

Zu beachten ist, dass die **Symbole** jeweils **in Zugrichtung** zeigen, d. h. die entsprechende Luftmasse liegt hinter der Front.

Art	Symbol	Farbe
Kaltfront	▲▲▲	blau
Höhenkaltfront	△△△	blau
Warmfront	●●●	rot
Höhenwarmfront	⌒⌒⌒	rot
Okklusion	▲●▲●	violett
Höhenokklusion	△⌒△⌒	violett
Stationäre Front am Boden	▲▼▲▼	rot und blau im Wechsel
Stationäre Front in der Höhe	⌒▽⌒▽	rot und blau im Wechsel
Konvergenzlinie	≻≻	orange
Instabilitätslinie	—·—·—	schwarz

Bild 17.3 Frontensymbole

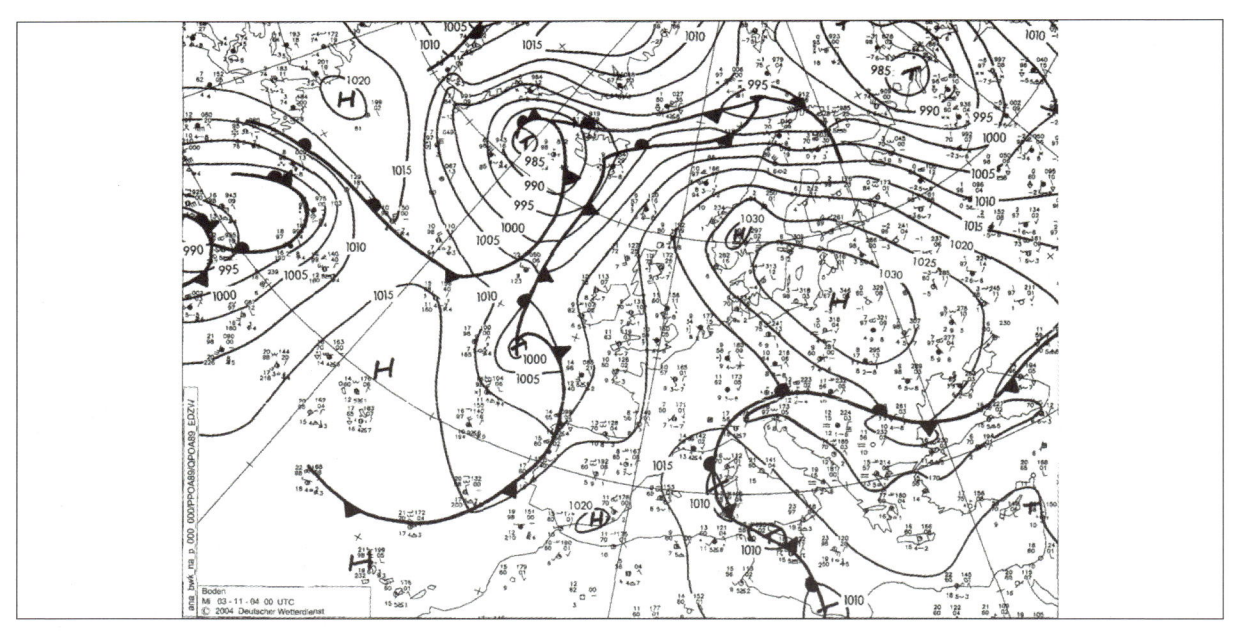

Bild 17.4   Aktuelle Bodenwetterkarte (Quelle: Deutscher Wetterdienst, pc_met)

- Die **Isobaren** (Linien gleichen Luftdrucks) verbinden auf der **Bodenwetterkarte** alle Punkte (Orte) mit gleichem Luftdruck. Sie werden im Abstand von 5 zu 5 hPa gezeichnet.
- Geschlossene Isobaren markieren je nach Kerndruck die Zentren von Hoch- und Tiefdruckgebieten.
- Aus dem **Abstand** der Isobaren **(Druckgefälle)** lassen sich die Windgeschwindigkeiten abschätzen.

> **Merke:**   **Kleine** Isobarenabstände   =   **große** Windgeschwindigkeiten
> **Große** Isobarenabstände   =   **kleine** Windgeschwindigkeiten

- **Isobarenknicke** zeigen uns, dass zwei verschiedene Luftmassen durch eine Front (Kalt- oder Warmfront) scharf voneinander getrennt sind.

17.1.2 Bodenvorhersagekarten

Über Selfbriefingsysteme kann man sich auch Bodenvorhersagekarten ansehen. Diese Karten werden nur noch von Computern erstellt und zeigen die voraussichtliche Wetterentwicklung bis zu sieben Tagen im Voraus an. Im Gegensatz zu den Bodenwetterkarten (Bodenanalysen) fehlen natürlich die Stationseintragungen, und die Inhalte bestehen häufig nur aus Isobaren und Fronten. Man erhält damit eine Vorausschau der Druckverteilung und der Fronten. Die dazugehörigen Wettererscheinungen müssen selbst interpretiert werden.

Der Deutsche Wetterdienst nimmt Ihnen mit einer speziellen Bodenvorhersagekarte diese Arbeit ab und lässt auch die erwartete Wettererscheinung vom Computer errechnen.

Um eine Vorhersagekarte auch dem richtigen Termin zuzuordnen, muss erkannt werden, für welchen Termin sie gültig ist. Gleichzeitig wird in diesen Karten auch angegeben, auf welchem Computerlauf (Modelllauf) diese Karte basiert. In Bild 17.5 finden Sie in der Legende folgenden Text:

> **VT: So 31-10-2004 00 UTC (Do + 72)**

Dieser Text besagt:

VT	= Vaild Time (Gültigkeitszeit)	00 UTC	= Uhrzeit
So	= Wochentag (Sonntag)	Do	= Wochentag (Donnerstag)
31-10-2004	= Tag – Monat – Jahr	00 + 72	= 00 UTC + 72 Stunden

Es handelt sich um eine Vorhersagekarte für Sonntag, den 31.10.2004, 00 UTC. Die Karte wurde mit den Daten und dem Modelllauf vom Donnerstag 00 UTC für den Zeitpunkt berechnet, der 72 Stunden später liegt.

17 Wetterkarten

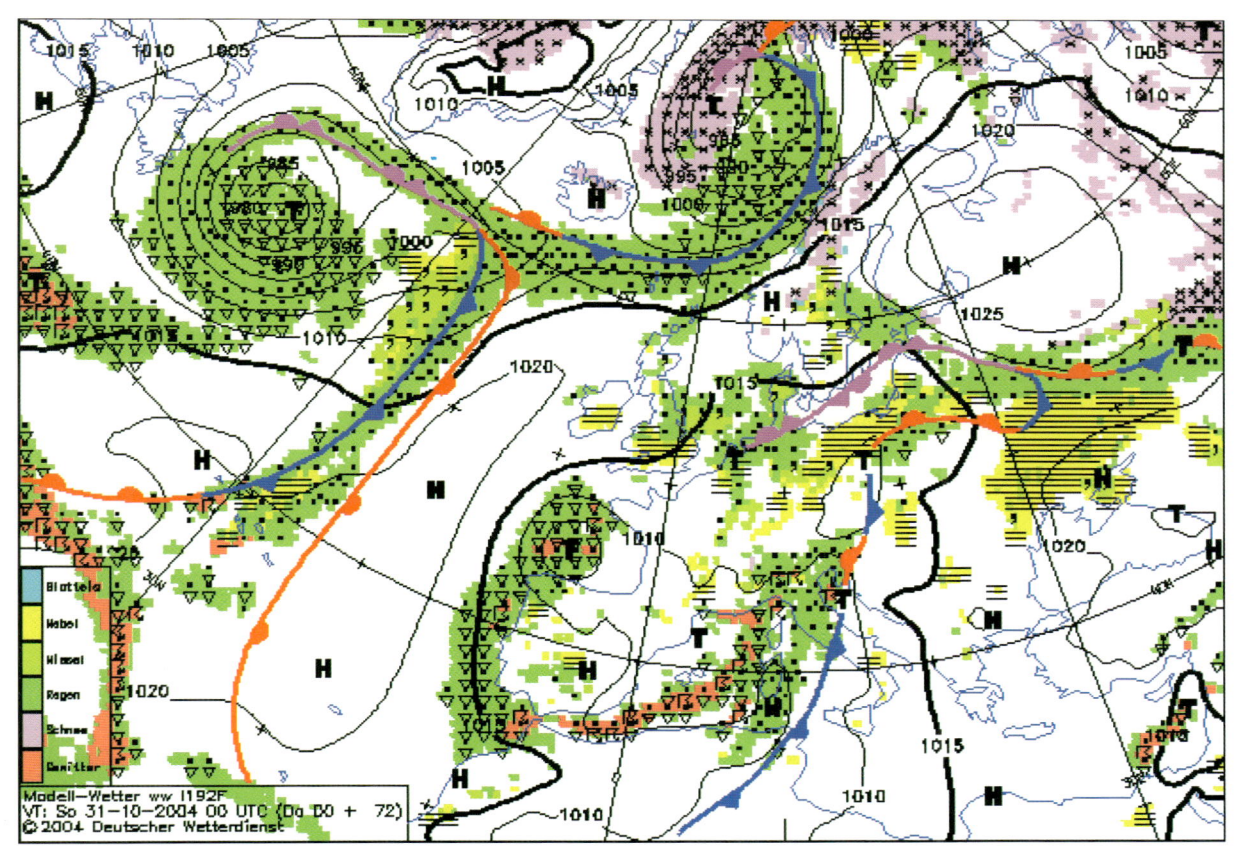

Bild 17.5   Bodenvorhersagekarte mit Wettererscheinungen (Quelle: Deutscher Wetterdienst, pc_met)

17.2 Höhenwetterkarten

17.2.1 Aktuelle Höhenwetterkarten

Aktuelle Höhenwetterkarten basieren auf den Messdaten von Radiosonden, die zweimal täglich (00 UTC und 12 UTC) an Wetterballons in die Höhe steigen und auf ihrem Weg nach oben permanent Messdaten von Temperatur, Luftdruck und Luftfeuchtigkeit zur Bodenstation funken. Sie erreichen Höhen von 30 bis 40 km, bis der Ballon platzt und die Radiosonde an einem kleinen Fallschirm zu Boden fällt.

Die Messdaten eines Aufstiegs können in ein Diagramm gezeichnet werden und man kann für jede beliebige Höhe den Druck, die Temperatur und den Taupunkt ablesen. Diesen gezeichneten Verlauf der Temperatur nennt man auch **TEMP**.

Gleichzeitig wird der Wetterballon von einem Radargerät verfolgt und über die Abdrift kann für jede Höhe Windrichtung und -geschwindigkeit errechnet werden.

Die ermittelten Messdaten können nun mit denen anderer Aufstiege in Karten eingetragen werden. Aus Kostengründen gibt es viel weniger Meldungen aus der Höhe als vom Boden. In Deutschland gibt es nur 12 Radiosondenstationen.

Boden- und Höhenwetterkarten unterscheiden sich neben dem Inhalt der Messdaten durch ein weiteres Merkmal.

In der **Bodenwetterkarte** beziehen sich die Angaben des **Luftdrucks** auf **MSL**. In dieser Höhe ist der Druck variabel. Orte gleichen Luftdrucks werden mit **Isobaren** verbunden.

In **Höhenwetterkarten** wird jedoch der **Druck** vorgegeben (z. B. 500 hPa). Dieser Druck liegt mal höher, mal tiefer. Diese unterschiedliche Höhe wird nun in die Höhenwetterkarte eingetragen. Verbindet man Orte mit gleichen Höhen miteinander, entstehen nicht mehr Isobaren wie in der Bodenwetterkarte, sondern **Isohypsen**.

> **Isohypsen sind Linien gleicher Höhe eines konstanten Drucks über MSL.**

17.2 Höhenwetterkarten

Die Lage von Hochs und Tiefs ergibt sich nun durch die Größe bzw. niedrigste Höhe eines Drucks. Auf Grund fehlender Reibung weht der Wind in den Höhenkarten immer parallel zu den Isohypsen.

Höhenkarten gibt es in verschiedenen Höhen, und zwar von den Hauptdruckflächen. Dies sind 850, 700, 500, 400, 300, 200 und 100 hPa. Den unteren Druckflächen entsprechen folgende Höhen:

850 hPa = 5 000 ft   FL 50   1 500 m   +5 °C
700 hPa = 10 000 ft FL 100   3 000 m   −5 °C
500 hPa = 18 000 ft FL 180   5 500 m   −21 °C

Diesen Höhen kann man Temperaturen der Standardatmosphäre zuordnen. Sie errechnen sich nach der Formel:
Ziehe von der Standardbodentemperatur 15 °C pro 1 000 ft über MSL 2 °C ab.

Beispiel: Standardtemperatur für 8 000 ft: 15 °C − (2 °C × 8) = −1 °C

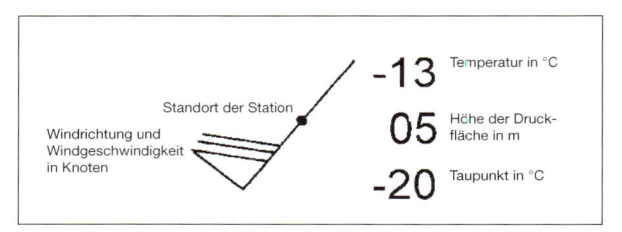

Die einzelne Meldung in einer Höhenkarte besteht aus Temperatur, Taupunkt, Windpfeil und der verschlüsselten Höhe dieser Druckfläche.

Bild 17.6 Stationsmodell in einer Höhenwetterkarte

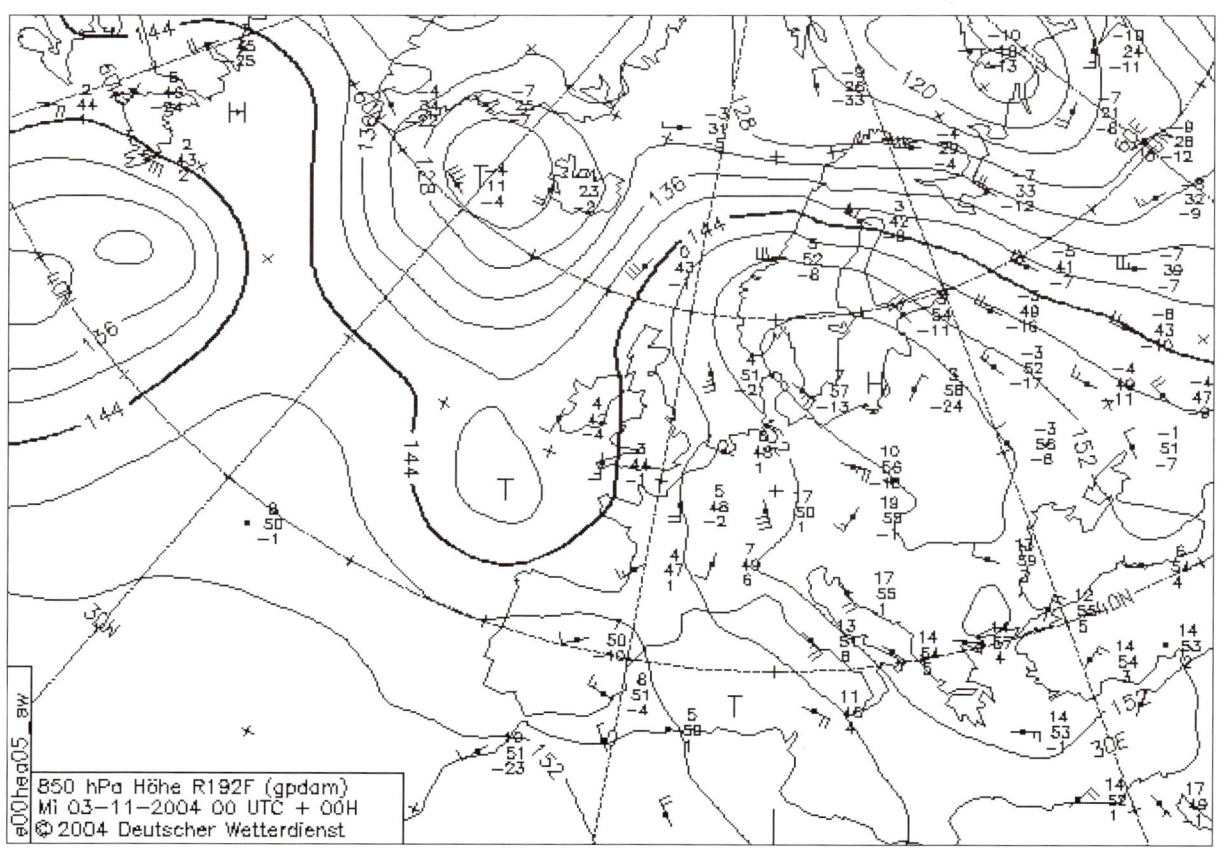

Bild 17.7 Aktuelle Höhenwetterkarte (Quelle: Deutscher Wetterdienst, pc_met)

17.2.2 Höhenvorhersagekarten

Analog zu den Bodenvorhersagekarten gibt es auch Vorhersagekarten für die einzelnen **Hauptdruckflächen.** Sie enthalten nur noch **Isohypsen** und **Isothermen (Linien gleicher Temperatur),** aus denen das Strömungs- und Temperaturfeld entnommen werden kann. Auch hier ergeben sich die Lage von Hochs und Tiefs aus geschlossenen Isohypsen. Diese Karten werden vom Deutschen Wetterdienst für Termine bis zu 156 Stunden (6 ½ Tage) im Voraus berechnet.

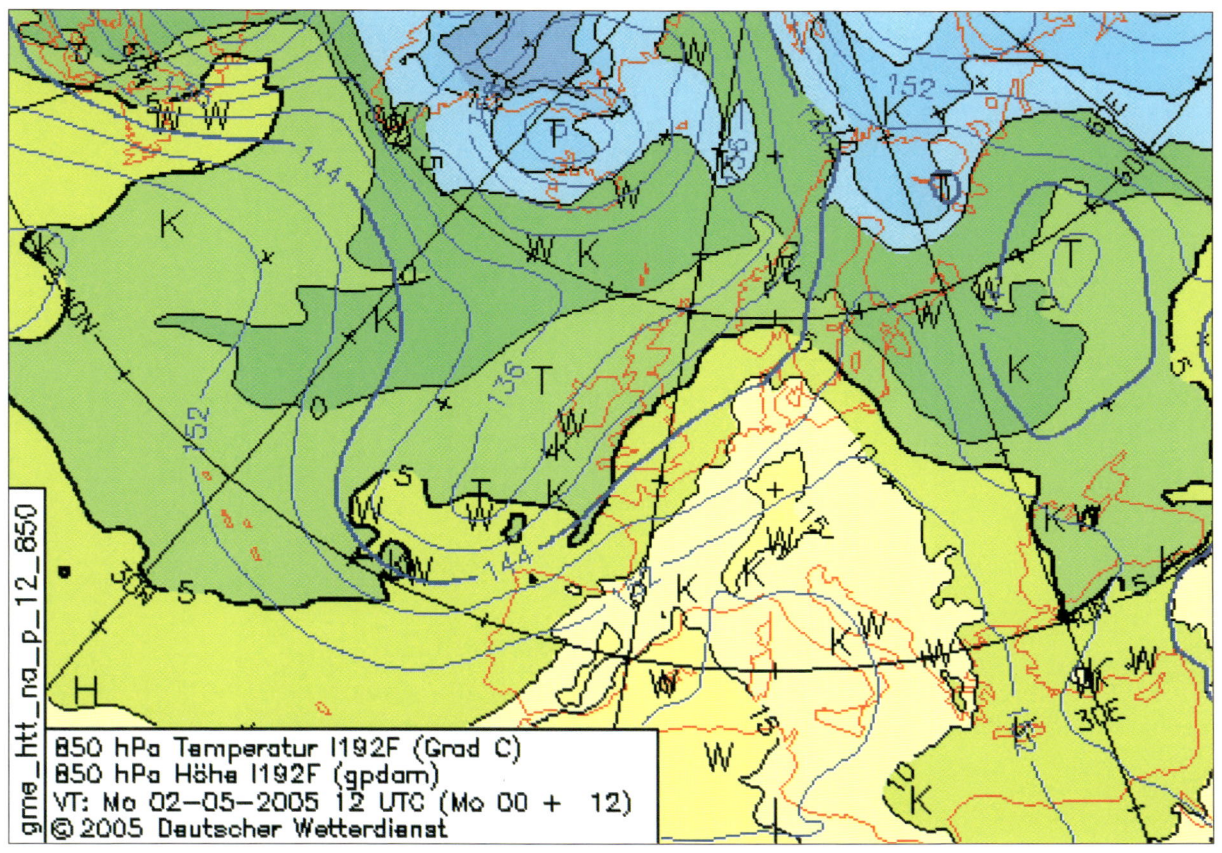

Bild 17.8 Höhenvorhersagekarte (Quelle: Deutscher Wetterdienst, pc_met)

17.3 Spezialkarten für die Luftfahrt

17.3.1 Wind/Temperaturvorhersagekarten

Für den praktischen Flugbetrieb werden Vorhersagekarten für die Hauptdruckflächen berechnet, die für die entsprechenden Flugflächen umgerechnet und für die Flugplanung benutzt werden können. Sie werden überwiegend im IFR-Verkehr verwendet und enthalten lediglich Windpfeile und Temperaturen an Gitterpunkten. Temperaturwerte ohne Vorzeichen sind negativ, positive Temperaturen werden mit einem „+" oder „PS" versehen (siehe Bild 17.9).

Die Windpfeile können miteinander kombiniert werden, sodass alle möglichen Geschwindigkeiten dargestellt werden können. Die Pfeilspitze zeigt in die Richtung, in die der Wind weht.

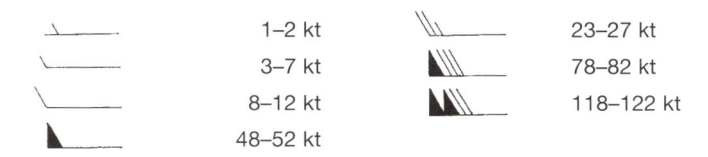

1–2 kt		23–27 kt
3–7 kt		78–82 kt
8–12 kt		118–122 kt
48–52 kt		

Die Karten für die niedrigen Höhen (FL 50 und FL 100) können auch für den VFR-Betrieb verwendet werden. Es gibt aber für den mitteleuropäischen Bereich genauere (höher aufgelöste) Karten. Die Wind/Temperaturvorhersagekarten für Europa (EUR) werden von dem Weltvorhersagezentrum (Word Area Forecast Centre) in England für alle europäischen Flugwetterdienste berechnet und von diesen für Flugwetterberatungen verwendet. Der DWD errechnet also keine eigenen Karten für den europaweiten Flugbetrieb. Diese Karten werden für täglich 4 Termine (00, 06, 12 und 18 UTC) erzeugt. Es sind „fixed time prog charts", d.h. Vorhersagekarten für **einen Zeitpunkt, nicht** für einen **Zeitraum**. Bei der Verwendung muss man sich daher die für den geplanten Flug am besten passende Karte aussuchen.

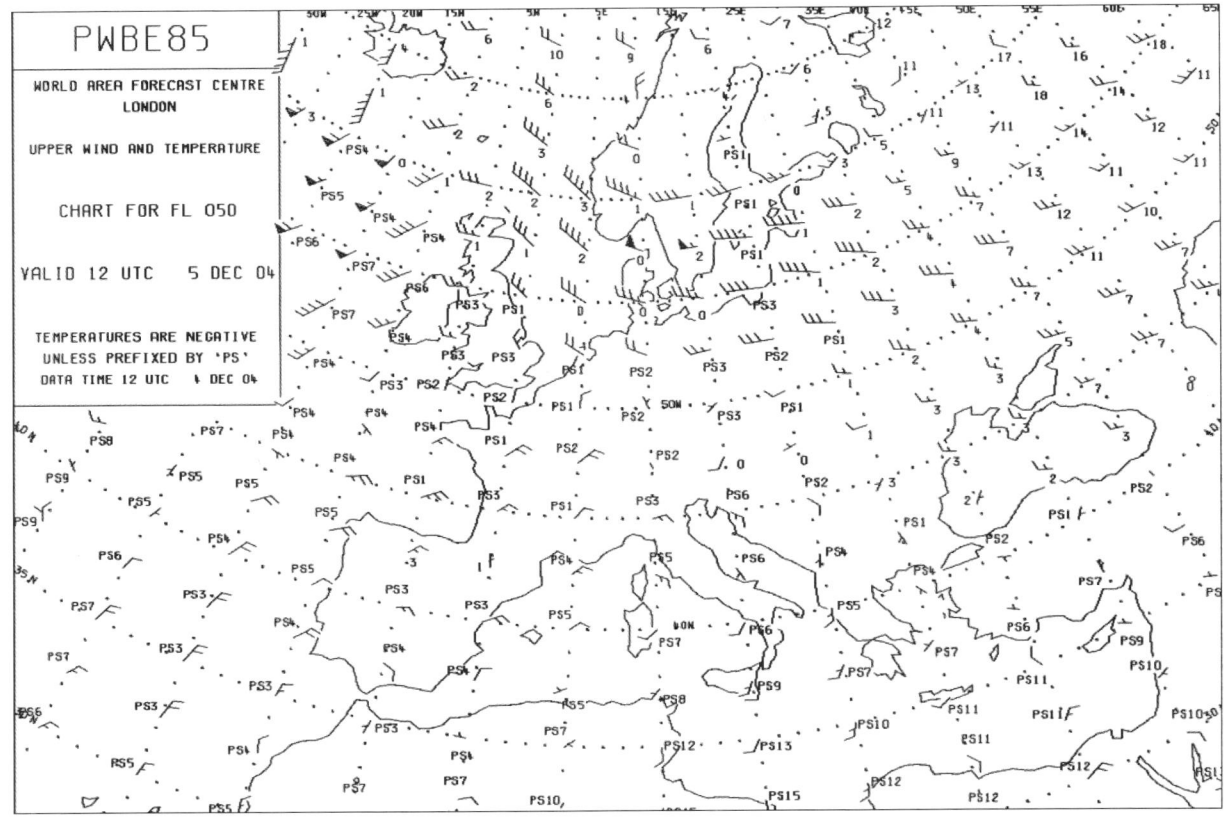

Bild 17.9 Wind/Temperaturkarte FL 50

17.3.2 Low Level Significant Weather Chart (Mitteleuropa) = LLSWC

Diese Vorhersagekarte stellt in kurzer und anschaulicher Weise Gebiete mit markanten Wettererscheinungen vom Boden bis FL 245 dar (siehe Bild 17.18). Sie eignet sich besonders für die Planung und das Selfbriefing für Flüge unter FL 245. Sie wird alle drei Stunden für die Termine 03, 06, 09, 12, 15, 18 und 21 UTC herausgegeben und kann über Telefax, pc_met und Internet abgerufen werden (Abrufnummern und Adressen siehe aktueller Flieger-Taschenkalender). Bei unvorhergesehenen Änderungen erfolgt eine Korrektur, die mit dem Kürzel **COR** (corrected = korrigiert) oder **AMD** (amended = berichtigt) gekennzeichnet wird. Auch die LLSWC ist wie die Wind/Temperaturkarte eine „Fixed Time Chart", also eine Karte für einen Zeitpunkt und nicht für einen Zeitraum. Sie ist trotzdem für eine zeitliche Toleranz von ± 1,5 Stunden verwendbar.

Die **LLSWC** ist eine **Kombination** aus Karten- und Textteil. Der **Kartenteil** enthält:

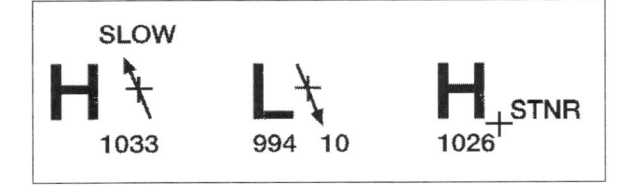

1. **Druckzentren** mit Verlagerungsangaben.

Bild 17.10 Bezeichnung der Druckzentren

17 Wetterkarten

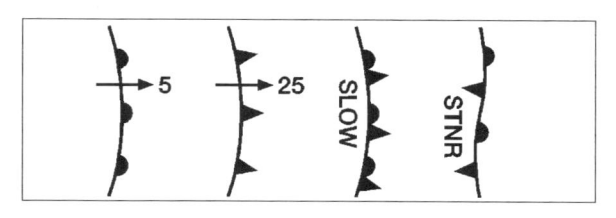

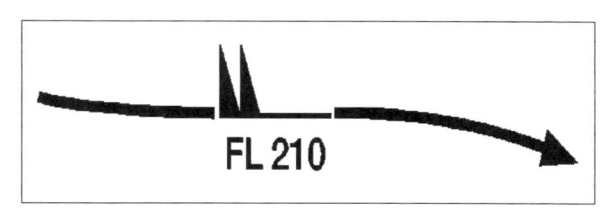

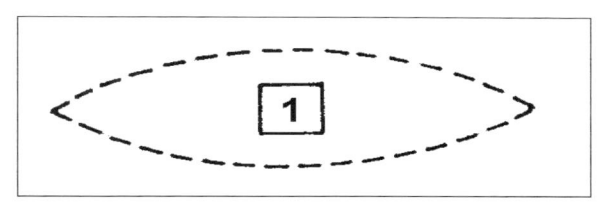

2. Art, Lage und Verlagerung von **Fronten** (mit den gebräuchlichen Symbolen).

Bild 17.11 Frontensymbole mit Verlagerung

3. **Wetterfelder,** die durch Wellenlinien voneinander abgegrenzt und mit einem Großbuchstaben (A bis G) gekennzeichnet sind. Die markanten Wetterverhältnisse sind im Textteil näher beschrieben.

Bild 17.12 Gebiete mit markanten Wettererscheinungen

4. Lage und Verlauf der **Jetstream (Strahlstrom)-Achsen** (soweit sie unterhalb FL 245 liegen).

Bild 17.13 Darstellung des Jetstreams mit Höhe und Geschwindigkeit

5. Gebiete mit **Clear Air Turbulence**
   Erläuterung unter „Warning and/or remarks"

Bild 17.14 Eintragung von Clear Air Turbulenz (Turbulenz in wolkenfreier Luft)

6. Starker **Bodenwind** in einem Wetterfeld
   Mittlerer Bodenwind in Knoten

Bild 17.15 Markierung von Gebieten mit starkem Bodenwind (> 30 kt)

Der **Textteil** besteht aus der Beschreibung der Wetterfelder und einem Teil für Warnungen und Bemerkungen (WARNINGS AND/OR REMARKS).

Die **Beschreibung der Wetterfelder** erfolgt in jeweils drei Zeilen und fünf Spalten. In der ersten Zeile wird immer der vorherrschende Grundzustand mit den mittleren Verhältnissen bezüglich Sicht, Wettererscheinungen, Bewölkung, Turbulenz, Vereisung und die Höhe der Nullgradgrenze für das jeweilige Wetterfeld angegeben. In den darauf folgenden Zeilen werden die räumlichen oder zeitlichen Abweichungen von dem Grundzustand in der ersten Zeile beschrieben, um das grobe Raster der maximal sieben Wetterfelder (A bis G) noch weiter unterteilen zu können.

Die Beschreibung der **Wetterfelder** erfolgt in **fünf Spalten:**

1. In der Spalte „**Variant**" steht die Bezeichnung des Wetterfeldes aus der Karte (z. B. AREA A). In den folgenden zwei Zeilen werden räumliche Angaben über die Abweichungen vom Grundzustand mit folgenden Abkürzungen angegeben:

LOC	–	locally (lokal)
ISOL	–	isolated (vereinzelt)
OCNL	–	occasionally (gelegentlich)
MAR	–	at sea (auf See)
COT	–	at the coast (im Küstenbereich)
LAN	–	inland (im Festland)
CIT	–	near large towns (im Großstadtbereich)
MON	–	above mountains (im Bergland)
VAL	–	in valleys (in Tälern)

2. In der Spalte „**VIS**" steht die vorhergesagte Sichtweite mit Angaben in Metern bei Sichten ≤ 5 km und Angaben in Kilometern bei Sichten über 5 km. Bei Sichtweiten über 10 km wird 10+ angegeben.

3. In der Spalte „**WEATHER**" steht die vorhergesagte Wettererscheinung mit folgenden Abkürzungen, die den Angaben im METAR entsprechen (vgl. Abschnitt 18.1 „METAR/TAR"):

TS	–	thunderstorm (Gewitter)
FZ	–	freezing (gefrierender)
FG	–	fog (Nebel)
DZ	–	drizzle (Sprühregen)
RA	–	rain (Regen)
SN	–	snow (Schnee)
SH	–	shower (Schauer)
GR	–	hail (Hagel)
BLSN	–	blowing snow (Schneetreiben)
SA	–	sand- or duststorm (Sand- oder Staubsturm)
HZ	–	haze (trockener Dunst)
BR	–	mist (feuchter Dunst)
FU	–	smoke (Rauch)
NIL	–	no significant weather (keine signifikanten Wettererscheinungen)

4. In der Spalte „**CLOUDS, TURBULENCE, ICING**" werden alle Wolken, deren Untergrenzen unter FL 245 liegen, mit Bedeckungsgrad (nur BKN und OVC), Wolkengattung, Unter- und Obergrenzen sowie der darin zu erwartende Turbulenz- und Vereisungsgrad angegeben. Zusätzlich wird mit einem grafischen Symbol darauf aufmerksam gemacht, wenn durch eine niedrige Untergrenze Berge ganz oder teilweise in Wolken sind.

    Der Bedeckungsgrad (außer Cb) wird durch folgende Abkürzungen beschrieben:
    BKN – broken   5–7   Achtel
    OVC – overcast   8   Achtel

    Kombinationen sind möglich (z. B. BKN/OVC).

    Bei den Cbs werden folgende Mengenangaben verwendet:

ISOL	=	isolated area with coverage less than 50 %	einzelne CB Bedeckungsgrad kleiner als 50 %
OCNL	=	occasional area with coverage between 50 and 75 %	häufige, aber noch deutlich getrennte CB Bedeckungsgrad zwischen 50 % und 75 %
FRQ	=	frequent area with coverage greater than 75 %	häufige CB, mit wenig oder keiner Trennung Bedeckungsgrad größer als 75 %
EMBD	=	embedded	eingebettet

    Zur Beschreibung der Wolkengattungen werden folgende Abkürzungen verwendet:

ST	–	Stratus
NS	–	Nimbostratus
CU	–	Cumulus
SC	–	Stratocumulus
AC	–	Altocumulus
AS	–	Altostratus
CI	–	Cirrus
CB	–	Cumulonimbus

    Kombinationen sind möglich (z. B. CUSC).

    Die Ober- und Untergrenzen werden in Hektofuß über MSL angegeben. Beispiel:

    „BKN CU 030/070" bedeutet „broken Cumulus" mit Untergrenzen in 3 000 ft MSL und Obergrenzen bei 7 000 ft MSL. Obergrenzen über FL 245 werden mit „XXX" angegeben.

    Ausgeschichtete Bewölkung erhält den Zusatz „LYR" = layered (in Schichten).

    Vereisung und Turbulenz werden in Form eines Symbols dargestellt. Die Angaben beziehen sich auf den Höhenbereich der vorhergesagten Bewölkung. Die Unter- und Obergrenzen der Vereisung werden jedoch separat angegeben, falls sie von den Wolkenober- und -untergrenzen abweichen.

17 Wetterkarten

Symbol	Englisch	Deutsch
⌐∧⌐	moderate turbulence	mäßige Turbulenz
⌐∧∧⌐	severe turbulence	starke Turbulenz
Ψ	slight aircraft icing	leichte Vereisung
Ψ (doppelt)	moderate aircraft icing	mäßige Vereisung
Ψ (dreifach)	severe aircraft icing	starke Vereisung

Bild 17.16 Symbole für signifikante Wettererscheinungen

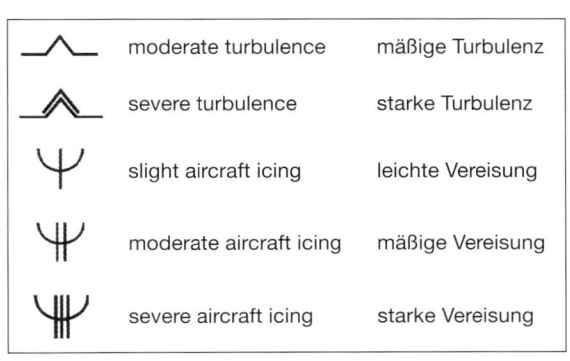

Wenn Berge oder Bergspitzen ganz oder teilweise in Wolken sind, wird folgendes Symbol eingetragen (siehe Bild 17.17). Die Höhe, ab der die Berge in Wolken sind, ergibt sich aus der Angabe der tiefsten Untergrenze.

M	mountain obscuration	Berge in Wolken

Bild 17.17 Hinweis auf „Berge in Wolken"

5. In der Spalte **„1.FZLVL"** wird die Höhe der Nullgradgrenze in Hektofuß über MSL angegeben. Liegen die Temperaturen am Boden unter 0 °C, wird „SFC" angegeben. Wenn sich durch eine Inversion eine weitere Nullgradgrenze bildet, erscheint sie unter **2. FZLVL.**

Unterhalb der Beschreibung der Wetterfelder befindet sich das Feld **„WARNING AND/OR REMARKS"**. Hier werden zusätzliche Informationen eingetragen wie

- Warnungen
- Beschreibung zeitlicher Abläufe
- Angaben zu Leewellen (MTW)
- Beschreibung von CAT mit Unter- und Obergrenzen

Bei Störungsfällen in Kernreaktoren wird das Symbol ☢ mit den geographischen Koordinaten des Reaktors eingetragen.

QGDF70			FIXED TIME CHART VALID 15 UTC **16.10.2004**		BASED ON 00 UTC DATA ON 16.10.2004
VARIANT	VIS	WEATHER	CLOUDS. TURBULENCE. ICING	1.FZLVL	2.FZLVL
AREA A	10+	NIL	BKN SC CU AC CI LYR 025/160 ⌐∧⌐ Ψ 045/140 M	045	
LOC	6	RA/SHRA	OVC SC CU AS CS 010/XXX ⌐∧⌐ Ψ M		
ISOL	4000	TSRA/TSGR	EMBD CB 015/XXX M	SW	
LOC	2500	BR	BKN/OVC ST SC AC LYR CU 005/100 ⌐∧⌐ Ψ 045/100 M	055	
AREA B	6	RA/SHRA	OVC ST SC AS CI 015/XXX ⌐∧⌐ Ψ 045/150 M	045	
ISOL	4000	TSRA/TSGR	EMBD CB 020/XXX M		
LOC	1500	BR	BKN/OVC ST SC AC LYR 005/XXX Ψ M	E	
LOC	10+	NIL	BKN SC AC CI 025/XXX ⌐∧⌐ Ψ M	065	
AREA C	10+	NIL	BKN SC AC LYR 030/120 ⌐∧⌐ Ψ 040/120 M		
LOC	6	RA/SHRA	BKN/OVC CU AS CI 015/XXX ⌐∧⌐ Ψ M	040	
LOC	7	NIL	BKN/OVC ST SC LYR 010/070 Ψ M		
LOC	10+	NIL			
AREA D	3500	BR	BKN/OVC ST SC AC LYR 010/XXX ⌐∧⌐ Ψ 065/150 M		
LOC	2500	BR	OVC ST SC AC LYR 005/140 ⌐∧⌐ Ψ M	065	
LOC	10+	NIL	SCT/BKN SC CU 015/080 ⌐∧⌐		
LOC	10+	NIL			

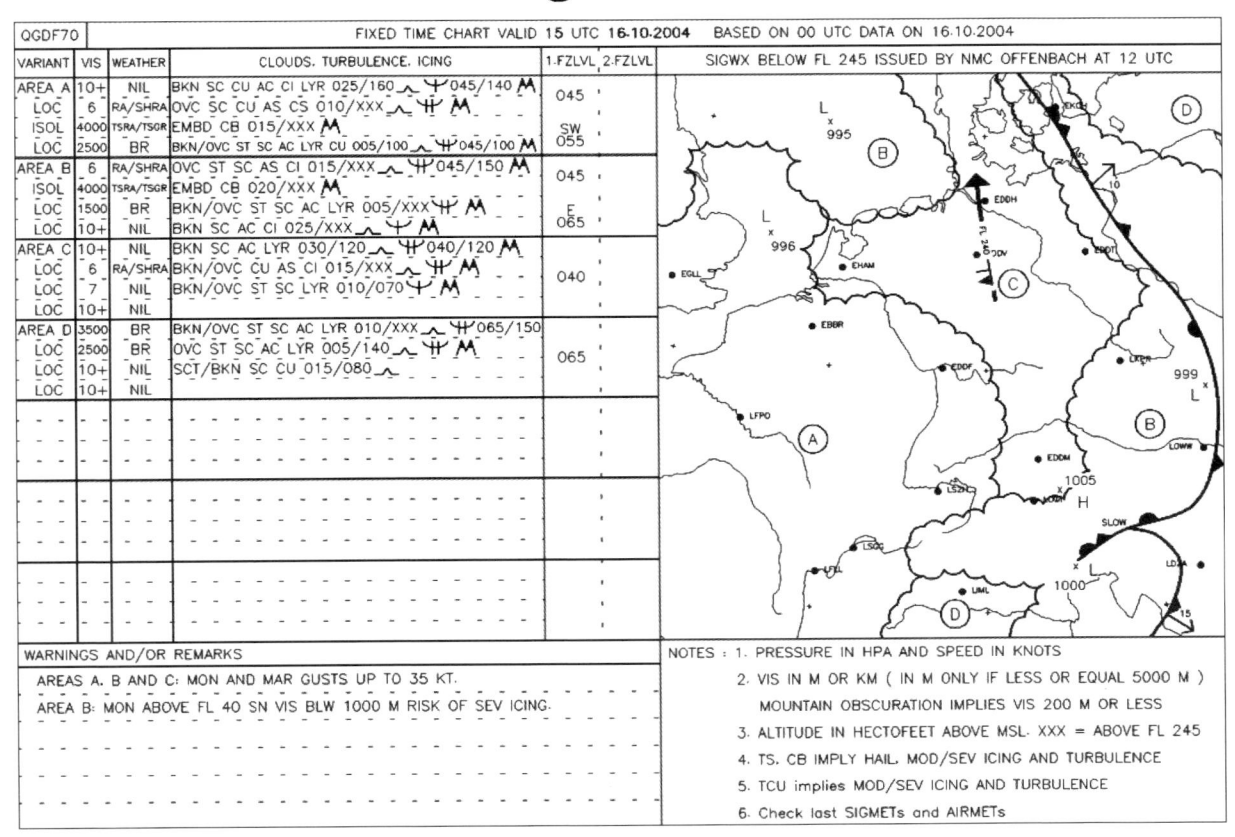

WARNINGS AND/OR REMARKS
AREAS A. B AND C: MON AND MAR GUSTS UP TO 35 KT.
AREA B: MON ABOVE FL 40 SN VIS BLW 1000 M RISK OF SEV ICING.

NOTES: 1. PRESSURE IN HPA AND SPEED IN KNOTS
2. VIS IN M OR KM (IN M ONLY IF LESS OR EQUAL 5000 M)
   MOUNTAIN OBSCURATION IMPLIES VIS 200 M OR LESS
3. ALTITUDE IN HECTOFEET ABOVE MSL· XXX = ABOVE FL 245
4. TS. CB IMPLY HAIL. MOD/SEV ICING AND TURBULENCE
5. TCU implies MOD/SEV ICING AND TURBULENCE
6. Check last SIGMETs and AIRMETs

Bild 17.18 Low-Level Significant Weather Chart (LLSWC) Boden – FL 245 (Quelle: Deutscher Wetterdienst, pc_met)

17.3.3 Konvektionskarte

Für den Segelflug und die Ballonfahrt wird eine computererzeugte Karte mit Konvektionsparametern für 09, 11, 13 und 15 UTC angeboten. Die Angaben an den einzelnen Gitterpunkten bestehen aus der Art der vorhergesagten Bewölkung bzw. des erwarteten Niederschlags in Form von Symbolen. Eine Erklärung ist in der Legende dieser Karte zu finden.

Bei den Bewölkungssymbolen steht zusätzlich eine Zahl. Diese Zahl beschreibt die Höhe der Wolkenuntergrenze bzw. die Obergrenze der Blauthermik in Hektometern.

$\overset{\frown}{18}$ = Cu hum* (flacher Cumulus) in 1 800 m

*(hum abgeleitet aus dem lat. humulis: von geringer Größe)

Diese Karten gibt es regional gegliedert für den Nordwesten, Nordosten, Südwesten und Südosten Deutschlands.

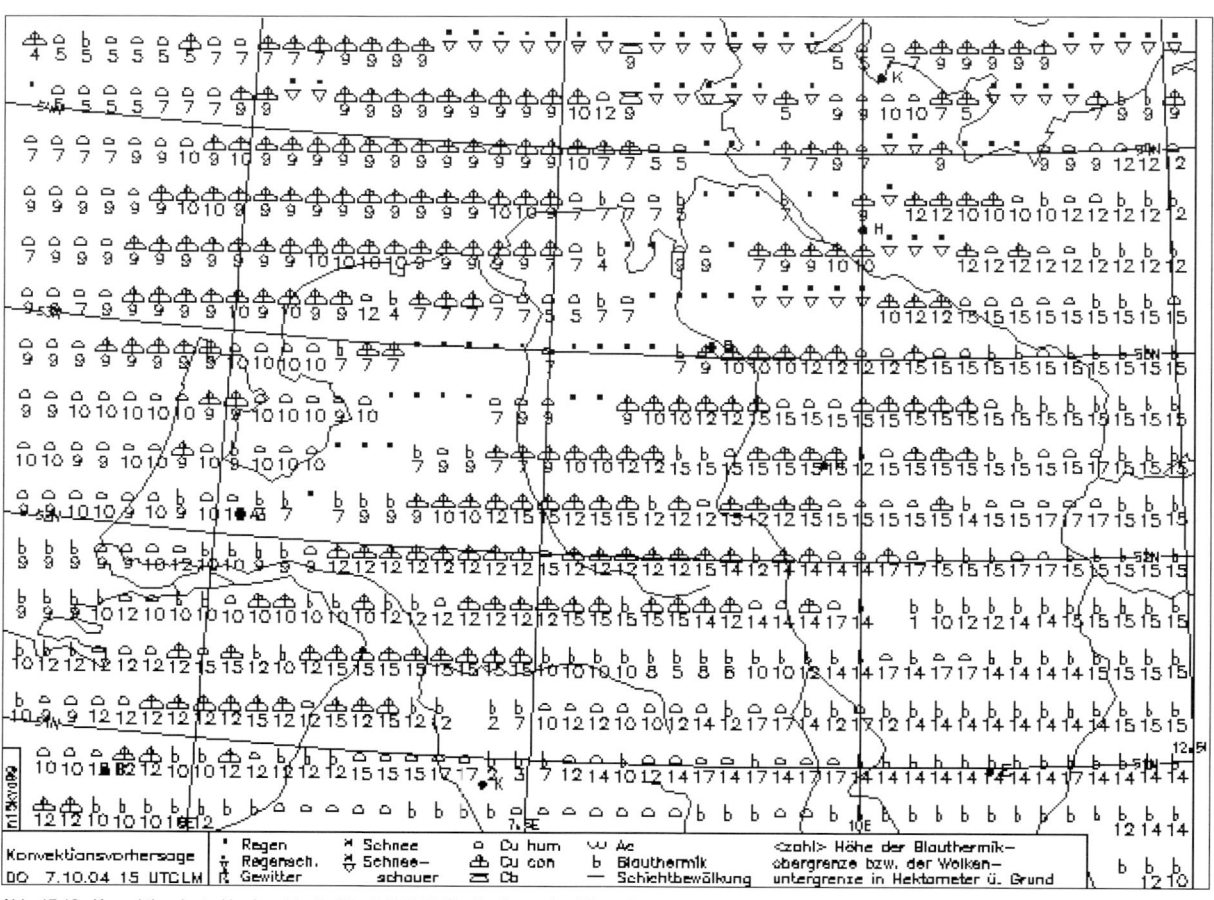

Abb. 17.19 Konvektionskarte Nordwestdeutschland 15 UTC (Quelle: Deutscher Wetterdienst, pc_met)

18 Flugwettermeldungen

18.1 METAR/TAF

a) METAR (METeorological **A**erodrome **R**outine **R**eport**) – Bodenwettermeldung von Flugplätzen**

Der in den Bodenwettermeldungen von Flugplätzen verwendete METAR-Schlüssel ist speziell für die Luftfahrt gedacht und zeichnet sich durch leichte Lesbarkeit aus. Er ermöglicht es allen Fliegern, die wichtigen Wetterinformationen sofort selbst aus den Meldungen zu entnehmen, ohne einen komplizierten Wetterschlüssel anwenden zu müssen.

Die Bodenwettermeldung gilt nur für den Bereich des meldenden Flugplatzes; sie enthält meistens am Ende einen TREND, der für zwei Stunden gültig ist.

> **METAR + TREND = Landewettervorhersage**

Die Bodenwettermeldung wird in der BR Deutschland und anderen europäischen Ländern halbstündlich (H + 20 und H + 50, zum Beispiel 0020, 0050, 0120 usw. oder H + 00 und H + 30) von den Wetterdienststellen der Flugplätze erstellt und sofort über Datenleitungen national und international verbreitet und z. B. über **ATIS** oder **VOLMET** (nur ausgewählte Plätze) ausgestrahlt.

b) TAF (Terminal **A**erodrome **F**orecast**) – Flugplatzwetter-Vorhersage**

Die Verschlüsselung der Flugplatzwetter-Vorhersage wird wie bei der METAR-Meldung vorgenommen und gilt ebenfalls nur für den Bereich des meldenden Flugplatzes. Die Wetterdienststellen der Verkehrsflughäfen erstellen alle drei Stunden eine neue Vorhersage mit einer Gültigkeit von jeweils neun Stunden (0100–1000, 0400–1300 usw.).

Für den internationalen Flugverkehr werden alle sechs Stunden **LANGTAFs** mit einer Gültigkeit von 18 Stunden veröffentlicht (1200–0600, 1800–1200, usw.).

Eine Erläuterung der beiden Schlüssel **METAR** und **TAF** finden Sie auf den nächsten Seiten.

Schlüssel/Gliederung mit Änderungsgruppen	METAR (METeorological Aerodrome Routine Report)/ Bodenwettermeldung von Flugplätzen	TAF (Terminal Aerodrome Forecast)/ Flugplatzwetter-Vorhersage
Aufbau	Meldungsname, Flughafenkennung, Beobachtungstag und -zeit, Wind, (Böen), (Windschwankung), Sicht, (maximale Sicht), (Pistensicht), (Wettererscheinung), Wolken, Temperatur/Taupunkt, QNH, (Zusatzinformation), (Pistenzustand), Trend. Werte in Klammern werden nur bei Auftreten bzw. Notwendigkeit verschlüsselt.	Der TAF gliedert sich in einen Grundzustand und in eine oder mehrere Änderungsgruppen, falls im Gültigkeitszeitraum signifikante Abweichungen vom Grundzustand vorhersagt werden. Meldungsname, Flughafenkennung, Ausgabezeit, Gültigkeitszeitraum, Wind, (Böen), Sicht, (Wettererscheinung), Wolken, (PROB), (Änderung). Werte in Klammern werden nur bei Auftreten bzw. Notwendigkeit verschlüsselt.
Meldungsname	METAR	TAF
Flughafenkennung	ICAO-Ortskennung z. B.: EDDF = Frankfurt	
Beobachtungstag und -zeit (METAR)/ Ausgabetag und -zeit (TAF)	Monatstag und Uhrzeit in UTC z. B.: 300320Z = 30. des Monats, 0320 UTC	
Gültigkeitszeitraum	–	Tag des Monats, Beginn der Gültigkeit, Ende der Gültigkeit z. B.: 060413 = 6. des Monats, 0400 bis 1300 UTC
Wind	Letztes 10-Minuten-Mittel; Windrichtung 3-stellig nach 360°-Skala; Windgeschwindigkeit in Knoten, Meter pro Sekunde oder Kilometer pro Stunde. Beispiele:	Mittlere Windrichtung 3-stellig nach 360°-Skala, mittlere Windgeschwindigkeit in Knoten, Meter pro Sekunde oder Kilometer pro Stunde. Beispiele:
	07010KT = 70 Grad mit 10 Knoten VRB01KT = umlaufend (variabel) mit 1 Knoten 00000KT = windstill (calm)	25007MPS = 250 Grad mit 7 Meter pro Sekunde 15015KMH = 150 Grad mit 15 Kilometer pro Stunde

Schlüssel/ Gliederung mit Änderungsgruppen	METAR (METeorological Aerodrome Routine Report)/ Bodenwettermeldung von Flugplätzen	TAF (Terminal Aerodrome Forecast)/ Flugplatzwetter-Vorhersage
Wind	**Böen:** Höchste Windspitze während der letzten 10 Minuten. Voraussetzung: Böe ist mindestens 10 kt größer als mittlere Windgeschwindigkeit. Kennbuchstabe: **G** (gusts) Beispiel: 26018G37KT = 260 Grad mit 18 Knoten, Böen 37 Knoten	**Böen:** Höchste vorhergesagte Windspitze. Voraussetzung: Böe ist mindestens 10 kt größer als mittlere Windgeschwindigkeit. Wert: ≥ 25 kt Kennbuchstabe: **G** (gusts) Beispiel: 29015G30KT = 290 Grad mit 15 Knoten, Böen bis 30 Knoten
	Windschwankung: Schwankung der Windrichtung um mindestens 60°. Voraussetzung: Windgeschwindigkeit ≥ 4 kt Die Windschwankung wird durch den linken und rechten Schwankungswert beschrieben, die durch den Kennbuchstaben **V** von einander getrennt werden. 150V240 = Wind schwankt zwischen 150 und 240 Grad 340V080 = Wind schwankt zwischen 340 und 80 Grad	–
Sicht	Horizontalsicht am Boden 4-stellig in Metern, bei unterschiedlichen Sichtweiten wird die schlechteste Sicht angegeben, angefügt wird die Himmelsrichtung nach 8-teiliger Kompassrose, in der die Minimumsicht beobachtet wird. Beispiel: 3200SW = schlechteste Sicht 3 200 m in Richtung Südwesten	Horizontalsicht am Boden 4-stellig in Metern, bei unterschiedlichen Sichtweiten wird die schlechteste Sicht vorhergesagt. Beispiele:
	0400 = Sicht 400 m 4000 = Sicht 4 000 m 9999 = Sicht 10 km oder mehr	
	Maximale Sicht: Maximale Horizontalsicht am Boden (zusätzliche Sichtangabe), wird der ersten Sichtgruppe angefügt. Beste Sichtweite (mit Himmelsrichtung). Voraussetzung: schlechteste Sicht < 1 500 m, beste Sicht > 5 000 m. Beispiel: 7000E = beste Sicht 7 km in Richtung Ost Kombination: 1100S 7000W = schlechteste Sicht 1 100 m in Richtung Süd, beste Sicht 7 km in Richtung West.	–

18 Flugwettermeldungen

Schlüssel/Gliederung mit Änderungsgruppen	METAR (METeorological Aerodrome Routine Report)/ Bodenwettermeldung von Flugplätzen	TAF (Terminal Aerodrome Forecast)/ Flugplatzwetter-Vorhersage
Sicht	**Pistensicht:** Mit Transmissometern gemessene Sicht entlang der Piste (RVR) – Voraussetzung: Sicht und/oder Pistensicht < 1 500 m – Kennbuchstabe: **R;** – Pistenrichtung, bei parallelen Pisten zusätzlich L (linke Piste) – oder R (rechte Piste); – Pistensicht in Metern; – bei Überschreiten vom Messbereich des Transmissometers (1500 m) wird ein „**P**", bei Unterschreiten des Messbereichs (50 m) wird ein „**M**" vorangestellt; – Tendenz (Änderung während der letzten 10 Minuten) U = upward, D = downward, N = no distinct tendency Beispiele: R15/0500 = RVR 500 m auf der Piste 15 R26L/0175U = RVR 175 m auf der Piste 26 links, Tendenz Verbesserung R05R/P1500N = RVR mehr als 1 500 m auf der Piste 05 rechts, keine deutliche Änderung R30/M0050D = RVR weniger als 50 m auf der Piste 30, Tendenz Verschlechterung Bei größeren Schwankungen der RVR wird die Schwankungsbreite während der letzten 10 Minuten vor der Beobachtung angegeben: Die Schwankungsbreite wird durch den schlechtesten und den besten Wert beschrieben, die durch den Kennbuchstaben **V** von einander getrennt werden. R27/0400V1300D = RVR schwankt zwischen 400 und 1 300 m auf der Piste 27 rechts, Tendenz Verschlechterung.	–
Wettererscheinung	Beschreibung des **gegenwärtigen Wetters** beim **METAR-Schlüssel** (kann mehrmals gemeldet werden) bzw. des **vorhergesagten Wetters** beim **TAF Schlüssel** mit Hilfe von Abkürzungen, die sich aus verschiedenen Angaben zusammensetzen können: – Intensität oder Nähe, – Deskriptor, – Wettererscheinung.	
	Intensität: Die Intensität wird mit Vorzeichen dargestellt. Eine Intensitätsangabe erhalten nur Niederschläge, Treiben von Sand, Staub und Schnee, Sand- und Staubsturm. Intensitätsangaben bei Gewittern beziehen sich auf den Niederschlag. Symbole: – = leicht = mäßig (ohne Symbol) + = stark	
	Nähe: Treten Wettererscheinungen nicht am Flughafen direkt auf, sondern im Umkreis von 8 km außerhalb der Flughafengrenze, beginnt die Meldungsgruppe mit **VC (in vicinity = in der Nähe).** Mit VC werden nur Gewitter, Schauer, Nebel, Schnee-, Sand- und Staubtreiben, Kleintromben und Tornados gemeldet.	–

Schlüssel/ Gliederung mit Änderungsgruppen	METAR (METeorological Aerodrome Routine Report)/ Bodenwettermeldung von Flugplätzen	TAF (Terminal Aerodrome Forecast)/ Flugplatzwetter-Vorhersage
Wettererscheinung	**Deskriptor:** Der Deskriptor beschreibt die folgende Wettererscheinung genauer, die einzelnen Deskriptoren sind nur mit bestimmten Erscheinungen kombinierbar. MI = flach — shallow — nur bei Nebel BC = Schwaden — patches — nur bei Nebel PR = Teil des Flughafens bedeckend — partial — nur bei Nebel DR = -fegen — low drifting — nur bei Schnee, Sand, Staub BL = -treiben — blowing — nur bei Schnee, Sand, Staub SH = Schauer — shower — nur bei Regen, Schnee, Graupel, Hagel TS = Gewitter — thunderstorm — nur bei Regen, Schnee, Graupel, Hagel FZ = gefrierend — freezing — nur bei Regen, Sprühregen, Nebel	
	Wettererscheinung: Niederschlag DZ = Sprühregen — drizzle RA = Regen — rain SN = Schnee — snow SG = Schneegriesel — snow grains IC = Eisnadeln — ice crystals PL = Eiskörner — ice pellets GR = Hagel — hail (grêle) GS = Graupel — small hail or snow pellets Auch Mischniederschlag wird nur in einer Gruppe gemeldet, es sind Kombinationen verschiedener Niederschlagsarten möglich, der vorherrschende Niederschlag steht an erster Stelle.	
	Wettererscheinung: Trübungserscheinungen HZ = trockener Dunst — haze BR = feuchter Dunst — mist (brûme) FG = Nebel — fog FU = Rauch — smoke (fumée) VA = Vulkanasche — volcanic ash DU = verbreitet Staub — widespread dust SA = Sand — sand Trübungserscheinungen werden nur verschlüsselt, wenn die Sicht ≤ 5 000 m beträgt/betragen soll (Ausnahme bei Nebel, hier Sicht < 1 000 m).	
	Wettererscheinungen: andere PO = Kleintrombe (Staub-/Sandwirbel) — well developed dust- or sandwhirls, dust devils SQ = markante Böen — squall FC = Tornado/Wasserhose — funnel cloud SS = Sandsturm — sandstorm DS = Staubsturm — duststorm	**Beispiele:** −DZ = leichter Sprühregen RA = mäßiger Regen +SN = starker Schnee VCTS = Gewitter in der Nähe des Platzes MIFG = flacher Nebel DRSN = Schneefegen −SHSNRA = leichter Schauer von Schnee und Regen, Schnee überwiegt +TSRASN = Gewitter mit starkem Regen und Schnee, Regen überwiegt
Wolken	Bedeckungsgrad und Untergrenze der beobachteten Bewölkung, in Ausnahmefällen auch der Gattung.	− Bedeckungsgrad und Untergrenze der vorhergesagten Bewölkung über der Flugplatzhöhe, in Ausnahmefällen auch der Gattung, kann mehrfach gemeldet werden. − Verschlüsselt werden nur Wolken mit Untergrenzen < 5 000 ft (Ausnahme CB).
	Bedeckungsgrad in Stufen: SKC (sky clear) wolkenlos = 0/8 FEW (few) gering = 1/8–2/8 SCT (scattered) aufgelockert = 3/8–4/8	BKN (broken) aufgebrochen = 5/8–7/8 OVC (overcast) bedeckt = 8/8 NSC nil significant clouds = keine Wolken unter 5 000 ft, unabhängig vom Bedeckungsgrad

18 Flugwettermeldungen

Schlüssel/ Gliederung mit Änderungsgruppen	METAR (METeorological Aerodrome Routine Report)/ Bodenwettermeldung von Flugplätzen	TAF (Terminal Aerodrome Forecast)/ Flugplatzwetter-Vorhersage

Wolken	**Untergrenze:**
	Angabe 3-stellig in **Hektofuß über Flugplatzbezugshöhe**
	    002 = 200 ft
	    030 = 3 000 ft
	    250 = 25 000 ft (nur METAR)	

	Gattung: Wenn die nachfolgenden signifikanten Wolken beobachtet werden, wird die Wolkengattung der Untergrenze angefügt. TCU = hochaufgetürmter Cumulus (towering cumulus) = vertikale Wolkenerstreckung ≥ 10000 ft (nur METAR) CB = Cumulonimbus **Beispiele:** FEW007 = 1–2/8 700 ft OVC150 = 8/8 15 000 ft SCT030CB = 3–4/8 Cumulonimbus 3 000 ft BKN020TCU = 5–7/8 aufgetürmter Cumulus 2 000 ft	
	Vertikalsicht: Ersatzangabe für die Wolkenuntergrenze, wenn diese nicht ermittelt bzw. vorhergesagt werden kann (Nebel, starker Schneefall), Wert in ft über Grund. Im DWD wird zurzeit keine Vertikalsicht gemessen. Beispiele: Kennbuchstaben: **VV** VV002 = Vertikalsicht 200 ft VV000 = Vertikalsicht < 100 ft VV/// = Vertikalsicht nicht angebbar	
CAVOK	Codewort zur Abkürzung der METAR- und TAF-Meldung bei guten Wetterbedingungen. **CAVOK = cloud and visibility ok** **Voraussetzungen:** – Sicht 10 km oder mehr, – keine Wolken unter 5 000 ft über Grund bzw. unterhalb der höchsten Sektormindesthöhe, – kein Cumulonimbus (CB), – keine Wettererscheinung.	
	Bei Erfüllung o. g. Voraussetzungen entfallen die Gruppen: Sicht, maximale Sicht, Pistensicht, Wettererscheinung, Wolken, Vertikalsicht. Stattdessen wird CAVOK verschlüsselt.	Bei Erfüllung o. g. Voraussetzungen entfallen die Gruppen: Sicht, Wettererscheinung, Wolken. Stattdessen wird CAVOK verschlüsselt.
Temperatur/ Taupunkt	Lufttemperatur und Taupunkt in ganzen Grad Celsius. Die Angabe erfolgt zweistellig – **bei negativen Werten wird ein M vorangestellt.** 18/10 = Temperatur 18 °C/Taupunkt 10 °C 02/M03 = Temperatur 2 °C/Taupunkt −3 °C	Von einzelnen europäischen Flughäfen wird die Tageshöchst- und Tiefsttemperatur vorhergesagt. Tageshöchsttemperatur: Kennbuchstaben **TX** Tagestiefsttemperatur: Kennbuchstaben **TN** Lufttemperatur in ganzen Grad Celsius. Die Angabe erfolgt zweistellig – **bei negativen Werten wird ein M vorangestellt.** Z = Kennung für UTC TX22/13Z = vorhergesagte Höchsttemperatur 22 °C um 13 UTC TNM03/05Z = vorhergesagte Tiefsttemperatur −03 °C um 05 UTC
QNH	QNH am Flughafen. Beispiele: Q = Angabe in hPa A = Angabe in Inches Q0980 = QNH 980 hPa Q1022 = QNH 1 022 hPa A3014 = QNH 30,14 Inches	–

Schlüssel/ Gliederung mit Änderungsgruppen	METAR (METeorological Aerodrome Routine Report)/ Bodenwettermeldung von Flugplätzen	TAF (Terminal Aerodrome Forecast)/ Flugplatzwetter-Vorhersage
Sonstige Erläuterungen der beiden Schlüssel METAR und TAF	**Vergangenes Wetter:** Beschreibung von signifikanten Wettererscheinungen, die zwar nicht mehr zur Beobachtungszeit, aber während der Zeit seit der letzten Routinebeobachtung auftraten. **Kennbuchstaben:** **RE** (recent = vergangen) Nur folgende Wettererscheinungen werden gemeldet: – Gewitter, – gefrierender Niederschlag (alle Intensitäten), – Sprühregen, Regen, Schnee, Eiskörner, Graupel, Hagel, Schneetreiben (nur mäßige oder starke Intensität), – Sand- oder Staubsturm (alle Intensitäten), – Großtrombe/Tornado, – Vulkanasche. Es werden hier keine Angaben über die Intensität, die Entfernung oder über einen konvektiven Charakter des Niederschlags gemacht (Regenschauer = Regen). RETS = vergangenes Gewitter RESN = vergangener mäßiger oder starker Schnee/Schneeschauer REFZRA = vergangener gefrierender Regen **Windscherung:** Information über beobachtete Windscherung (Pilotenreport) im Bereich des An- und Abfluges, zwischen Pistenhöhe (GND) und 1 600 ft GND. Windscherungswerte selbst werden nicht angegeben. **Kennbuchstaben:** **WS** (wind shear) **Angabe der Pistenrichtung:** WS RWY09 = Windscherung Piste 09 WS ALL RWY = Windscherung bei allen Pisten **Trend:** Entwicklungsvorhersage an internationalen Verkehrsflughäfen für die nächsten zwei Stunden nach dem Beobachtungstermin für flugbetrieblich wichtige Änderungen gegenüber dem aktuellen Wetter. In die Vorhersage werden nur die Wetterelemente aufgenommen, bei denen signifikante Änderungen erwartet werden. **METAR + Trend = Landewettervorhersage** Der **Trend** beginnt mit der Änderungsgruppe **BECMG** oder **TEMPO,** der eine Zeitgruppe angefügt werden kann, oder er lautet **NOSIG.**	**PROB%-Zeitraum:** Können ein oder mehrere Wetterelemente nicht eindeutig vorhergesagt werden, wird mit Hilfe von **PROB** eine **Wahrscheinlichkeitsaussage** (30 oder 40 %) über das Auftreten alternativer Elemente/Werte und den Zeitraum dieses Auftretens abgegeben (**PROB** – probability = Wahrscheinlichkeit). Die **PROB%-Aussage** steht unmittelbar hinter dem (den) eigentlichen Vorhersagewert(en) und vor dem (den) alternativen Wert(en). SHRA PROB40 1618 +TSRAGR: mäßiger Regenschauer, mit einer Wahrscheinlichkeit von 40 %; zwischen 16 und 18 UTC Gewitter mit starkem Regen und Hagel... **Unterteilung bei Änderung:** Bei erwarteter signifikanter Änderung (Erreichen, Über- oder Unterschreiten definierter Schwellenwerte, Beginn und Ende signifikanter Wettererscheinungen) wird der Vorhersagezeitraum unterteilt. Dies geschieht mit Hilfe von Änderungsgruppen. Alle Änderungsgruppen werden mit einer Uhrzeitgruppe verbunden. **Änderung mit BECMG und TEMPO:** Es werden nur die Wetterelemente aufgeführt, die sich signifikant ändern. Wird erwartet, dass eine signifikante Wettererscheinung endet, wird **NSW** (**n**il **s**ignificant **w**eather) verwendet. **BECMG Zeitgruppe = becoming (werdend).** Die Änderung der Wetterelemente vollzieht sich mehr oder weniger gleichmäßig zu einem neuen Wetterzustand. Der genaue Zeitpunkt des Eintreffens kann nicht vorhergesagt werden. Die Zeitgruppe bezeichnet den Zeitraum, in der sich die Änderung vollzieht (Beginn und Ende der Änderung). BECMG 1214 = Änderung zu einem neuen Wetterzustand zwischen 1200 und 1400 UTC, frühestens um 1200 UTC beginnend, spätestens um 1400 UTC beendet (**nicht:** Änderung dauert von 1200 bis 1400 UTC).

18 Flugwettermeldungen

Schlüssel/ Gliederung mit Änderungsgruppen	METAR (METeorological Aerodrome Routine Report)/ Bodenwettermeldung von Flugplätzen	TAF (Terminal Aerodrome Forecast)/ Flugplatzwetter-Vorhersage
Sonstige Erläuterungen der beiden Schlüssel METAR und TAF	Zeitgruppen werden mit den Kennungen **FM** (from), **TL** (until) oder **AT** (at) eingeleitet. Der Kennung folgt die zugeordnete Uhrzeit innerhalb des Gültigkeitszeitraums des Trends. NOSIG = no significant change (keine wesentliche Änderung) FM1000 = ab 1000 UTC TL1430 = bis 1430 UTC AT2230 = um 2230 UTC FM0400 TL0500 = ab 0400 UTC bis 0500 UTC **BECMG** = becoming (werdend). Die Änderung der Wetterelemente vollzieht sich mehr oder weniger gleichmäßig zu einem neuen Wetterzustand. **TEMPO** = temporary (zeitweise). Vorübergehende, zeitweilige Änderung von Wetterelementen. BECMG und TEMPO können auch ohne Uhrzeit verwendet werden, wenn die Änderung am Anfang des Trendzeitraums beginnt und am Schluss endet oder eine zeitliche Zuordnung der Änderung nicht möglich ist. **Pistenzustand:** Bei winterlichen Beeinträchtigungen des Pistenzustandes wird an das Ende der METAR-Meldung vor den Trend eine verschlüsselte Information gestellt. Diese Information besteht aus 8 Ziffern. **Bezeichnung der Piste:** Die Piste wird durch Angabe der Pisten-Nummer bezeichnet. Bei Flughäfen mit parallelen Pisten werden die „**rechten**" Pisten durch **Addition von 50** gekennzeichnet. 18 = Piste 18 09 = Piste 09 59 = Piste 09 R 88 = alle Pisten des Flughafens 99 = Wiederholung des vorhergehenden Berichts, da kein aktueller Bericht vorliegt **Art der Bedeckung der Piste mit Niederschlag:** 0 = trocken und frei von Ablagerungen 1 = feucht 2 = nass oder Wasserpfützen 3 = Raureif oder Reif (Höhe normalerweise weniger als 1 mm) 4 = trockener Schnee 5 = nasser Schnee 6 = Schneematsch 7 = Eis 8 = zusammengepresster oder gewalzter Schnee 9 = festgefrorene Radspuren / = Art der Ablagerung nicht gemeldet (z.B. Räumung der Piste)	**TEMPO Zeitgruppe = temporary (= zeitweise).** Vorübergehende, zeitweilige Änderung von Wetterelementen. Die Zeitgruppe bezeichnet den Zeitraum, in dem die Änderungen auftreten. TEMPO 0407 = zeitweilige Änderung (Wetterschwankung) zwischen 0400 UTC und 0700 UTC **Änderung mit FM:** Alle vorher beschriebenen Wetterzustände werden aufgehoben, alle Wetterelemente (mind. Wind, Sicht, Wolken) werden neu beschrieben, nur signifikante Wettererscheinungen werden verschlüsselt. **Nicht signifikant sind:** – alle leichten Niederschläge (außer gefrierend), – alle Trübungserscheinungen, außer sie sind Ursache für eine Sicht < 5000 m. O.g. Einschränkung der Vorhersage von Wettererscheinungen gilt auch für die Beschreibung des Wetters zu Beginn der Gültigkeit eines TAF. **FM Zeitgruppe = from (ab).** Beginn eines neuen Vorhersageabschnitts. Die Zeitgruppe bezeichnet die Uhrzeit (Stunde, Minute), zu der die Änderung stattfindet. FM2200 = ab 2200 UTC **PROB% TEMPO Zeitgruppe:** Kann eine zeitweilige Änderung nicht eindeutig vorhergesagt werden, wird die prozentuale Wahrscheinlichkeit (30 oder 40 %) des Auftretens angegeben. PROB30 TEMPO 1316 TSRA = mit einer Wahrscheinlichkeit von 30 % tritt zwischen 1300 und 1600 UTC zeitweise Gewitter mit mäßigem Regen auf. **BECMG und FM dürfen nicht mit PROB verbunden werden!** **Berichtigung von TAFs/Schwellenwerte für Änderungen:** Ausgegebene TAFs werden berichtigt, wenn gravierende Abweichungen gegenüber der ursprünglichen Vorhersage eingetreten sind oder erwartet werden. Ein berichtigter TAF wird mit **AMD** (to amend = berichtigen) gekennzeichnet. Die Kriterien für die Amendierung und Änderung von TAFs (Verwendung von Änderungsgruppen) lauten: **Bodenwind:** – Änderung der Windrichtung um ≥ 60° bei einer Geschwindigkeit von ≥ 10 kt vor und/oder nach der Änderung, – Änderung der mittleren Windgeschwindigkeit um ≥ 10 kt, – Auftreten von Böen (≥ 10 kt über mittlerer Windgeschwindigkeit) bei einer mittleren Windgeschwindigkeit von ≥ 15 kt.

Schlüssel/ Gliederung mit Änderungsgruppen	METAR (METeorological Aerodrome Routine Report)/ Bodenwettermeldung von Flugplätzen	TAF (Terminal Aerodrome Forecast)/ Flugplatzwetter-Vorhersage
Sonstige Erläuterungen der beiden Schlüssel METAR und TAF	**Flächenmäßige Ausdehnung der Ablagerungen auf der Piste:** 1 = weniger als 10 % 2 = 11 bis 25 % 5 = 26 bis 50 % 9 = 51 bis 100 % / = keine Angaben (z. B. Räumung der Piste) **Höhe der Ablagerung:** 00 = < 1 mm 90 = 90 mm 01 = 1 mm 91 = wird nicht verwendet 02 = 2 mm 92 = 10 cm usw. 93 = 15 cm 10 = 10 mm 94 = 20 cm usw. 95 = 25 cm 50 = 50 mm 96 = 30 cm 97 = 35 cm usw. bis 98 = 40 cm und mehr 99 = Piste nicht benutzbar wegen Schnee, Schneematsch, Eis, starker Verwehungen oder Räumung der Piste, ohne Angabe der Höhe. // = Höhe der Ablagerung betrieblich nicht signifikant oder nicht messbar. **Reibungskoeffizient oder Bremswirkung:** **a) Reibungskoeffizient** | Schlüsselzahl	gemessener Reibungskoeffizient	entspricht einer geschätzten Bremswirkung
25 und kleiner	≤ 0,25	schlecht
26 bis 29	0,26 bis 0,29	schlecht bis mittelmäßig
30 bis 35	0,30 bis 0,35	mittelmäßig
36 bis 39	0,36 bis 0,39	mittelmäßig bis gut
40 und größer	≥ 0,40	gut | **b) Bremswirkung** 91 = schlecht 92 = schlecht bis mittelmäßig 93 = mittelmäßig 94 = mittelmäßig bis gut 95 = gut 99 = Bremswirkung und Reibungskoeffizient unzuverlässig bzw. nicht messbar // = Bremswirkung und Reibungskoeffizient nicht festgestellt, da Piste(n) nicht in Betrieb Beispiel: 27491026 = Pistenzustand auf Piste 27, trockener Schnee, 51–100 % Bedeckung, 10 mm Höhe, Bremskoeffizient 0,26 (Bremswirkung schlecht bis mittelmäßig)	**Bodensicht:** – bei Unterschreiten (Verschlechterung) bzw. Erreichen oder Überschreiten (Besserung) der Schwellenwerte 150 m, 350 m, 600 m, 800 m, 1 500 m, 3 000 m, 5 000 m. **Wettererscheinungen:** Bei Einsetzen, Beendigung oder Wechsel der Intensität von: – gefrierender Niederschlag, – gefrierender Nebel, – mäßiger oder starker Niederschlag, – Staub-, Sand- oder Schneefegen, – Staub-, Sand- oder Schneetreiben, – Staubsturm, – Sandsturm, – Gewitter (mit oder ohne Niederschlag), – markante Böe, – Großtrombe/Tornado, – andere Wettererscheinungen bei erwarteten signifikanten Sichtänderungen. **Bewölkung:** – bei Unterschreiten (Verschlechterung) bzw. Erreichen oder Überschreiten (Besserung) der Schwellenwerte 100 ft, 200 ft, 500 ft, 1 000 ft, 1 500 ft der niedrigsten Wolkenschicht bei einem Bedeckungsgrad BKN oder OVC, – Wechsel des Bedeckungsgrads von SKC, FEW, SCT zu BKN, OVC oder umgekehrt unterhalb von 1500 ft, – Bildung oder Auflösung von CB. **Beispiele:** vorhergesagt: verschlüsselt: FEW020 FEW 020 OVC050 SKC Änderung zu BKN020 wird nicht verschlüsselt 9999 Änderung zu 6000 wird nicht verschlüsselt –SN bei Sicht > 5 000 m (im Grundzustand) wird nicht verschlüsselt Die o. g. Beispiele zeigen, dass gravierende Änderungen von Sicht und Wolken bzw. einzelne Wettererscheinungen vom TAF nicht abgebildet werden. Ein TAF beschreibt Wetterbedingungen und -änderungen, die primär für die Verkehrsluftfahrt von Bedeutung sind. TAFs sollten daher nur mit äußerster Vorsicht für den VFR-Flugbetrieb genutzt werden, um keine falsche Schlüsse aus der Vorhersage zu ziehen.

18 Flugwettermeldungen

Übungsbeispiele (METAR/TAF) aus der Praxis

METAR-Meldungen

SA 051420
EDDB 051420Z 23011KT 7 000 SCT006 OVC037 02/02 Q1023 NOSIG=
EDDC 051420Z 24005KT CAVOK 04/00 Q1025 NOSIG=
EDDE 051420Z 25011KT 9999 FEW023 OVC026 01/01 Q1026 NOSIG=
EDDF 051420Z 18004KT 5 000 BR SCT004 OVC008 01/00 Q1030 NOSIG=
EDDG 051420Z 22006KT 1800 DZRA BR BKN004 05/05 Q1026 NOSIG=
EDDH 051420Z 26010KT 5 000 BR SCT007 BKN010 08/07 Q1021 BECMG SCT015=
EDDI 051420Z 2 0009KT 7 000 FEW006 BKN035 02/01 Q1023 NOSIG=
EDDK 051420Z 13003KT 9999 FEW009 OVC010 03/00 Q1029 NOSIG=
EDDL 051420Z 15006KT 6 000 BKN006 03/02 Q1028 NOSIG=
EDDM 051420Z 05004KT 2800 BR OVC002 01/01 Q1027 NOSIG=
EDDN 051420Z 32003KT 9999 FEW007 OVC011 01/M01 Q1028 NOSIG=
EDDP 051420Z 23012KT 9999 BKN035 03/01 Q1026 NOSIG=
EDDR 051420Z 24003KT 2 000 BR BKN002 01/01 Q1029 NOSIG=
EDDS 051420Z VRB02KT 8 000 OVC008 03/01 Q1028 NOSIG=
EDDT 051420Z 22008KT 8 000 FEW010 BKN030 04/02 Q1023 NOSIG=
EDDV 051420Z 26012KT 3500 -DZ BR BKN006 OVC010 06/05 Q1025 TEMPO 2 000 BKN004=
EDDW 051420Z 26010KT 3800 BR FEW004 BKN006 08/07 Q1024 NOSIG=

Bild 18.1 METAR-Meldungen

TAF-Meldungen

FC 051200
EDDB 051200Z 051322 24010KT 4 000 BR BKN006 PROB40 TEMPO 1316 5 000 SCT006 BKN010 BECMG 1619
         BKN004=
EDDC 051200Z 051322 24007KT 9 000 SCT030 PROB40 TEMPO 1822 3 000 -DZRA PROB30 -FZRA BKN008=
EDDE 051200Z 051322 24009KT 9999 BKN030 PTOB30 TEMPO 1722 3 000 BR BKN008=
EDDF 051200Z 051322 VRB03KT 8 000 BKN012 BECMG 1315 SCT012 BKN020 BECMG 2022 4 000 BR
OVC004=
EDDG 051200Z 051322 24005KT 5 000 BKN010 TEMPO 1322 2 000 -DZ BR BKN004=
EDDH 051200Z 051322 26009KT 4 000 DZ BKN004 BECMG 1315 8 000 NSW BKN006 BECMG 1517 BKN015
         TEMPO 1722 BKN010=
EDDI 051200Z 051322 25010KT 6 000 BKN006 TEMPO 1316 SCT006 BKN010 BECMG 1619 4 000 BR BKN004=
EDDK 051200Z 051322 13005KT 6 000 SCT010 BKN015 TEMPO 1315 BKN009 TEMPO 1522 3 000 -DZ BR
         BKN007=
EDDL 051200Z 051322 13005KT 6 000 SCT008 BKN010 TEMPO 1315 BKN007 TEMPO 1522 3 000 -DZ BR
         BKN004=
EDDM 051200Z 051322 32004KT 4 000 BR OVC004 TEMPO 1722 BKN007=
EDDN 051200Z 051322 3 0004KT 9999 SCT010 OVC013 PROB30 TEMPO 1622 BKN008=
EDDP 051200Z 051322 22011KT 9999 BKN025 PROB30 TEMPO 1622 4 000 -DZRA BKN008=
EDDR 051200Z 051322 VRB03KT 1200 BCFG BKN006 TEMPO 1316 6 000 BKN015 BECMG 1618 1 000 BR
         SCT001 BKN003=
EDDS 051200Z 051322 04004KT 9999 SCT008 BKN015 TEMPO 1322 BKN008 PROB30 TEMPO 1322 4 000
         BR=
EDDT 051200Z 051322 25010KT 6 000 BKN006 TEMPO 1316 SCT006 BKN010 BECMG 1619 4 000 BR BKN004=
EDDV 051200Z 051322 26009KT 8 000 BKN030 BECMG 1416 BKN008 TEMPO 1519 2500 DZ TEMPO 1922
         BKN015=
EDDW 051200Z 051322 26009KT 2500 DZ BKN004 BECMG 1315 8 000 NSW BKN006 BECMG 1517 BKN015
         TEMPO 1722 BKN010=

Bild 18.2 TAF-Meldungen

19 Flugwetterberichte

19.1 GAFOR (General Aviation Forecast)

Neben individuellen Flugwetterberatungen stellt der DWD für die Allgemeine Luftfahrt zusätzlich Flugwettervorhersagen in deutscher Sprache u. a. über Anrufbeantworter bereit (die Rufnummern finden Sie im aktuellen Flieger-Taschenkalender oder unter www.flugwetter.de). Diese Vorhersagen werden für die Bereiche Nord und Süd der Bundesrepublik Deutschland ausgegeben. Die Bereiche überlappen sich etwa zwischen dem Ruhr- und dem Rhein-Main-Gebiet sowie im Südteil der FIR Berlin. Die Vorhersagen für den Überlappungsbereich sind in beiden Berichten inhaltlich gleich. Sie gelten für **VFR-Flüge** innerhalb der Bundesrepublik Deutschland bis zu einer Höhe von **10 000 ft MSL.**

Die beiden Bereiche sind wiederum in einzelne nummerierte Gebiete untergliedert, die einheitlichen flugklimatologischen Verhältnissen entsprechen. Die Verwendung des GAFOR setzt das Vorhandensein einer Karte voraus, die diese Gebiete enthält. Diese Karte ist als Block im Luftfahrtbedarfshandel erhältlich. Wenn das Selfbriefingsystem pc_met für die Flugvorbereitung benutzt wird, steht die GAFOR-Einstufung als Grafik bereits zur Verfügung.

- **Die Flugwettervorhersagen enthalten folgende Angaben:**
    a) Einleitender Text und Gültigkeitsdauer der Vorhersage;
    b) Charakterisierung der Wetterlage in Kurzform und Gefahren für den VFR-Verkehr;
    c) Höhenwinde für die Höhen 1 500 ft NN (nur Bereich NORD), 3 000 ft NN, 5 000 ft NN und 10 000 ft NN (MSL);
    d) Höhe der Nullgradgrenze über NN (MSL);
    e) Vorhersage für drei aufeinander folgende 2-Stunden-Perioden der in jedem Gebiet vorherrschenden Möglichkeiten für VFR-Flüge, unterschieden nach Sichtflugstufen;
    f) Zeit der nächsten planmäßigen Aufsprache.

- **Terminplan für Ausgabe und Gültigkeitsdauer von GAFOR:**

Ausgabe (UTC)	Gültigkeitsdauer der Vorhersage			
	gesamt	1. Periode	2. Periode	3. Periode
0240*)	0300 – 0900	0300 – 0500	0500 – 0700	0700 – 0900
0540	0600 – 1200	0600 – 0800	0800 – 1000	1000 – 1200
0840	0900 – 1500	0900 – 1100	1100 – 1300	1300 – 1500
1140	1200 – 1800	1200 – 1400	1400 – 1600	1600 – 1800
1440	1500 – 2100	1500 – 1700	1700 – 1900	1900 – 2100
2040	Aussichten für den Folgetag			

Bemerkung: *) nur während der Sommerzeit!

- Der GAFOR wird im **GAFOR-Code** erstellt und dient der Verbreitung von Flugwettervorhersagen für die Allgemeine Luftfahrt. Die Vorhersagen beziehen sich ausschließlich auf die Elemente „Sicht" und auf eine Wolkenuntergrenze mit einem Bedeckungsgrad von 4/8 oder mehr (siehe Bild 19.1).

- Die Einstufung erfolgt für alle drei Vorhersageperioden einzeln für jedes Gebiet mit dem Anfangsbuchstaben der englischen Stufenbezeichnungen **und** mit einer **zusätzlichen Ziffer** bei der Einstufung „**D**" und „**M**", aus der hervorgeht, ob die Einstufung auf Grund der **Sichtweite** oder der **Wolkenuntergrenze** erfolgt. Die Gebietsnummern werden in aufsteigender Reihenfolge genannt (siehe Bilder 19.2 und 19.3).

19.1 GAFOR (General Aviation Forecast)

- **Die Einstufung der Möglichkeiten für VFR-Flüge erfolgt nach** folgenden Kriterien des **GAFOR-Codes:**

GAFOR-Codes		
CHARLIE = (nur national)	C	Horizontale Sichtweite am Boden 10 km oder mehr und keine Wolken mit einem Bedeckungsgrad von 4/8 oder mehr unterhalb 5 000 ft über der jeweiligen Bezugshöhe.
OSCAR = Offen/open	O	Horizontale Sichtweite am Boden 8 km und mehr und keine Wolkenuntergrenze (4/8 oder mehr) unter 2 000 ft über der jeweiligen Bezugshöhe.
DELTA = Schwierig/ difficult	D	Horizontale Sichtweite am Boden weniger als 8 km, mindestens jedoch 5 km **und/oder** Wolkenuntergrenze (4/8 oder mehr) unter 2 000 ft, jedoch nicht unter 1 000 ft über der jeweiligen Bezugshöhe.
MIKE = Kritisch/ marginal	M*	Horizontale Sichtweite am Boden weniger als 5 km, mindestens jedoch 1,5 km **und/oder** Wolkenuntergrenze (4/8 oder mehr) unter 1 000 ft, jedoch nicht unter 500 ft über der jeweiligen Bezugshöhe.
X-RAY = Geschlossen/ closed	X	Horizontale Sichtweite am Boden weniger als 1,5 km, **und/oder** Wolkenuntergrenze (4/8 oder mehr) unter 500 ft über der jeweiligen Bezugshöhe.

Zifferunterteilung bei den Einstufungen „DELTA" und „MIKE":

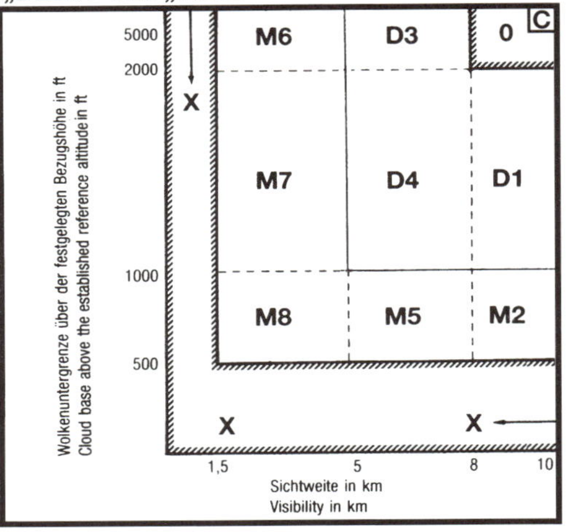

Wolkenuntergrenze in ft	Sichtweite in km		
	1,5	5	8 – 10
5000 / 2000	X	M6	D3 / 0 C
1000	X	M7	D4 / D1
500	X	M8	M5 / M2
	X	X	

Bild 19.1 Kriterien des GAFOR-Codes

Anmerkungen zu Bild 19.1:

1. „und/oder" besagt, dass jeweils das **ungünstigere der beiden Kriterien** (horizontale Sichtweite/Wolkenuntergrenze) für die Einstufung ausschlaggebend ist.

   Im GAFOR wird bei der Einstufung „D" und „M" zwischen den beiden Kriterien durch Angabe der **Ziffernunterteilung** unterschieden (siehe oben). Bei der Einstufung bezieht sich die **Höhe der Wolkenuntergrenze** immer auf die für das Gebiet festgelegte Bezugshöhe in ft MSL (siehe Bild 19.3). Die **Bezugshöhe** ist für jedes einzelne GAFOR-Gebiet festgelegt. Sie wurde so festgelegt, dass in allen Gebieten bei gleicher Einstufung möglichst vergleichbare Sichtflugbedingungen herrschen. Einzelne Erhebungen, die in hügeligen oder Gebirgsregionen über der Bezugshöhe liegen, werden in der GAFOR-Gebietskarte besonders markiert.

2. **Einstufung MIKE*:** Bei der Einstufung „M" (MIKE = kritisch/marginal) wird nach **AIP-VFR (Teil GEN)** empfohlen, eine **individuelle Beratung** bei einer Luftfahrtberatungszentrale (LBZ) einzuholen!

Allgemein ist zu beachten, dass

- die vorhergesagten Stufen zwar im überwiegenden Teil der jeweiligen Gebiete und für die jeweilige Zeitperiode vorherrschen sollen, jedoch mit **kleinräumigen oder kurzzeitigen Abweichungen** gerechnet werden muss.
- der Flug innerhalb der Gültigkeitsdauer des GAFOR **begonnen und beendet** werden muss.
- der Zeitpunkt des Abrufs **so nahe wie möglich an der vorgesehenen Startzeit** liegen soll.
- der Bericht **amendiert (berichtigt)** wird, wenn unvorhergesehene Änderungen des Wetterablaufs es notwendig machen. Eine Korrektur erfolgt erst, wenn der tatsächliche Zustand um mehr als eine Stufe vom vorhergesagten abweicht oder eine nicht vorhergesagte **Verschlechterung** von **DELTA** nach **MIKE** eingetreten ist oder erwartet wird.

19 Flugwetterberichte

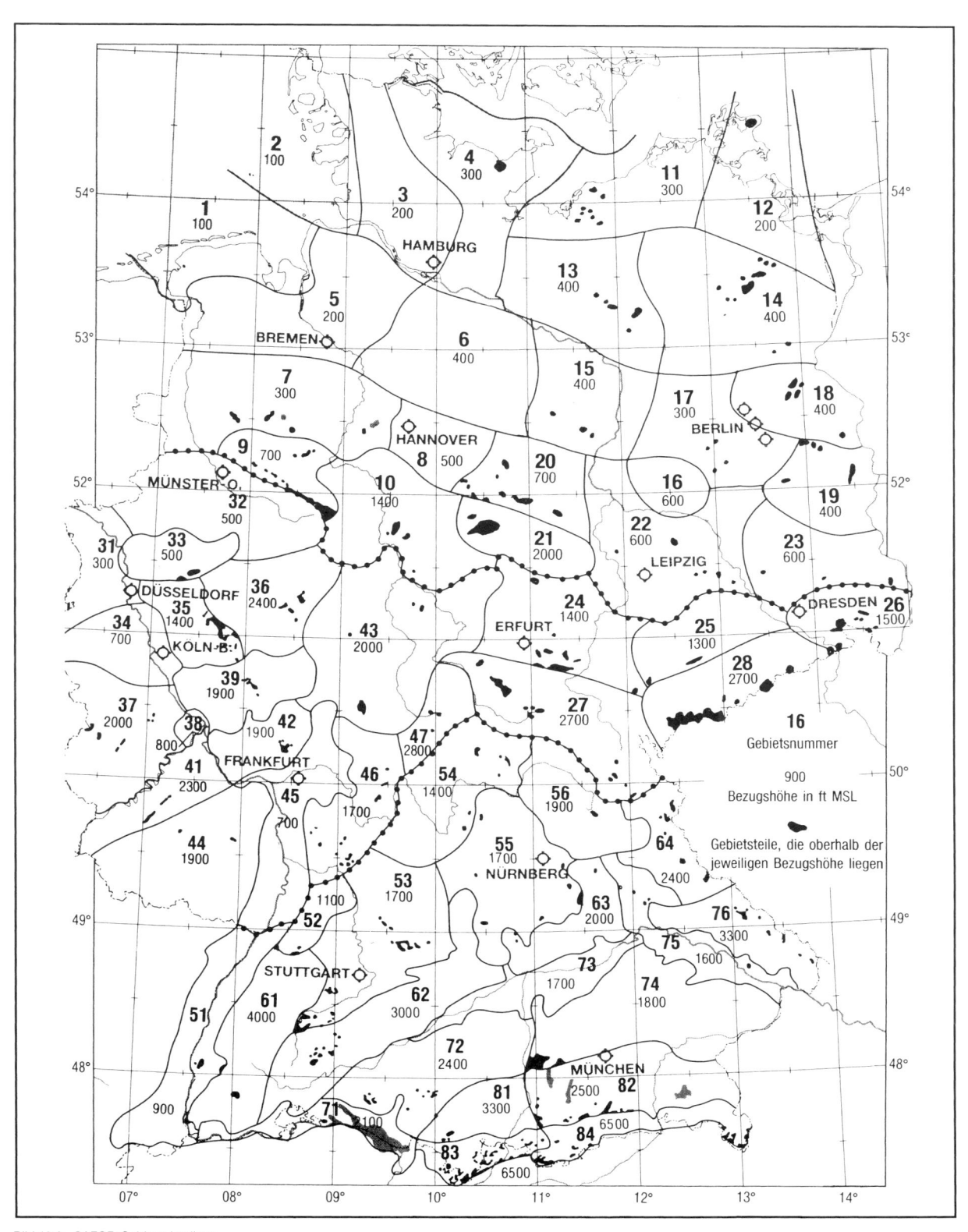

Bild 19.2 GAFOR-Gebietseinteilung

GAFOR-Gebiete / GAFOR-Areas

Nr.	Geographische Bezeichnung / Geographical designation	Bezugshöhen in ft MSL / Reference Altitude in ft MSL	Nr.	Geographische Bezeichnung / Geographical designation	Bezugshöhen in ft MSL / Reference Altitude in ft MSL
	Vorhersagebereich NORD:				
01	Ostfriesland	100	31	Niederrheinisches Tiefland	300
02	Nordfriesland-Dithmarschen	100	32	Münsterland	500
03	Schleswig-Holsteinische Geest	200	33	Ruhrgebiet	500
04	Schleswig-Holsteinisches Hügelland	300	34	Niederrheinische Bucht	700
05	Nordwestliches Niedersachsen	200	35	Bergisches Land	1400
06	Lüneburger Heide	400	36	Sauerland	2400
07	Westliches Niedersachsen	300	37	Eifel	2000
08	Hannover	500	38	Neuwieder Becken	800
09	Teutoburger Wald	700	39	Westerwald	1900
10	Weser-Leine Bergland	1400	41	Hunsrück	2300
11	Mecklenburgisches Tiefland	300	42	Taunus	1900
12	Vorpommern	200	43	Nordhessisches Bergland mit Vogelsberg	2000
13	Westliche Mecklenburgische Seenplatte und Prignitz	400	44	Rheinpfalz und Saarland	1900
			45	Rhein-Main Gebiet und Wetterau	700
14	Östliche Mecklenburgische Seenplatte und Uckermark	400	46	Odenwald und Spessart	1700
			47	Rhön	2800
15	Altmark	400		**Vorhersagebereich SÜD:**	
16	Hoher Fläming	600	51	Oberrheinische Tiefebene	900
17	Rhin-Havelluch und Ostbrandenburgisches Seengebiet	300	52	Kraichgau	1100
			53	Neckar-Kocher-Jagst-Gebiet	1700
18	Barnim und Oderbruch	400	54	Mainfranken und Nördliches Unterfranken	1400
19	Spreewald und Gubener Waldland	400	55	Mittelfranken	1700
			56	Oberfranken	1900
20	Magdeburger Börde und Nördliches Harzvorland	700			
21	Harz	2000	61	Schwarzwald	4000
22	Leipziger Tieflandsbucht und Elbe-Elster Niederung	600	62	Schwäbische Alb	3000
			63	Fränkische Alb	2000
23	Niederlausitzer Heiden	600	64	Oberpfälzer Wald	2400
	Vorhersagebereich NORD und SÜD:		71	Hochrhein- und Bodenseeraum	2100
24	Thüringer Becken	1400	72	Schwäbische Hochebene	2400
25	Mittelsächsisches Hügelland	1300	73	Westliche Donauniederung	1700
26	Oberlausitz und Lausitzer Gebirge	1500	74	Südbayerisches Hügelland	1800
27	Thüringer Wald, Frankenwald und Fichtelgebirge	2700	75	Östliche Donau- und Naabniederung	1600
28	Erzgebirge	2700	76	Bayerischer Wald	3300
			81	Westliches Alpenvorland	3300
			82	Östliches Alpenvorland	2500
			83	Allgäuer Alpen	6500
			84	Östliche Bayerische Alpen	6500

Bild 19.3 GAFOR-Gebiete

19 Flugwetterberichte

19.2 GAMET

GAMETs sind **Gebietswettervorhersagen** für die Luftfahrt für Flüge in **niedrigen Höhen**. Sie beschreiben das Auftreten oder das erwartete Auftreten festgelegter signifikanter Wettererscheinungen sowie deren räumliche und zeitliche Entwicklung und geben Hinweise auf Wetterlage und Wetterentwicklung in einem Fluginformationsgebiet. Sie werden jeweils für ein FIR ausgegeben und beziehen sich auf den Luftraum unterhalb FL 100 (München FIR unterhalb FL 150). Zur Beschreibung der Wettererscheinungen wird die Klartextkurzform der ICAO in englischer Sprache verwendet.

GAMETs werden viermal täglich für einen Vorhersagezeitraum von je sechs Stunden ausgegeben.

Ausgabezeit	Gültigkeitszeitraum
0240	0300–0900
0840	0900–1500
1440	1500–2100
2040	2100–0300

Der GAMET besteht aus zwei Abschnitten (sections):

SECN I: In SECN I werden **signifikante Wettererscheinungen** beschrieben, Detailinformationen erfolgen jedoch nur beim Auftreten festgelegter Wettererscheinungen.

SECN II: In SECN II stehen **zusätzliche Wetterinformationen,** diese werden immer beschrieben.

Falls festgelegte Wettererscheinungen auftreten, die nicht in SECN I vorhergesagt wurden, wird vor diesen durch Ausgabe eines AIRMET (vgl. Abschnitt 20.1) gewarnt.

Auf folgende Wettererscheinungen wird im GAMET hingewiesen:

SECN I:

a) Bodenwind
Voraussetzung: verbreitet mittlere Windgeschwindigkeit > 30 kt
Inhalt: mittlere Geschwindigkeit
Kennung: SFC WSPD (surface windspeed)
Beispiel: **SFC WSPD: 35 KT** (Bodenwind 35 kt)

b) Horizontale Sichtweite am Boden
Voraussetzung: Sichtweite verbreitet unter 5 000 m
Inhalt: Sichtweite in m oder km und sichtreduzierende Wettererscheinung
Kennung: SFC VIS (surface visibility)
Beispiel: **SFC VIS: 3500 M RA** (Bodensicht 3 500 m wegen Regen)

c) Signifikantes Wetter (Gewitter)
Voraussetzung: vereinzelte/gelegentliche Gewitter mit/ohne Hagel
Inhalt: Verteilung von Gewittern (ISOL, OCNL)
Kennung: SIGWX (significant weather)
Beispiel: **SIGWX: ISOL TS N PART** (Signifikantes Wetter: vereinzelte Gewitter im Nordteil des FIR)

d) Berge in Wolken
Voraussetzung: Berge sind ganz oder teilweise in Wolken
Inhalt: Höhe (MSL), ab der Berge in Wolken sind
Kennung: MT OBSC (mountain obscuration)
Beispiel: **MT OBSC ABV 2000 FT MSL** (Berge oberhalb 2 000 ft MSL nicht erkennbar)

e) Bewölkung
    Voraussetzung: Bewölkung (BKN oder OVC) mit Basis verbreitet unter 1 000 ft
                             Towering Cumulus oder Cumulonimbus ohne Gewitter (ISOL, OCNL, FRQ)
    Inhalt: Bedeckungsgrad, Untergrenze, Obergrenze (AGL = above ground level)
               Verteilung von TCU/CB, Untergrenze, Obergrenze (AGL)
    Kennung: SIG CLD (significant clouds) im GAMET
    Beispiel: **SIG CLD: BKN 300/800 FT AGL**
                5–7/8 Bewölkung mit Untergrenzen 300 ft und Obergrenzen 800 ft über Grund
              SIG CLD: ISOL CB 4000/XXX FT AGL
              vereinzelte Cb mit Untergrenzen 4 000 ft über Grund und Obergrenzen oberhalb des Vorhersagebereichs (FL 100 bzw. FL 150)

f) Vereisung
    Voraussetzung: mäßige Vereisung (**nicht** in konvektiver Bewölkung), außer wenn vor starker Vereisung bereits im SIGMET gewarnt worden ist
    Inhalt: Intensität, Höhenbereich
    Kennung: ICE (icing)
    Beispiel: **ICE: MOD FL050/FL080** (mäßige Vereisung zwischen FL 050 und FL 080)

g) Turbulenz
    Voraussetzung: mäßige Turbulenz (nicht in konvektiver Bewölkung), außer wenn vor starker Turbulenz bereits im SIGMET gewarnt worden ist
    Inhalt: Intensität, Höhenbereich
    Kennung: TURB (turbulence)
    Beispiel: **TURB: MOD BLW 4000 FT AMSL** (mäßige Turbulenz unterhalb 4 000 ft über Meereshöhe)

h) Leewellen
    Voraussetzung: mäßige Leewellen, außer wenn vor starker Turbulenz bereits im SIGMET gewarnt worden ist
    Inhalt: Intensität, Höhenbereich
    Kennung: MTW (mountain waves)
    Beispiel: **MTW: MOD FL090/FL130** (mäßige Leewellen zwischen FL 090 und FL 130)

i) SIGMET
    Voraussetzung: zum Zeitpunkt der Ausgabe des GAMET besteht für dieses FIR ein gültiges SIGMET, anderenfalls NIL
    Inhalt: Nummer des SIGMETs
    Kennung: SIGMET APPLICABLE
    Beispiel: **SIGMET APPLICABLE: AT TIME OF ISSUE 3**
              (SIGMET Nr. 3 zum Zeitpunkt der Ausgabe des GAMET in Kraft)

j) Keine signifikante Wettererscheinung
    Voraussetzung: keine unter a) bis h) genannte Wettererscheinung wird erwartet, kein SIGMET ausgegeben
    Inhalt: -
    Kennung: HAZARDOUS WX NIL (keine gefährliche Wettererscheinung)
    Beispiel: **HAZARDOUS WX NIL** (keine der in SECN I vorhergesagten Wettererscheinungen tritt auf, bei Ausgabe des GAMET ist kein SIGMET in Kraft)

Die Vorhersage „HAZARDOUS WX NIL" ersetzt alle Vorhersagepunkte von Bodenwind bis SIGMET. Bei „gutem" Wetter besteht der Inhalt des GAMET SECN I nur aus „HAZARDOUS WX NIL".

Das erwartete Auftreten der o. g. Wettererscheinungen kann zeitlich und räumlich begrenzt werden. Eine zeitliche Begrenzung wird durch Einfügen einer Zeitgruppe nach der Kennung vorgenommen.

    Beispiel: **ICE: 15/18 MOD 3000 FT AGL/FL070** (mäßige Vereisung zwischen 3 000 ft über Grund und FL 070, zwischen 15 und 18 UTC)

Werden in SECN I vorhergesagte Wettererscheinungen nicht mehr erwartet, wird der GAMET amendiert (berichtigt). Er erhält die Gültigkeit der Restlaufzeit und das Kürzel AMD in der Kopfzeile.

19 Flugwetterberichte

SECN II:

In der **SECN II** des **GAMET** werden folgende Standard-Parameter vorhergesagt. Im Gegensatz zu SECN I können hier keine Angaben entfallen.

a) Drucksysteme und Fronten
- Inhalt: Wetterbestimmende Hochs (H) oder Tiefs (L) mit Kennzeichnung der Lage (Ortsname oder geografische Koordinaten) sowie die Uhrzeit, zu der die Lage festgestellt wird, Verlagerungsrichtung und -geschwindigkeit, Intensitätsänderung, Verlauf von Fronten, falls für das Wetter im FIR von Bedeutung
- Kennung: PSYS (pressure systems)
- Beispiel: **PSYS: 15 L 980 HPA N53,0 E9,5 MOV E 15 KT WKN**
  (15 UTC Tief 980 hPa 53,0°N, 9,5°E, ostwärts ziehend mit 15 kt, abschwächend)

  15 COLDFRONT FEHMARN-STUTTGART MOV E 25 KT NC
  (15 UTC Kaltfront auf der Linie Fehmarn- Stuttgart, ostwärts ziehend mit 25 kt, keine Intensitätsänderung)

b) Wind/Temperatur
- Inhalt: Höhenwinde und Temperaturen in 2 000 ft MSL, FL 050 und FL 100, Temperaturen mit Klartextvorzeichen (PS und MS)
- Kennung: WIND/T
- Beispiel: **WIND/T: 2000 FT AMSL 240/20KT PS07** (Wind 2 000 ft ü. Meereshöhe 240 Grad 20 kt, Temperatur + 7 °C)
  FL050 260/30KT PS01 (Wind FL 050 260 Grad 30 kt, Temperatur + 1 °C)
  FL100 270/35KT MS07 (Wind FL 100 270 Grad 35 kt, Temperatur – 7 °C)

c) Wolken
- Inhalt: Bewölkung, die nicht in SECN I beschrieben wird, mit Angabe der Gattung, Unter- und Obergrenze in ft MSL oder FL. Wird keine Bewölkung unterhalb FL 100 (FL 150) erwartet, erscheint ein entsprechender Hinweis
- Kennung: CLD (cloud)
- Beispiel: **CLD: BKN SC 3500 FT AMSL/FL060** (5–7/8 Stratocumulus 3 500 ft MSL, Obergrenze FL 060)
  CLD: BLW FL 100 NIL (keine Bewölkung unterhalb FL 100)
  CLD: NIL EXC SIG CLD (keine Bewölkung außer der in SECN I beschriebenen Bewölkung unter 1 000 ft GND)

d) Nullgradgrenze
- Inhalt: Höhe der Nullgradgrenze in ft MSL oder FL
- Kennung: FZLVL
- Beispiel: **FZLVL: FL070** (Nullgradgrenze in FL 070)

e) QNH
- Inhalt: niedrigstes vorhergesagtes QNH im FIR während der Gültigkeit des GAMET in drei 2-Stundenabschnitten
- Kennung: MNM QNH
- Beispiel: **MNM QNH: 15/17 980 hPa** (Niedrigstes QNH zwischen 15 und 17 UTC 980 hPa)
  17/19 982 hPa (Niedrigstes QNH zwischen 17 und 19 UTC 982 hPa)
  19/21 983 hPa (Niedrigstes QNH zwischen 19 und 21 UTC 993 hPa)

Da der GAMET in enger Beziehung zum GAFOR sowie zu AIRMETs und SIGMETs steht, finden Sie am Ende jeder GAMET-Meldung folgenden Hinweis:

CHECK GAFOR (VIS AND CLD BASE), AIRMET AND SIGMET-INFORMATION
(Überprüfe den GAFOR [Sicht und Wolkenuntergrenze], AIRMET und SIGMET-Informationen)

Das Auftreten o.g. Wettererscheinungen kann zeitlich begrenzt werden. Sie wird durch ein Einfügen einer Zeitgruppe nach der Kennung vorgenommen:

ICE: 05/09 MOD...... mäßige Vereisung zwischen 05 und 09 UTC

```
FADL41 EDZB 250200
EDBB GAMET VALID 250300/250900 EDZB-
BERLIN FIR BLW FL100
SECN I
SIGWX:      03/06 ISOL TS W-PART
MT OBSC:    ABV 2500 FT AMSL SW-PART
SIG CLD:    03/07 ISOL TCU/CB W-PART
ICE:        03/05 MOD ABV FZLVL W-PART
            05/09 MOD ABV FZLVL W-HALF
SIGMET APPLICABLE:   AT TIME OF ISSUE NIL

SECN II

PSYS:       06 L 983 HPA N55.0 W01.0 MOV NE WKN
            06 COLDFRONT LINE ROSTOCK-ERFURT-STUTTGART MOV E
WIND/T:     2000 FT AMSL 250/20KT PS14
FL050       230/20KT PS09
FL100       220/40KT PS00
CLD:        03/05 BKN/OVC SC/AC/AS FL060/XXX W-PART
            05/09 BKN/OVC SC/AC/AS FL060/XXX W-HALF
            NSC OTHER PARTS
FZLVL:      03/06 BTN FL085 NW-PART AND FL100 SE-PART
            06/09 BTN FL080 NW-PART AND FL095 SE-PART
MNM QNH:    03/05 1003 HPA
            05/07 1003 HPA
            07/09 1003 HPA
CHECK GAFOR (VIS AND CLD BASE), AIRMET AND SIGMET-INFORMATION
```

Bild 19.4 GAMET

19.3 Drei-Tages-Prognose

Diese Berichte werden vom DWD täglich gegen 1400 Uhr für die Bereiche Nord, Mitte und Süd herausgegeben. Sie beschreiben die Wetterentwicklung für die nächsten drei Tage. Der aktuelle Tag wird nicht angesprochen. Die Drei-Tages-Prognose dient der Planung eines Fluges an einem der drei folgenden Tage oder in Zusammenhang mit einem Hinflug am aktuellen Tag der Planung des Rückfluges. Sie können über die Selfbriefingsysteme des DWD abgerufen werden.

Die Berichte enthalten – neben allgemeinen Informationen zur Wetterentwicklung – Angaben zum erwarteten Flugwetter für die drei Folgetage für

- **Sichtflieger** (mit den Schwerpunkten Sicht, Wettererscheinungen und Bewölkung);
- **Segelflieger** (mit dem Schwerpunkt der thermischen Entwicklung und den Streckenflugmöglichkeiten);
- **Ballonfahrer** (mit den Schwerpunkten Wind und Niederschläge).

3-Tage-Prognose für Sichtflug und Luftsport für Dienstag, den 03.05.2005 bis Donnerstag, den 05.05.2005 ausgegeben von der Luftfahrtberatungszentrale Nord für den Bereich Nord (GAFOR-Gebiete 1 bis 23 sowie 31 bis 36) am Montag, den 02.05.2005 um 14.00 Uhr

WETTERLAGE DEUTSCHLAND:
Der wetterbestimmende Höhenkeil wandert nach Osten ab, so dass der Vorhersagebereich auf die Vorderseite eines Höhentroges gelangt. Es erfolgt eine Umstellung der Großwetterlage, mittelfristig stellt sich eine zyklonale Nordwestlage ein. Die wellende Kaltfront eines atlantischen Tiefs zieht am DIENSTAG langsam südostwärts über Deutschland hinweg und erreicht gegen Abend den Donauraum. Im Vorfeld kommt es zu einer deutlichen Labilisierung der Luftmasse, kräftige Schauer und Gewitter sind die Folge. Frontrückseitig wird mit westlicher Strömung etwas kühlere, aber weiterhin labil geschichtete Meeresluft herangeführt. Am MITTWOCH hat die wellende Kaltfront den Alpenraum erreicht. Rückseitig liegt ganz Deutschland in einer westlichen bis nordwestlichen Strömung, mit der kühle Meeresluft herangeführt wird. Mit Annäherung eines Höhentroges wird diese Luftmasse im Tagesverlauf weiterhin labilisiert. Am DONNERSTAG gibt es unter Zwischenhocheinfluss eine kurze Wetterberuhigung, bevor am Nachmittag dichte Aufzugsbewoelkung ein erneutes Frontensystem ankündigt, welches bereits in den Vormittagstunden auf den Westen übergreift.

SICHTFLUGWETTER:
Am DIENSTAG sind in den Früh- und Vormittagsstunden unter mittelhohen und hohen Wolkenfeldern gebietsweise Stratusfelder um 500-1000 Fuß, über der Nordsee und am Küstenbereich Seenebelfelder möglich, stellenweise können aber auch noch Cumulonimben mit Schauern oder Gewittern vorhanden sein, dabei Untergrenzen um 1500-2500 Fuß. Im Vormittagsverlauf allgemein Übergang zu Quellwolken zwischen 2000 und 4000 Fuß und zum Mittag hin erneut auflebende Schauer- und Gewittertätigkeit, zum Teil linienhaft angeordnet, nach Süden hin schauerartig verstärkter Niederschlag mit eingelagerten Gewittern. Im Niederschlag Absinken der Untergrenze auf um 700-1500 Fuß. Die Sichten liegen bei Frühdunst um 2-5, stellenweise sind auch flache Bodennebelfelder möglich, im Niederschlag zwischen 3-8, sonst um 20-30 km. Der Wind weht schwach, in Schauer-/Gewitternähe auch böig auffrischend aus westlichen Richtungen. Am MITTWOCHmorgen kann es besonders nach Norden hin wieder Behinderungen durch Dunst und tiefe Stratusbewölkung, bzw. im Bereich der Nordsee durch Seenebelfelder geben, im Südteil können immer noch Schauer oder Gewitter aktiv sein, wobei sich die Schauer- und Gewittertätigkeit im Laufe des Tages auch wieder auf den gesamten Bereich ausdehnt, dabei gleiche Bedingungen, wie am Vortag. Der Wind weht schwach bis mäßig, in Schauer-/Gewitternähe auch zeitweise böig aus Nordwest. Am DONNERSTAG ist bei einem anfangs schwachen bis mäßigen, tagsüber zunehmend böigen west- bis nordwestlichen Wind in den Frühstunden stellenweise mit Behinderungen durch hochnebelartige Bewölkung zu rechnen. Ansonsten bildet sich unter von Westen her zunehmender mittelhoher und hoher Bewölkung in der Mitte und im Osten vormittags Quellschichtbewölkung aus, im Westen zieht dagegen starke Schichtbewölkung mit Regen heran, die sich im Tagesverlauf weiter nach Osten ausbreitet. Im Niederschlag muss dabei mit Sichten um 3-7, sonst 10-20 km gerechnet werden.

BALLONWETTER:
Am DIENSTAG- und MITTWOCH weht morgens zwar ein meist nur schwacher Wind, jedoch kann es gebietsweise zu Behinderungen durch hochnebelartige Bewölkung, stellenweise auch noch durch Schauer oder Gewitter kommen. Im Tagesverlauf nimmt dann allgemein die Schauer- und Gewitterneigung wieder zu, so dass auch Abendfahrten kaum möglich sein werden. Am DONNERSTAG weht bereits morgens ein mäßiger West- bis Nordwestwind, der im Tagesverlauf zunehmend böig wird. Dabei greift bereits in den Vormittagsstunden ein Niederschlagsgebiet auf den Westen über, das im Laufe des Tages nach Osten vorankommt.

SEGELFLUGWETTER:
An allen drei Tagen muss mit zum Teil starken Einschränkungen bei der Entwicklung nutzbarer Thermik durch Abschirmung, am DIENSTAG und MITTWOCH zusätzlich durch zeitweise Überentwicklungen mit verbreiteten Schauern und Gewittern, am DONNERSTAG durch böig auffrischenden West- bis Nordwestwind gerechnet werden.

Dieser Bericht wird nicht amendiert, die nächste Ausgabe erfolgt am Dienstag, den 03.05.2005 um 14.00 Uhr.

Bild 19.5 Beispiel einer Drei-Tages-Prognose

19.4 Segelflugwetterberichte

Die Segelflugwetterberichte werden von den Luftfahrtberatungszentralen zweimal täglich in der Zeit vom 01.03. bis 31.10. ausgegeben (06.45 Uhr und 17.45 Uhr). Sie werden über Telefonansage mit gebührenpflichtigen Rufnummern, pc_met und über den Fax-Server (siehe aktueller Flieger-Taschenkalender) verbreitet und stehen kurz nach der Ausgabe zum Abruf zur Verfügung.

Das Schema des Segelflugwetterberichts ist bundeseinheitlich und beinhaltet die folgenden Vorhersageabschnitte. Zu beachten ist, dass im Gegensatz zu den sonstigen Vorhersagen im Flugwetterdienst, alle Maßangaben im metrischen System erfolgen (Höhe in m, Geschwindigkeit in km/h) und die Uhrzeiten der jeweiligen gesetzlichen Zeit (MESZ, MEZ) entsprechen.

Deutscher Wetterdienst

Segelflugwetterbericht
Deutscher Wetterdienst **Segelflugwetterbericht für Nordrhein-Westfalen ausgegeben von der Luftfahrtberatungszentrale West am Mittwoch, dem 13.04.2005 um 7.00 Uhr, gültig für Mittwoch, den 13.04.2005**
Keine nutzbare Thermik
Wetterlage: Schwache Luftdruckgegensätze. Die wellende Front eines Nordmeertiefs erstreckt sich von der Ostsee entlang der Nordseeküste bis nach Südengland und zum Ärmelkanal, sie kommt langsam ostwärts voran. **Wolken und Niederschlag:** Starke bis geschlossene Schichtbewölkung ab etwa 1500 Meter. Nachmittags von Westen her weitere Bewölkungsverdichtung und absinkende Untergrenzen. Nachfolgend im Norden und Westen zeitweise leichter Regen. **Thermik:** keine nutzbare Thermik **Thermikbeginn:** entfällt **Thermikende:** entfällt **Tageshöchsttemperatur:** 16 Grad C **Wetterwirksame Sperrschichten:** sind nicht vorhanden	**Bodensicht:** nach Auflösung örtlicher Frühdunstfelder 8 bis 15 km **Nullgradgrenze:** um 1500 Meter, leicht ansteigend **Bodenwind:** tagsüber vorwiegend aus Südwest mit 10 bis 20 km/h **Höhenwinde:** 14 Uhr: 1000 m 230 Grad 30 km/h 5 Grad C 1500 m 230 Grad 30 km/h 2 Grad C 2000 m 250 Grad 35 km/h 0 Grad C 3000 m 250 Grad 45 km/h –6 Grad C **Bemerkungen und Warnungen:** keine **QNH:** in Düsseldorf um 07 Uhr 1014 hPa, Tendenz fallend **Aussichten:** Aus dichter Bewölkung vormittags noch Regen, nachmittags bei wechselnder Bewölkung zeitweise Schauer. Ungünstige Thermikbedingungen.
Bemerkungen: Alle Höhenangaben beziehen sich auf NN, alle Zeitangaben auf GZ **Nächste Aktualisierung:** am Mittwoch, dem 13.04.2005 gegen 19.00 Uhr.

Bild 19.5 Beispiel eines Segelflugwetterberichtes

19 Flugwetterberichte

19.5 Ballonwetterberichte

Im Ballonwetterbericht werden alle Wetterelemente beschrieben, die für die sichere Durchführung einer Ballonfahrt notwendig sind. Wegen des nur noch eingeschränkt vorhandenen Beratungspersonals kann jede Luftfahrtberatungszentrale nur zwei Berichte pro Tag erstellen, d.h. der Bereich, für den ein Ballonwetterbericht erstellt wird, ist relativ groß. Der Bericht kann daher nicht auf alle regionalen Einzelheiten eingehen. Um genaue Informationen zu erhalten, stehen diverse Produkte zur Verfügung, die mit den vorhandenen Selfbriefingverfahren abgerufen werden können. Teilweise ist eine derartige Information noch am Startort möglich.

Der Ballonwetterbericht wird um 11.00 und 21.00 Uhr herausgegeben. Der Vormittagsbericht gilt ab Ausgabe bis Sonnenuntergang, der Abendbericht von einer Stunde vor Sonnenaufgang bis 12.00 Uhr.

Er wird über die Selfbriefingverfahren pc_met, Fax-Server, Telefonansage und den WetterShop (vgl. Abschnitte 22.4–22.7 und aktueller Flieger-Taschenkalender) verbreitet.

Deutscher Wetterdienst

Ballonwetterbericht
Deutscher Wetterdienst **Ballonwetterbericht für Hessen, südliches Rheinland-Pfalz und Saarland ausgegeben von der Luftfahrtberatungszentrale Mitte am 02.05.2005 um 11.00 Uhr gültig für Montag, den 02.05.2005 bis eine Stunde nach Sonnenuntergang**
Sonnenaufgang: in Frankfurt 06.00 Uhr **Sonnenuntergang:** in Frankfurt 20.46 Uhr
Wetterlage: Ein Hoch über Südosteuropa schwächt sich langsam ab, bleibt aber am Montag noch wetterbestimmend. Mit südwestlicher Strömung wird warme und zunehmend feuchtlabile Meeresluft herangeführt. **Wolken und Niederschlag:** Anfangs meist nur dünne Cirrusfelder oder wolkenlos. am späten Nachmittag können sich einzelne Cumuli mit Basis um 5000 Fuß entwickeln. Es bleibt noch niederschlagsfrei, im äußersten Westen sind erste Überentwicklungen nicht auszuschließen. **Bodensicht:** 20 bis 30 km **Bodentemperatur:** 2 Stunden vor Sonnenuntergang 25 bis 27 Grad Celsius **Vorhergesagte Tageshöchsttemperatur:** 28 bis 30 Grad Celsius **Thermik:** stark **Thermikbeginn:** bereits eingesetzt **Thermikende:** 19.30-20.00 Uhr **QNH:** Frankfurt um 17.00 Uhr 1011 Hektopascal, Tendenz: zunächst wenig Änderung	**Bodenwind:** Südwest mit 8 bis 11 Knoten **Böen:** 20 bis 25 Knoten, auch noch nach Thermikende! **Höhenwinde:** 500 Fuß 210 Grad mit 16 Knoten 1000 Fuß 210 Grad mit 21 Knoten 1500 Fuß 210 Grad mit 23 Knoten 2000 Fuß 210 Grad mit 23 Knoten 3000 Fuß 210 Grad mit 25 Knoten 5000 Fuß 220 Grad mit 30 Knoten 10000 Fuß 240 Grad mit 30 Knoten **Inversion:** keine **Nullgradgrenze:** 11000 Fuß **Besondere Hinweise und Warnungen:** Deutlich auflebender Südwestwind! **Aussichten für morgen früh:** Stark bewölkt und aufkommender Niederschlag, konvektiv verstärkt!
Bemerkung: Alle Höhenangaben beziehen sich auf NN, alle Zeitangaben auf gesetzliche Zeit. Der nächste Bericht folgt um 21.00 Uhr.

Bild 19.6 Beispiel eines Ballonwetterberichtes

20 Flugwetterwarnungen

20.1 AIRMET

AIRMETs sind Warnungen für **Flüge in niedrigen Höhen.** Sie stehen in sehr engem Zusammenhang mit GAMETs, da sie nur noch herausgegeben werden, wenn Wettererscheinungen auftreten, auf die in SECN I der routinemäßig verbreiteten GAMETs nicht hingewiesen wurde. Dies können sowohl bisher nicht erwartete Wettererscheinungen sein, als auch solche, vor denen bisher wegen ihrer starken Intensität im SIGMET gewarnt wurde.

Der Höhenbereich für die Gültigkeit des AIRMET entspricht dem des GAMET (FL 100, FL 150 im FIR München). Auch der Aufbau (Inhalt) bzw. die Phraseologie ähnelt dem des GAMET. Die Gültigkeit eines AIRMET beträgt maximal vier Stunden, endet jedoch immer beim Gültigkeitsende des entsprechenden GAMET.

Vor folgenden Wettererscheinungen wird im AIRMET gewarnt:

a) Bodenwind
Voraussetzung: verbreitet mittlere Windgeschwindigkeit > 30 kt
Inhalt: mittlere Geschwindigkeit
Kennung: SFC WSPD (surface windspeed)
Beispiel: **SFC WSPD: 35 KT** (Bodenwind 35 kt)

b) Horizontale Sichtweite am Boden
Voraussetzung: Sichtweite verbreitet unter 5 000 m
Inhalt: Sichtweite in m oder km und sichtreduzierende Wettererscheinung
Kennung: SFC VIS (surface visibility)
Beispiel: **SFC VIS: 3500 M RA** (Bodensicht 3 500 m wegen Regens)

c) Signifikantes Wetter (Gewitter)
Voraussetzung: vereinzelte/gelegentliche Gewitter mit/ohne Hagel
Inhalt: Verteilung von Gewittern (ISOL, OCNL)
Kennung: TS, TSGR (thunderstorm, thunderstorm with hail)
Beispiel: **ISOL TS N PART** (vereinzelte Gewitter im Nordteil des FIR)

d) Berge in Wolken
Voraussetzung: Berge sind ganz oder teilweise in Wolken
Inhalt: Höhe (MSL), ab der Berge in Wolken sind
Kennung: MT OBSC (mountain obscuration)
Beispiel: **MT OBSC ABV 2000 FT MSL** (Berge oberhalb 2 000 ft MSL nicht erkennbar)

e) Bewölkung
Voraussetzung: Bewölkung (BKN oder OVC) mit Basis verbreitet unter 1 000 ft
Towering Cumulus oder Cumulonimbus ohne Gewitter (ISOL, OCNL, FRQ)
Inhalt: Bedeckungsgrad, Untergrenze, Obergrenze
Verteilung von TCU/CB
Kennung: BKN/OVC CLD (broken/overcast clouds)
ISOL/OCNL/FRQ TCU/CB (isolated, occasional, frequent)
Beispiel: **BKN CLD: 300/800 FT** (5–7/8 Bewölkung mit Untergrenzen 300 ft und Obergrenzen 800 ft)
ISOL CB (vereinzelte CB)

f) Vereisung
Voraussetzung: mäßige Vereisung (nicht in konvektiver Bewölkung), außer wenn vor starker Vereisung bereits im SIGMET gewarnt worden ist
Inhalt: Intensität, Höhenbereich
Kennung: MOD ICE (moderate icing)
Beispiel: **MOD ICE FL050/FL080** (mäßige Vereisung zwischen FL 050 und FL 080)

g) Turbulenz
Voraussetzung: mäßige Turbulenz (nicht in konvektiver Bewölkung), außer wenn vor starker Turbulenz bereits im SIGMET gewarnt worden ist
Inhalt: Intensität, Höhenbereich
Kennung: MOD TURB (moderate turbulence)
Beispiel: **MOD TURB BLW FL 060** (mäßige Turbulenz unterhalb FL 060)

h) Leewellen
Voraussetzung: mäßige Leewellen, außer wenn vor starker Turbulenz bereits im SIGMET gewarnt worden ist
Inhalt: Intensität, Höhenbereich
Kennung: MOD MTW (moderate mountain waves)
Beispiel: **MOD MTW ABV FL090** (mäßige Leewellen oberhalb FL 090)

Die übrigen Parameter des GAMET sind nicht Bestandteil des AIRMET.

20.2 SIGMET

SIGMETs sind Warnungen vor **signifikanten meteorologischen Erscheinungen starker Intensität** im Bereich eines **Fluginformationsgebietes (FIR)**. Sie warnen vor dem tatsächlichen Vorhandensein und/oder dem erwarteten Auftreten. SIGMETs sind daher keine Routinemeldung und werden nur ausgegeben, wenn einer der nachfolgenden Wettererscheinungen auftritt.

SIGMETs haben eine Gültigkeit von max. vier Stunden und werden für jeden Tag durchgehend nummeriert. Sie sind zwar wie alle Wettermeldungen codiert, durch die Verwendung der englischen Klartextkurzform der ICAO sind sie aber einfach lesbar. In jedem SIGMET steht der Name des FIR in vollem Wortlaut, sodass eine klare Zuordnung möglich ist.

Vor folgenden Wettererscheinungen wird gewarnt:

Gewitter[1]	thunderstorm	
– (im Dunst) verborgen	– obscured	OBSC TS
– (in Wolken) eingebettet	– embedded	EMBD TS
– häufig	– frequent	FRQ TS
– linienhaft angeordnet	– squall line	SQL TS
– verborgen mit Hagel	– obscured with hail	OBSC TS GR
– eingebettet mit Hagel	– embedded with hail	EMBD TS GR
– häufig mit Hagel	– frequent with hail	FRQ TS GR
– linienhaft angeordnet mit Hagel	– squall line with hail	SQL TS GR
starke Turbulenz	severe turbulence	SEV TURB
starke Turbulenz in wolkenfreier Luft	severe clear air turbulence	SEV CAT
starke Vereisung	severe icing	SEV ICE
starke Vereisung durch gefrierenden Regen	severe icing due to freezing rain	SEV ICE (FZRA)
starke Gebirgswellen (Leewellen)	severe mountain waves	SEV MTW
starker Sandsturm	heavy sandstorm	HVY SS
starker Staubsturm	heavy duststorm	HVY DS
tropischer Wirbelsturm	tropical cyclone	TC
Vulkanaschewolke	volcanic ash	VA + Vulkanname

[1] *bei Gewittern entfallen Hinweise auf Vereisung und Turbulenz*

Diesen Erscheinungen folgen Angaben:

– ob sie beobachtet und/oder vorhergesagt werden,
– über Ort und/oder Höhe des Auftretens,
– über eine Verlagerung,
– über eine Intensitätsänderung.

Ausgegebene SIGMETs werden über FIS-Frequenzen ausgestrahlt, sodass auch während des Fluges die Möglichkeit besteht, sich über signifikante, fluggefährdende Wettererscheinungen zu informieren.

Die Frequenzen und Sendezeiten von SIGMET-Broadcasts sind im aktuellen Flieger-Taschenkalender im Abschnitt GEN/MET enthalten.

21 Wetterfunksendungen

21.1 VOLMET

In der Bundesrepublik Deutschland werden zurzeit von drei Stellen (Berlin, Bremen und Frankfurt) so genannte **VOLMET-Sendungen** (aus dem franz. **VOL Met**éorologique – Flugmeteorologie) ununterbrochen ausgestrahlt. Sie enthalten

> **die aktuellen Landewettervorhersagen (METAR mit TREND)**

für die deutschen und einige größere angrenzende ausländische Flughäfen und werden in englischer Sprache im Klartext während des ganzen Tages (24 Stunden) verbreitet.

Der Flugzeugführer kann sich mit Hilfe dieser VOLMET-Sendungen im Fluge ständig über die Wetterbedingungen und die Wetterentwicklung (TREND/gültig für zwei Stunden) an den meldenden Flughäfen informieren.

Frequenzen und Flughäfen, für die diese Wettermeldungen ausgestrahlt werden, finden Sie im aktuellen Flieger-Taschenkalender, GEN/MET- und ENR-Teil!

21.2 ATIS-Ausstrahlungen (Automatic Terminal Information Service) über VORs

Zurzeit werden über 11 UKW-Drehfunkfeuer (VORs) und einige Sprechfunkfrequenzen (VHF) in der Bundesrepublik Deutschland **Lande- und Startinformationen** für die Flughäfen automatisch von 0500 Uhr bis 2300 Uhr UTC ausgestrahlt.

Diese **ATIS-Ausstrahlungen** enthalten neben der aktuellen Bodenwettermeldungen von Flugplätzen (METAR) und dem TREND auch Start- und Landeinformationen (runway in use, transition level u. a.).

Jede Sendung beginnt mit einem Kennwort unter Verwendung des ICAO-Alphabets (z. B. „Düsseldorf Terminal Information ALPHA") und wird nur in englischer Sprache ausgestrahlt.

> - Alle Luftfahrzeugführer sollen bei An- oder Abflügen zu oder von den Flughäfen (soweit die Ausrüstung es zulässt) vor der Aufnahme des Sprechfunkverkehrs über das entsprechende UKW-Drehfunkfeuer (VOR) die ATIS-Information einholen und bei Aufnahme des Sprechfunkverkehrs den Empfang bestätigen (z. B. „Information ALPHA received").

Frequenzen und Sendezeiten der ATIS-Broadcasts finden Sie im aktuellen Flieger-Taschenkalender (AD-Teil)!

22 Flugwetterberatung

Gemäß § 3a LuftVO muss sich ein Pilot für jeden Flug, der über den Platzbereich hinausgeht, ausreichend über die verfügbaren Flugwettermeldungen und -vorhersagen informieren. Eine Flugwetterberatung wird nicht vorgeschrieben. Alle Angebote für die VFR-Luftfahrt sind kostenpflichtig.

Nähere Angaben über den **Flugwetterdienst** stehen im Luftfahrthandbuch (AIP) Abschnitt GEN. Hier finden Sie alle Informationen sowie die Beschreibung der flugmeteorologischen Schlüssel aufgeführt. Der Beobachtungsdienst an den deutschen internationalen Verkehrsflughäfen wird von Wetterbeobachtern des DWD durchgeführt.

Um sich ausreichend zu informieren, steht eine Vielzahl von Möglichkeiten zur Verfügung:

a) Individuelle Beratung,
b) INFOMET,
c) GAFOR,
d) Fax-Server,
e) pc_met,
f) Telefonansage,
g) WetterShop,
h) FlugMet,
i) WAP.

Alle Rufnummern und Kosten der angebotenen Informationsmöglichkeiten können Sie dem jeweils aktuellen Flieger-Taschenkalender entnehmen.

Sowohl die Nutzung der Selfbriefingverfahren des Deutschen Wetterdienstes als auch die individuelle Beratung durch einen Flugwetterberater erfüllen die Forderungen des **§ 3a LuftVO,** unter der Voraussetzung, dass der **Abruf möglichst zeitnah zum Start erfolgt.** Das Wetter kann sich so schnell ändern, dass eine meteorologische Flugvorbereitung mehrere Stunden vor dem Start schnell wertlos werden kann. Besondere Zeitvorgaben gibt es aber nicht. Auch hier gilt, dass der Flugzeugführer auf Grund der Wetterlage selbst entscheiden muss, wie aktuell seine Information sein muss. Bei zu erwartenden kritischen Wetterbedingungen (z. B. aufkommende Schauer und Gewitter, Dunst- und Nebelbildung) informieren Sie sich lieber einmal zu viel als einmal zu wenig! Sind Sie unsicher, ob die Informationen aus dem Selfbriefing ausreichend für eine sichere Durchführung eines Fluges sind, können Sie **zusätzlich eine individuelle Beratung** einholen.

Abrufe im Internet bei nicht offiziellen Wetterseiten können Sie zwar vornehmen, da diese aber nicht ausreichend in Qualität der Datenbereitstellung und Vollständigkeit sind, dürfen sie nie alleine für die Flugvorbereitung genutzt werden.

a) Individuelle Beratung

Besonders für den Schüler und Anfänger ist die individuelle Beratung das wichtigste Hilfsmittel. Über das Telefon wird der Berater bei einer Luftfahrtberatungszentrale angerufen, der gezielt alle notwendigen Informationen für den geplanten Flug übermittelt. Damit er das kann, muss er wissen:

– Wann findet der Flug statt?
– Wie findet der Flug statt (VFR oder IFR)?
– Wo ist der Start?
– Wo ist das Ziel?

Mit dieser Kenntnis kann die Beratung erfolgen. Hauptkriterium für die Durchführbarkeit eines VFR-Fluges sind Sicht und Wolkenuntergrenzen. Zusätzlich werden Informationen über die Wetterlage, besondere Wettererscheinungen, Boden- und Höhenwinde und ggf. Nullgradgrenze weitergegeben. Bei eindeutigen Wolkenobergrenzen sind natürlich auch Angaben über die Höhe (Tops) von Interesse. Ab- und Zuraten darf der Berater nicht, er übermittelt lediglich Daten. Die Entscheidung über die Durchführbarkeit des Fluges trifft immer der Flugzeugführer. Nach erteilter Beratung wird das Lfz.-Kennzeichen notiert, damit eine Dokumentation der erteilten Beratung vorgenommen werden kann. Eine Beratung sollte so kurz wie möglich vor dem Start erfolgen, um möglichst aktuelle Informationen zu erhalten.

b) INFOMET

Beim INFOMET-Dienst der Flugwetterwarten können alle Wetterinformationen erfragt werden, die dokumentiert sind, d. h. irgendwo auf dem Papier stehen. Dazu gehören natürlich einzelne Wettermeldungen und Berichte, aber auch Höhenwinde aus Wetterkarten oder die Beschreibung aktueller Satelliten- oder Radarbilder. INFOMET kann daher den Beratungsdienst der Luftfahrtberatungszentralen vom Vorlesen feststehender Daten entlasten. Die Mitarbeiter des Wetterfachdienstes dürfen aber keine individuellen Beratungen erteilen oder eigene Vorhersagen machen. Dafür sind ausschließlich die Berater an den Luftfahrtberatungszentralen ausgebildet und zuständig.

c) GAFOR

Der GAFOR ist ein elementarer Bestandteil der VFR-Flugwetterberatung über Selfbriefing. Er kann alleine oder in Verbindung mit anderen Informationen genutzt werden. Nähere Erläuterungen siehe Abschnitt 19.1

d) Fax-Server

Die wichtigsten Flugwetterinformationen werden vom Deutschen Wetterdienst über einen Fax-Server bereitgehalten und können abgerufen werden. Neben Produktpaketen werden auch Einzelprodukte zur Verfügung gestellt. Der Abruf der Produkte ist nur nach Wahl einer gebührenpflichtigen Nummer möglich. Die Verbindungspreise können beim Deutschen Wetterdienst erfragt werden.

e) pc_met

pc_met ist ein Selfbriefingsystem, das vom Deutschen Wetterdienst entwickelt und betrieben wird. Über pc_met können alle Flugwetterinformationen, die für eine sichere meteorologische Flugplanung erforderlich sind, auf den heimischen PC oder den PC eines Flugplatzes geladen und ausgewertet werden.

Über die Internet-Adresse **www.flugwetter.de** können sich registrierte Nutzer einwählen und Wettermeldungen, Karten, Warnungen, Berichte, Satelliten-, Radar- und Blitzbilder, GAFOR-Grafik u. v. a. m. ansehen und ausdrucken. Eine Routenfunktion sortiert Meldungen entlang einer eingegeben Strecke.

Zusätzlich wird eine Software angeboten, die zum einen Produkte bereitstellt, die über das Internetangebot hinausgehen, zum anderen die Möglichkeit bietet, empfangene Daten auszuwerten und grafisch oder geografisch darzustellen. So werden z. B. die Wettermeldungen, die im Internet einzeln entschlüsselt werden müssen, in der Software übersichtlich mit den einzelnen Parametern dargestellt. Ein Assistent hilft jedem Flugvorhaben (Motorflug, Segelflug, Ballonfahrt) die benötigten Daten zusammenzustellen, abzurufen und darzustellen. Eine Terminüberwachung kann automatisch die ausgewählten Produkte aktualisieren.

Der Schüler und Anfänger kann mit pc_met die Flugvorbereitung üben, sollte sich aber das Ergebnis bei einer individuellen Beratung bestätigen lassen. Zukünftig wird diese Form der Beratung Standard sein, da Beratungspersonal immer weniger zur Verfügung stehen wird und nur noch in besonderen Fällen (schwierig interpretierbares Wetter, größere Auslandsflüge) unterstützend wirken kann.

f) Telefonansage

Segelflug- und Ballonwetterberichte können bundesweit über gebührenpflichtige Rufnummern abgerufen werden. Neben einer gezielten Wahl des gewünschten Bereichs können mit einer automatischen Benutzerführung auch andere regionale Gebiete mit demselben Telefonat abgefragt werden.

g) WetterShop im Internet

Im WetterShop des DWD kann man sich einzelne Berichte, die zur Vorbereitung von VFR-Flügen angeboten werden, kaufen. Auf der Seite **www.dwd-shop.de** stehen neben Flugwetterberichten auch andere Produkte des DWD zur Verfügung.

h) FlugMet

An allen internationalen Flughäfen sind in Zusammenarbeit mit der DFS Deutschen Flugsicherung GmbH Selfbriefingterminals eingerichtet worden. Über diese Terminals können sich Motorflugpiloten (VFR, IFR) Flugwetterinformationen für ihren bevorstehenden Flug anzeigen und ausdrucken lassen. Die Darstellung wird mit Hilfe der Software FlugMet vorgenommen. Diese Software basiert auf pc_met, ist jedoch auf Grund der geringeren Produktvielfalt (keine Segelflug- und Ballonfahrtinformationen, keine Vorhersageprodukte über den aktuellen Tag hinaus) übersichtlicher und einfacher zu bedienen.

i) WAP

Über die Adresse wap.pcmet.de bietet der DWD über WAP-fähige Handys kostenlos den Abruf europäischer TAFs und METARs sowie den Ballonticker und die beiden GAFOR-Berichte an. Letztere stehen allerdings nur pc_met-Kunden zur Verfügung.

23 Stichwortverzeichnis

A
Ab- und Aufwind 32, 41 f., 47, 60 f., 65, 73, 99 f., 106, 113
Abdeckung 23
Abschirmung 23
Absinkinversion (siehe auch Grenzschichtinversion) 91 f.
absolute Feuchte **35 f.**, 98
Absorption 22, 24 ff.
adiabatisch (siehe auch trocken- und feuchtadiabatische Temperaturgradienten) **31 ff.**, 90 f.
Advektion (siehe Kaltluft- und Warmluftadvektion)
Advektionsnebel 56 f.
Aggregatzustand 23, **34**
AIRMET 141, 143, **149 f.**
Altitude 19
Altocumulus (Ac) **49,** 51 f.
Altocumulus castellanus 49, 80
Altocumulus lenticularis (Linsenwolken) 44, 72 f.
Altostratus (As) **50 ff.**, 63, 79, 84 f.
Aneroid-/Dosenbarometer 17
Antizyklone (Hochdruckgebiet) 70, **90 ff.**
Appleton-Schicht 12
ATIS-Ausstrahlungen 127, **151**
Atmosphäre **7 ff.**, 15 ff., 21 ff.
Aufgleitbewölkung 42 f., 50 f., 79, **84,** 95
Aufgleiten **42 f.**, 76, 79, 84, 103
Auflösestadium 100
Auftrieb 20, 40, 60, 92, 109 ff.
Auslösetemperatur 23

B
Ballonwetterbericht **147,** 154
barisches Windgesetz 70
Barometer 17
barometrische Höhenstufe 18
Bergwind 71
Bezugshöhe 138
biologische Schwelle 16
Blauthermik **41,** 126
Blitz 48, **97 f.,** 100, **105 f.**
Bockigkeit 41
Bodenanalyse 117 ff.
Bodeninversion 24, **31,** 55, 74, **92**
Bodennebel 26, **55 f.**
Bodensicht **58,** 134, 146 f.
Bodenwetterkarte 18, 67, 94 f., **117 ff.**
Bodenwettermeldung 36, 117, **127 ff.**
Bodenwind **69 ff.,** 80, 84, 86, **123,** 133, 141 f., 149
Böenwalze 86, **99,** 106 f.
Bora 70, **71**

C
Castellanus (siehe auch Altocumulus) **49,** 80
Celsius-Temperaturskala 29
Cirrocumulus (Cc) **49,** 52
Cirrostratus (Cs) 42, **51 f.,** 79, 84 f.
Cirrus (Ci) **51 f.,** 79, 84 f.
Clear Air Turbulence 123, 150
Corioliskraft 67 ff.
Crosswind 112
cumuliforme Wolken/Bewölkung **48 f.,** 61
Cumulonimbus (Cb) 23, 42 f., **48,** 51 f., 61, 63, 75 f., **97 ff.,** 131, 142, 149
Cumulus (Cu) 41 f., 44, **47 ff.,** 52 f., 60, 63, 74 ff., 86, 91, **98 f.,** 142, 149
Cumulusstadium **98 f.,** 101, 106

D
Dampfdruck **35,** 59 f.
Density Altitude 19
Deskriptor 129 f.
Dichte (Luftdichte) 9, 11, 13, 15, **18 ff.,** 23, 40, 79, 88, 90, 92, 101
Dichtehöhe 19
diffuse Streuung 21 f.
Divergenz 66
Donner 48, **97**
Dosenbarometer 17
Drei-Tage-Prognose 145
Druck (siehe Luftdruck)
Druckeinheit 17
Druckfläche **65 ff.,** 94, 120 f.
Druckgradientkraft **67,** 70
Druckhöhe (pressure altitude) 19
Dunst **57,** 76, 91

E
Eiskörner 60
Eiskristall 34, 45, 47, 51, **59 f.,** 99 f.
Eisnadeln 51, **60**
Eisnebel 34
Eisregen 60
Eiswolke 42, 47, **51 f.**
Elevation 19
Energiebilanz (Strahlungsbilanz) **21 f.,** 26
Erdsicht (Schrägsicht) **58,** 91
Erdstrahlung **21 ff.,** 40, 45, 55
Exosphäre 9, **13**
Extinktion 21

F
Fallböe 99
Fallstreifen 62
Fallwind 43 f., **71 ff.**
Faraday'scher Käfig 105
Fax-Server 146 f, **153 f.**
Ferrel-Zirkulation 67
feuchtadiabatischer Temperaturgradient **31 ff.,** 76
Feuchtigkeitssättigung der Luft 7, **34 ff.,** 40 f., 43, 57 ff., 75, 111
Feuchtlabilität **33,** 42, 49, 62, 79 f., 97 f., 101, 103
FlugMet 153 f.
Flugplanung 121, 154
Flugplatzwetter-Vorhersage (TAF) 57, **127 ff.**
Flugsicht 48, **57 f.**
Flugwetterberatung 137, **153 f.**
Flugwetterdienst 102, 115, 122, 127, 146, **153 f.**
Föhn 43 f., 63, 70, **72 ff.,** 94
Föhnfische 72
Frontalzone (Polarfront) 83
Fronten **79 ff.,** 117
Frontgewitter 80, **100 ff.**

G

GAFOR 115, **137 ff.**, 143, 153 f.
GAMET **141 ff.**, 149 f.
Gebirgswellen (siehe Leewellen)
gefrierender (unterkühlter) Regen 50, 60, 63, **110,** 112, 137
gefrierender (unterkühlter) Sprühregen 63, 112
Gefrierkern **47,** 107
Gefrierpunkt **29,** 59 f., 109, 111 f.
Gefrierwärme 61
Genua-Zyklonen 94
geostrophischer Wind 68 f.
Gewitter 48 f., 62, 67, 78 ff., 86 f., 90, **97 ff.,** 141
Gewitterarten 100 ff.
Gewitterböe 106 f.
Gewitterlinie (squall line) **80,** 102 f., 150
Glashauseffekt **24,** 45
Gleichgewichtszustand 32
Gradientwind 68 ff.
Graupel 61 ff.
Grenzschichtinversion (siehe auch Absinkinversion) 91 f.
Griesel (siehe Schneegriesel)

H

Hadley-Zirkulation 67
Hagel **61 ff.,** 97 ff., 105 f.
Halo 51 f.
Hangwind 71
Hauptdruckfläche 120 f.
Hauptwolkenuntergrenze 53
Hebungsgradient **31 ff.,** 40
Height 19
Hektopascal **17,** 125
Hitzetief 71, **90**
Hochdruckbrücke 89 f.
Hochdruckgebiet (Antizyklone) 70, **90 ff.**
Hochdruckgürtel 66 f., 89 f., 93
Hochnebel 45, **49,** 52, **56,** 91 f.
Höhenkaltfront 118
Höhenokklusion 118
Höhenschwellen 15 f.
höhenstationäre Front 118
Höhentief 95
Höhentrog 94
Höhenvorhersagekarte 121
Höhenwarmfront 118
Höhenwetterkarte, aktuelle 67, 94, **119 f.**
Höhenwind **69,** 137, 143, 146 f., 153

I

ICAO-Standardatmosphäre **7,** 10, **13,** 17 ff., 30, 120
Idealzyklone 83 f.
Inches 13, 17
Indifferenz 32 f.
individuelle Beratung 137 f., **153 f.**
INFOMET 153
Initialwelle 84
Inversion 10, 12 f., 30 f., 48, 55, 74, **91 f.,** 113
Ionosphäre (auch Thermosphäre) 9, **12,** 14, 100
Islandtief (Zentraltief) 89, 93
Isobaren 18, **67 ff.,** 83 f., 91, 94, **117 ff.**
Isohypsen 67, 94, **119 ff.**
Isothermen 121
Isothermie **10 ff.,** 30, 48, 99, 121

J

Jetstream **83,** 123

K

Kältehoch (siehe auch thermisches Hoch) 74, **90**
Kaltfront 42, 62, **79 ff.,** 101 ff.
Kaltfrontokklusion **88,** 105
Kaltluftadvektion 26
Kaltluftmasse 42, **75 f.,** 79 f., 88
Kaltlufttropfen 94 f.
Kelvin-Temperaturskala 20, **29**
Kenelly-Heaviside-Schicht 12
Klareis 106, **109 ff.**
Kleintrombe 129 f.
Klima/Klimatologie 29, **115**
Klimaeigenschaft 115
Klimaregion 115
Klimawerte 115
Klimazone 115
Kondensation **23 ff.,** 31 ff., **39 ff.,** 55 ff., 79 f., 102
Kondensationskerne **40,** 45, 47, 59 f.
Kondensationswärme **23,** 31 ff., 43, 59, 102
Konvektion (siehe auch Thermik) **23,** 25 f., 40 ff., 47 f., 53, 55, 98 ff., 113, 126
Konvektionskarte 126
Konvektions-Kondensations-Niveau **41,** 53
konvektive Wolken/Bewölkung 48 f., 61
Konvergenz 66, **94**
Konvergenzlinie 66, 118
kritische Schwelle 15 f.
Küstennebel 56

L

Labilität (siehe auch Feuchtlabilität) **32 f.,** 40 f., 47, 62, 78, 80 f., 102 f.
Landewettervorhersage **127,** 132, 151
Landregen 42, 50, **61,** 79, 85, 94
Landwind 71
LANGTAF 127
Leewellen **43 f.,** 72 f., 125, 142, 150
Linsenwolken (Altocumulus lenticularus) **44,** 72 f.
Low-level significant weather chart 122 ff.
Luftdruck (siehe auch Hoch- und Tiefdruckgebiete) 9 ff., **15 ff.,** 35, 65 ff., 70 ff., 117
Luftfahrtberatungszentrale (LBZ) 138, 146 f., 153
Luftfahrthandbuch 115, 153
Luftfeuchtigkeit 9, ff., 20, 23 f., 29, 31, **33 ff.,** 49 f., 55 ff., 62, 75 f., 79, 98, 103, 113, 115
Luftmassen (siehe auch Kaltluft- und Warmluftmassen) 9, 12, 29, 55 ff., 66, **75 ff.,** 115
Luftmassengewitter 100 ff.
Luftmassengrenze 79, 83, 100 f.
Luftmassentransformation 75
Lufttemperatur 13, 20, 23, 26, 29 ff., 59, 131

M

Maritimnebel 56
maximale Feuchte 36
maximale Sicht **127 f.,** 131
Mesosphäre **12,** 13
METAR 36, 57, **127 ff.,** 151
Mindestflugsicht 48, **57,** 128 f.
Mischungsnebel 57

23 Stichwortverzeichnis

Seite
Mischungsverhältnis (Luftfeuchtigkeit) 35
Mischwolke **47,** 52, 59 f., 99
Mistral 70 f.

N
Nebelauflösung 56
Nebelbildung, Sicht und Dunst **55 ff.,** 76, 92
Neufundlandnebel 57
Niederschlag 23, 32, 42 f., 48, 50, **59 ff.,** 72, 76, 79 f., 83 f., 99 f., 105, 112, 129 ff.
Nimbostratus (Ns) 42, **50 ff.,** 61, 63, 79, 81, 84 ff., 94
Nordwestwetterlage 93
Nordwetterlage 93
Nullgradgrenze 43, 59, **61 f.,** 98, 105 ff., 110, 112, 125, 143

O
Okklusion **88 f.,** 101, 103, 105
Okklusionsfrontgewitter 101, **105**
orographische Gewitter 101 ff.
orographische Hebung 98, 101
orographische Lokalwinde **70 ff.,** 113
orographische Niederschläge (Stauniederschläge) 43, **62 f.,** 72 f.
orographische Turbulenz 113
Ostwetterlage 93

P
Partialdruck 15, 35, 59
Pascal 17
Passatzirkulation 67
pc_met 137, 146 f., **153 f.**
Peplosphäre 10
Pistensicht **58,** 127, 129, 131
planetarisches Windsystem 7
Polarfront 83
Polarfront-Strahlstrom (-Jetstream) 83, 123
Polarluft 77 f.
Polarzirkulation 67
pressure altitude (Druckhöhe) 19
Propeller (Rotor) 108 f.

Q
QFE 18 f.
QFF 18
QNE 18
QNH **18 f.,** 131, 143
Quecksilberbarometer 17
Quellbewölkung/Quellwolken **47 f.,** 61 f., 75, 78, 86, 91, 95, 100, 105, 110 f.

R
Radiosondenaufstieg (TEMP) 30, **119**
Raueis 106, **111**
Raureif **111 f.,** 133
Reaktionsschwelle 15
Reflexion 21 f.
Regen 34, 39, 48, 50, **59 ff.,** 99 f., 105 f., 110, 112, 150
Reibung/Reibungskraft **68 ff.,** 80, 113, 134
Reibungskoeffizient 134
Reibungsschicht 69, 113
Reibungsturbulenz 113
Reif 59, **111 f.,** 133
Reifestadium **98 ff.,** 106
Reifpunkt (Sublimationspunkt) 59, **111**

Seite
relative Feuchte **35 f.,** 57
Rotor (bei Leewellen) 44, **73 f.**
Rotor (Propeller) 108 f.
Rückseitenwetter 84, **86 f.,** 93

S
Sandsturm 130, 134, 150
Sättigung (siehe Feuchtigkeitssättigung der Luft)
Sättigungskurve 36
Sauerstoff 7, 11 f., **15 f.**
Sauerstoffmangel 15 f.
Schauerniederschläge **62,** 105
Scherungsturbulenz 113
Schichtbewölkung/Schichtwolken 43 ff., **47, 49 ff.,** 61 f., 76, 79 ff., 103 ff.
Schnee 39, 50, **59 ff.,** 76, 87, 105, 112, 117, 133
Schneegriesel 49, **60,** 63, 92
Schneeregen 79, 112
Schneeschauer 62 f., 105
Schrägsicht (Erdsicht) **58,** 91
Scirocco 70, **73**
Seenebel 56 f.
Seewind 70 f.
Segelflugwetterbericht 23, **146**
Sektormindesthöhe 131
Sekundärtief 89
Selfbriefing 102, 118, 122, 137, 145, 147, **153 f.**
Sichtbegriffe im Flugbetrieb 57 f.
SIGMET **150,** 142 f.
Significant weather chart 122 ff.
Solarkonstante 21
Sonnenböigkeit 41, 113
Sonnenstrahlung 11 f., **21 ff.,** 30, 45, 60
Sperrschicht **12 f.,** 31, 48, 74, 92, 99
spezifische Feuchte 35
Spread (Taupunktdifferenz) 33, **35 ff.,** 40, 53, 55, 76, 90
Sprühregen 49, 52, **60,** 63, 76, 92, 112, 117, 130, 132
squall line (Gewitterlinie) **80,** 102 f., 150
Stabilität **32 f.,** 42 f., 45, 47, 76, 86, 91
Standardatmosphäre **7,** 10, **13,** 17 ff., 30, 120
Stationsmodell 117, 120
Staubewölkung 72 f.
Stauniederschläge (orographische Niederschläge) 43, **62 f.,** 72 f.
Stockwerke der Atmosphäre 9 ff., 47 ff.
Störungsschwelle 15
Strahlungsbilanz (Energiebilanz) **21 f.,** 26
Strahlungsnebel 55
stratiforme Wolken/Bewölkung **49 ff.,** 61
Stratocumulus (Sc) **49,** 52, 91
Stratopause 9, **11**
Stratosphäre 9, **11,** 13, 22, 99
Stratus (St) (siehe auch Schichtwolken) 43 ff., **47, 49 ff.,** 52, 56, 60, 63, 76, 84 f.
Sublimation/sublimieren 34, 40, 45, **59 f.,** 111 f.
Sublimationspunkt (Reifpunkt) 59, **111**
Südwestwetterlage 94
SYNOP 117

T

TAF (Flugplatzwetter-Vorhersage) 57, **127 ff.**
Tagesgang des Bodenwindes 69
Talwind 71
Tau 26, 37, 55, **59**
Taupunkt **35 ff.**, 40 f., 45, 55 ff., **59**, 111, 120, 131
Taupunktdifferenz (Spread) 33, **35 ff.**, 40, 53, 55, 76, 90
Teildruck (Partialdruck) 15, 35, 59
TEMP 119
Temperatur (siehe Lufttemperatur)
Temperaturgradient 30 ff.
Temperaturumkehrschicht (Inversion) 10, 12, 31, 92
terrestrische Navigation 58
terrestrische Strahlung 22
thermische Konvektion (Thermik) **23, 25 f.**, 31, 40 f., 62, 70 f., 91, 96, 101 f., 146
thermische Lokalwinde 70 f.
thermische Turbulenz 76, **113**
thermisches Hoch 90
thermisches Tief (Hitzetief) 90
Thermosphäre (auch Ionosphäre) 9, **12**, 14, 100
Tiefdruckgebiet (Zyklone) 70, **83 ff.**, 93 f., 117
Tiefdruckrinne 66, 84
Todesschwelle 16
Tornado **129 f.**, 132, 134
Transition altitude (Übergangshöhe) 18 f.
Transition level (Übergangsfläche) 19
Transmissometer **58,** 129
Treibhauseffekt **23 ff.**, 45
Trend 127, **132 f.**, 151
trockenadiabatischer Temperaturgradient 31 ff.
Trog 94 f.
Tropopause 7, **9 ff.**, 42, 47 f., 62, 83, 89, 99 f.
Troposphäre **9 ff.**, 21, 23 f., 29 f., 39 f., 47 ff., 59, 75, 97
True altitude (wahre Höhe über MSL) 19
Turbulenz 7, **24 ff.**, 32, 42 ff., 47 ff., 52, 56, 62, 73 f., 76, 80, 97, 99, 102, 105 f., **112 f.**, 123 ff., 142, 149 f.

U

überadiabatischer Gradient 30
Überentwicklung **23,** 145, 147
Übergangsfläche (transition level) 19
Übergangshöhe (transition altitude) 18 f.
Übersättigung der Luft mit Feuchtigkeit **34 ff.**, 43, 59
unterkühlte Tröpfchen 47, 59 ff., 107 f., 110 f.
unterkühlter (gefrierender) Regen 60 f., 63, **110,** 112
unterkühlter (gefrierender) Sprühregen 63, 112

V

Vb-Wetterlage 94
Verdunstung 7, 23 ff., **31,** 34, 39 f., 59 f., 90
Verdunstungsnebel 57
Vereisung 43, 48, 52, 79, 98, **106 ff., 112 ff.,** 123 ff., 142, 149 f.
Vergraupelung 60
Vertikalsicht 56, **58,** 91, 131
VOLMET 127, **151**
Vorderseitenwetter 84 f., 87
Vulkanasche 130, 132, 150

W

wahre Höhe (true altitude) 19
Wärmegewitter 62, 80, **101 f.**, 106
Warmfront 42 f., 49 ff., 61, **79 ff.**, 103 ff. 110, 117
Warmfrontgewitter 101, 103 ff.
Warmfrontokklusion 88 f.
Warmluftadvektion 26
Warmluftmasse 42, **76 ff.**, 103
Warmsektor 84 ff.
Wasserdampf 7, **9 ff.**, 20, 24 ff., 31, **34 ff.**, 45, 55, 57, 59 f., 75
Wasserwolke 47, 52
Wellentief 83 f., 89
Westdrift 29, **83 f.**, 89, 93
Westwetterlage 93
Wetterballon 119
Wetterfunksendungen 127, **151**
Wetterkarten 67, 94, **117 ff.**
Wettermeldung (Flugwettermeldung) 36, 117, **127 ff.**, 150 f., **153 f.**
Wetterradar 98, 102, 119
Wind 7, 32, **65 ff.**, 121, 127 f., 133
Wind/Temperaturvorhersagekarten 121 f.
Windpfeil 120 f.
Windrichtung 65, 69, 74, 127 f., 133
Windscherung 74, 99, **113,** 132
Windschwankung 128
Windspitze 128
Witterung 89, 93, **115**
Wolken 39 ff.
Wolkenbildung **39 ff.,** 73, 75
Wolkengattungen 52, **47 ff.,** 124, 130 f., 143
Wolkenklassifizierung nach Stockwerken und Bestandteilen 47 ff., 52
Wolkenobergrenze 10, 41 f., **47 ff.,** 91, 99, 124 ff., 142 f., 149
Wolkenuntergrenze 42 f., **48 ff.,** 58, 76, 84, 86, 91, 95, 130 f., 137 f., 142 f., 149

Z

Zentraltief (Islandtief) 89, 93
Zentrifugalkraft 68
Zirkulationsräder 66 f.
Zwischenhoch 86, 90
Zyklone (Tiefdruckgebiet) 70, **83 ff.,** 93 f., 117
Zyklonenfamilien 89